Betriebswirtschaftslehre/Rechnungswesen AK 7

für die 7. Jahrgangsstufe an sechsstufigen Realschulen

Stefan Harbauer, Weiden; Maria Kinzinger, Neumarkt (Opf.); Robert Kotouc, Bad Aibling; Günther Loibl, Landshut; Christian Marchl, Schöllnach; Lothar Öttl, Passau; Werner Risser, Bad Staffelstein; Walter Schraml, Sulzbach-Rosenberg

AK 7

4. Auflage 2009 – Buch-Nr. 6700 – Aktualisierte Auflage 2012
ISBN 978-3-89650-242-1

Verlag Ernst Vögel
Stamsried

Bildnachweis: Thomas Feser, Marktheidenfeld
picture-alliance / dpa-infografik
(Seiten 3–4, 9, 16–17, 24, 32, 58, 68, 70, 74, 184, 189)
Stefan Harbauer, Weiden
Maria Kinzinger, Neumarkt (Opf.)
Robert Kotouc, Bad Aibling
Lothar Öttl, Passau
Werner Risser, Bad Staffelstein
Walter Schraml, Sulzbach-Rosenberg
Verlag Vögel, Stamsried
Shutterstock, Inc.
(Seiten 1, 5–8, 11, 18, 20, 26, 29, 36–37, 50–51, 53–54, 59, 67, 71, 73, 85, 90, 93, 95–96, 98, 100, 104–105, 107–108, 112–113, 123, 125–126, 128, 137, 139, 143, 146, 152, 160, 163, 166–168, 172–176, 179–182, 190, 194, 196–199, 202, 209–211, 213–217)

Karikaturen: Earl Schäfer, Marktheidenfeld

Herstellung: Druck+Verlag Ernst Vögel GmbH · D-93491 Stamsried

Vorwort für Schülerinnen und Schüler

Betriebswirtschaftslehre/Rechnungswesen ist für dich ein neues Unterrichtsfach. Neues macht neugierig. Wer neugierig ist, beschafft sich Informationen, um „mitreden" zu können. Eine wichtige Informationsquelle für dich ist dieses Buch. Es will dir nicht nur helfen, Wissen zu erwerben, sondern es will auch mit dazu beitragen, dass du im Laufe der Zeit lernst, dich selbstständig und kritisch mit wirtschaftlichen Fragen gedanklich auseinander zu setzen und deine Meinung überzeugend zu vertreten.

Das Autorenteam wünscht dir viel Erfolg.

Vorwort für Kolleginnen und Kollegen

Das Buch will die Schülerinnen und Schüler für das neue Fach Betriebswirtschaftslehre/ Rechnungswesen zusätzlich motivieren. Viele Schaubilder, Fotos und Fallbeispiele sowie Übungsaufgaben sollen selbstständiges Arbeiten ermöglichen. Sie als Lehrkraft werden bei der klassischen Unterrichtsgestaltung unterstützt und finden zahlreiche Vorschläge zum handlungsorientierten Arbeiten. Vielfältige Tipps erleichtern die Unterrichtsvorbereitung.

Die Struktur des Buches wird durch die optische Gestaltung mit folgenden Symbolen deutlich:

Erläuterung der Symbole

- Die „Treppe" weist auf den Einstieg hin. Bilder eröffnen konkrete Problemsituationen. Themenbezogene Fallbeispiele regen zum Dialog an.

- Das „i" steht für Information. Vielfältige Materialien und Texte verschaffen einen Überblick über die zentralen Inhalte. Daraus werden die erforderlichen Kenntnisse erarbeitet.

- Der „Bleistift mit den Zahlen" nummeriert die Aufgaben durch. Es handelt sich um den Trainingsteil mit einer Vielzahl von Übungsaufgaben für Einzel-, Partner- und Gruppenarbeit oder auch Freiarbeit. Dabei vertiefen und festigen die Schülerinnen und Schüler das erworbene Wissen.

- Die „Glühbirne" mit dem Merkkasten „Alles klar" steht am Ende eines Themas. Hier werden wichtige Inhalte und Schlüsselbegriffe (Grundwissen!) in übersichtlicher und klarer Form zusammengefasst.

Inhaltsverzeichnis

1 Wirtschaftliches Handeln in der Familie

1.1 Mit dem Einkommen auskommen

1.1.1 Das Einkommen

Das Einkommen ist für die meisten Menschen die Grundlage ihrer Existenz. Meistens verwenden wir jedoch statt Einkommen andere Begriffe: Wir sprechen von Lohn, Gehalt oder Ausbildungsvergütung.

Ordne folgende Einkommensarten den entsprechenden Bildern zu: Gage, Elterngeld, Honorar, Rente.

Lies die Beispiele und schreibe den entsprechenden Begriff für Einkommen heraus. Der Informationsteil kann dir dabei helfen.

Familie Bergmann
Die Mutter arbeitet als Verkäuferin in einer Boutique und erhält dafür ein monatliches Gehalt. Der Vater ist Maurer in einem Bauunternehmen und bekommt einen guten Stundenlohn. Tochter Christine macht eine Ausbildung als Erzieherin und erhält eine Ausbildungsvergütung. Die Familie besitzt auch noch ein landwirtschaftliches Grundstück, das sie verpachtet hat.

Familie Schnell
Herr Schnell ist ein erfolgreicher Autoverkäufer. Er bezieht ein Mindestgehalt und erhält für jeden verkauften Pkw eine Provision. Frau Roth-Schnell hat kürzlich ein Immobilienbüro eröffnet; für die Vermittlung von Grundstücken und Häusern berechnet sie Maklergebühr. Tochter Sabrina arbeitet als Modell für eine Modeagentur und bezieht für ihre Auftritte Gage.

Familie Gold
Mutter und Vater arbeiten als Beamte an der Realschule und erhalten monatlich Bezüge. Im Alter werden beide eine Pension beziehen. Tochter Carolin geht noch zur Schule. Für sie erhält Familie Gold Kindergeld. Carolin bekam von ihrer Oma Wertpapiere geschenkt. Dafür erhält sie jährlich Zinsen. Im Haus wird noch ein Zimmer an eine Studentin vermietet, wofür monatlich Miete eingeht.

Familie Mager

Herr Mager ist arbeitslos und bekommt Arbeitslosengeld (sogenanntes Arbeitslosengeld I). Es hilft der Familie, dass der Großvater bei ihnen wohnt und eine gute Rente bezieht. Frau Mager betreibt ein kleines Blumengeschäft, das einen bescheidenen Gewinn abwirft. Schlecht geht es Tante Isolde. Sie muss zurzeit von Arbeitslosengeld II/„Hartz IV" leben.

i

Wir alle müssen essen und trinken, brauchen eine Wohnung, haben viele Wünsche und Hobbys. Diese Bedürfnisse wollen wir befriedigen. Um das zu können, brauchen wir vor allem Geld. Die Familienhaushalte erzielen Einkommen aus verschiedenen Quellen. ≈

Hierbei kann man vier Quellen unterscheiden.

≈ Einkommen aus **nichtselbstständiger Arbeit** beziehen alle Arbeitnehmer. Dabei kann es sich um **Lohn, Gehalt, Bezüge** oder auch die **Ausbildungsvergütung** handeln. Auch der **Wehrsold** der Soldaten und die **Heuer** der Seeleute gehören dazu.

≈ Einkommen aus **selbstständiger Arbeit** beziehen alle Unternehmer, z. B. Händler, Handwerker, Fabrikanten, Landwirte, Weinbauern und die Angehörigen der sogenannten freien Berufe, z. B. Ärzte, Architekten, Rechtsanwälte, Schriftsteller oder Künstler. Von ihren **Einnahmen, Honoraren** oder **Gagen** müssen sie jedoch die Mitarbeiter, die Büroräume, die Büromöbel und die Computer bezahlen. Als Differenz zwischen Einnahmen und Ausgaben bleibt ihnen der **Gewinn**.

≈ Einkommen **vom Staat** erhalten die Haushalte in vielfacher Form. Bei der **Pension** für Beamte, der **Rente** oder dem **Arbeitslosengeld** beruht der Anspruch auf früherer Arbeit. **Kindergeld, Berufsausbildungsbeihilfe, Elterngeld, Sozialhilfe** oder **Wohngeld** sind staatliche Unterstützungen, die durch Steuern finanziert werden.

≈ Einkommen **aus Vermögen,** wie z. B. Geldvermögen, Grundstücken und Häusern, fließen den Haushalten in Form von **Zinsen, Miete** oder **Pacht** zu.

Wer Einkommen bezieht, muss **auch Steuern** zahlen und Beiträge für die **soziale Absicherung** leisten (z. B. Kranken-, Arbeitslosen-, Renten- und Pflegeversicherung). Man unterscheidet zwischen **Bruttoeinkommen** und **Nettoeinkommen.** Entscheidend ist das Nettoeinkommen. Bei diesem Betrag sind schon alle Abgaben abgezogen. Er steht dem Haushalt für Ausgaben in vollem Umfang zur Verfügung.

Gehaltsabrechnung	
Name: Pfeiffer Max　　Zeitraum: Oktober	
Bruttogehalt	2.250,00 €
Abzüge	
1. Steuern (Lohn- und Kirchensteuer, Solidaritätszuschlag)	290,00 €
2. Sozialversicherung (Renten-, Kranken-, Arbeitslosen-, Pflegeversicherung)	460,00 €
Nettogehalt	**1.500,00 €**

Ordne folgende Einkommensarten den entsprechenden Einkommensquellen zu: 1

Einkommensarten
- Kindergeld für Eva und Sebastian
- Einnahmen für eine vermietete Wohnung
- Zinsen (Sparbuch)
- Berufsausbildungsbeihilfe
- Rente
- Lohn
- Honorar
- Dividende für Aktien
- Grundstückspacht

Einkommensquellen
- Einkommen aus nichtselbstständiger Arbeit
- Einkommen aus selbstständiger Arbeit
- Einkommen vom Staat („öffentlicher Transfer“)
- Einkommen aus Vermögen

2

1. Warum benötigen wir Einkommen?
2. Finde zu folgenden Berufen (Tätigkeiten) die entsprechende Einkommensart: Arzt, Schauspieler, Beamter, Unternehmer.
3. Nenne die wichtigste Einkommensart einer Arbeitnehmerfamilie.
4. Informiere dich im Anhang zum Buch über die Begriffe „brutto“ und „netto“ und erkläre mit eigenen Worten den Unterschied zwischen Brutto- und Nettoeinkommen.
5. Nenne zwei Einkommensarten, die man als Zuschüsse vom Staat bekommen kann.

Schaubild: Drei-Schritt-Methode

Jedes Schaubild lässt sich gut erklären, wenn du nacheinander drei Schritte anwendest, zum Beispiel indem du die folgenden Sätze vervollständigst.

1. Hinschauen: „Das Schaubild zeigt ...“
2. Erklären: „Die wichtigsten Informationen sind ... “
3. Erkennen: „Die wichtigste Aussage(n) ist (sind)“

Deutung des Schaubilds:
„Wie viel unterm Strich bleibt“ nach der DREI-SCHRITT-METHODE

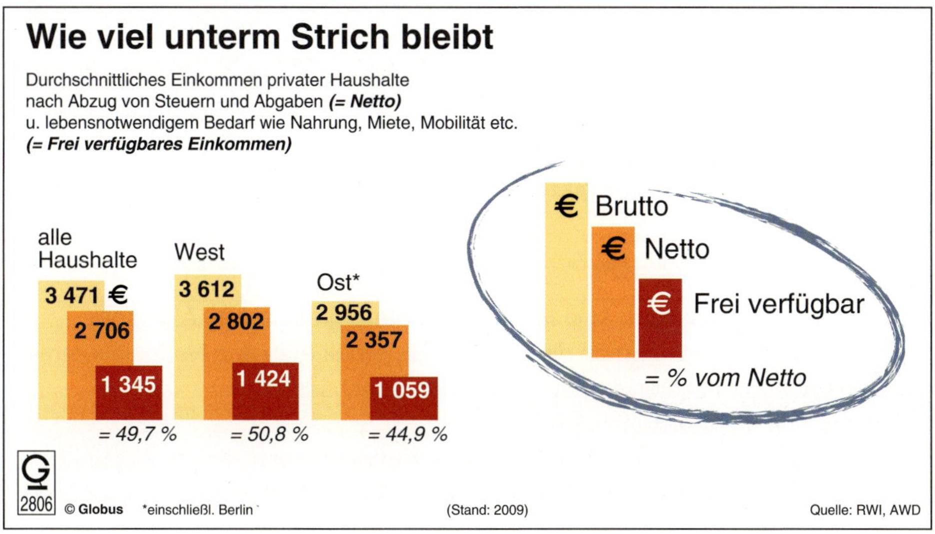

1. **Das Schaubild zeigt** das durchschnittliche frei verfügbare Einkommen privater Haushalte in Deutschland im Jahr 2009 (in Euro).
2. **Die wichtigsten Informationen sind:** Das frei verfügbare Einkommen wird für Gesamtdeutschland, West- und Ostdeutschland mit roten Säulen dargestellt. Dies ist die Differenz aus dem Bruttoeinkommen (gelbe Säulen) und dem Nettoeinkommen (orange Säulen).
3. **Die wichtigsten Aussagen sind:**
   - In Gesamtdeutschland hatten die privaten Haushalte im Jahre 2009 nur rund 50% ihres Bruttoeinkommens, das waren 1.345,00 €, zu ihrer freien Verfügung.
   - In Westdeutschland war das frei verfügbare Einkommen mit 1.424,00 € um etwa 400,00 € höher als in Ostdeutschland (1.059,00 €).

3

Erkläre folgendes Schaubild mithilfe der DREI-SCHRITT-METHODE:

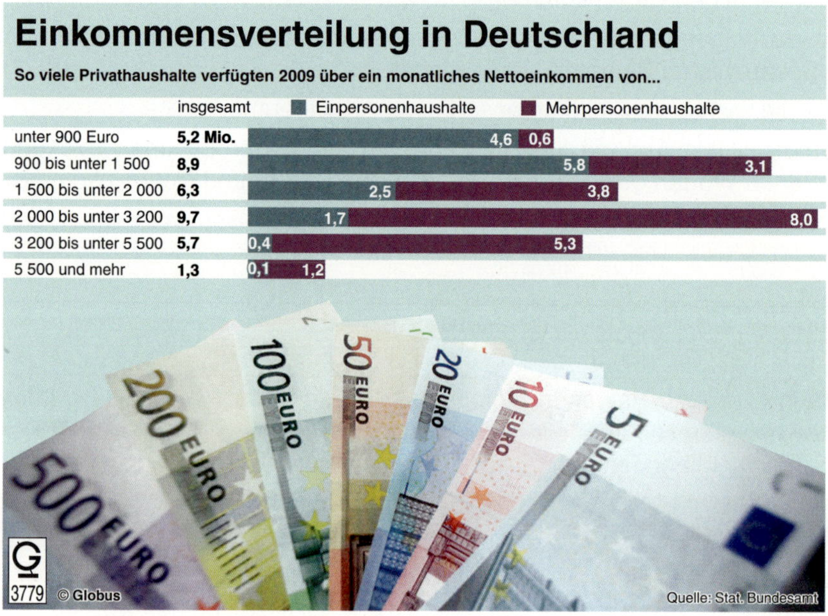

4

Findest du das **gut** oder **schlecht?**
Diskutiert in der Gruppe, stellt euere Ergebnisse vor und begründet diese.

- Bei körperlich schwerer Arbeit ist der Lohn höher als bei einer körperlich leichten Tätigkeit.
- Ältere Beamte erhalten mehr Geld als ihre jungen Kollegen.
- Kompliziertere Tätigkeiten, wie die des Leiters einer Supermarktfiliale, erbringen mehr Einkommen.
- Eine Arbeit mit langer Schul- und Berufsausbildung wird besser bezahlt.

5

Welche der folgenden Aussagen sind richtig? Korrigiere die falschen Aussagen.

1. Zieht man vom Bruttoeinkommen die Steuern ab, erhält man das Nettoeinkommen.
2. Pacht und Kindergeld zählen zu den staatlichen Zuschüssen.
3. Ärzte erhalten für ihre Leistung eine Gage.
4. Für die Ausgabenplanung einer Familie ist das Nettoeinkommen entscheidend.
5. Eine gute Ausbildung kann sich positiv auf die Höhe des Einkommens auswirken.

Diskussionsrunde

Thema: **EINKOMMEN**

Du bist Teilnehmer/Teilnehmerin an einer Diskussionsrunde. Ihr zieht jeweils einen Zettel (1–8) mit einem Fallbeispiel, stellt euch dem Publikum (Klasse) vor und sagt zum Schluss: „Ich empfinde mein Einkommen als angemessen, weil ...“ (zwei Gründe)
Die Zuhörer (Rest der Klasse) beobachten die Diskussion und stellen am Ende fest:

- Wer hat euch am meisten überzeugt?
- Woran kann es liegen, dass man viel oder wenig verdient? (Schulabschluss, Ausbildung, Geschlecht, Bekanntheitsgrad, Leistung, Intelligenz, Ansehen des Berufs)

1. **Peter Kluge,**
40, Oberstudienrat,
verheiratet, 2 Kinder,
Monatseinkommen
4.500 Euro + Kindergeld

2. **Hans Ledermann,**
48, Trainer in der ersten Bundesliga, verheiratet,
4 Kinder,
Jahreseinkommen laut Vertrag 1,5 Millionen Euro

3. **Oliver Stark,**
24, Facharbeiter,
(IT-Systemelektroniker),
unverheiratet,
Monatseinkommen
1.800 Euro

4. **Tanja Wolf,**
20, Schlagersängerin,
zahlreiche Fernseh- und Konzertauftritte,
erfolgreiche CD-Produktion,
geschätztes
Jahreseinkommen zur Zeit
350.000 Euro

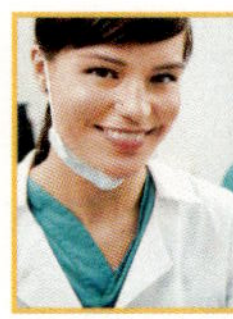

5. **Kathrin Köhler,**
21, ausgebildete Arzthelferin, ledig,
Monatseinkommen
1.500 Euro

6. **Jochen Luft,**
32, Informatiker bei einem führenden Software-Hersteller, verheiratet, 2 Kinder,
Ausbildung: Fachabitur und Fachstudium (ein Jahr Auslandsstudium in den USA)
Monatseinkommen
3.700 Euro

7. **Maria Scheller,**
75, Rentnerin, früher Bäuerin, der Ehemann ist verstorben,
monatliche Rente
450 Euro

8. **Dr. Eva Hell,**
40, Augenärztin, Gemeinschaftspraxis mit Ehemann Andreas, keine Kinder,
Monatseinkommen aus der Arztpraxis
8.000–10.000 Euro

Quelle: Statistisches Bundesamt

6

ALLES KLAR?!?!?

- Zur Befriedigung der Bedürfnisse benötigen die Haushalte Einkommen.
- Es gibt vielfältige Arten des Einkommens. Dabei kann man vier Quellen unterscheiden:

Einkommen aus **nichtselbstständiger** Arbeit	Einkommen aus **selbstständiger** Arbeit	Einkommen vom **Staat**	Einkommen aus **Vermögen**
z. B. Gehalt	z. B. Honorar	z. B. Pension	z. B. Zinsen

- Die Höhe des Einkommens kann von vielen Faktoren abhängig sein, z. B. Schulabschluss, Fleiß, Ansehen des Berufes, Intelligenz, Bekanntheitsgrad, Ausbildung, Lebensalter usw.
- Entscheidend für die Ausgaben ist das Nettoeinkommen.
- Mit der Drei-Schritt-Methode lassen sich Schaubilder gut erklären.

✓ **HINSCHAUEN**
✓ **ERKLÄREN**
✓ **ERKENNEN**

1.1.2 Die Verwendung des Einkommens

Das Ausgabenbuch

Krise bei Oliver und Julia Blank

Oliver und Julia Blank sind seit einem Jahr glücklich verheiratet. Obwohl beide gut verdienen, trübt sich immer häufiger die Stimmung, weil am 21. des Monats alles Geld verbraucht ist. Beide haben ihre Ausgaben nie geplant und nichts gespart.

Welches Verhalten führte deiner Meinung nach bei Oliver und Julia zu Geldproblemen? Lies dazu auch den Informationsteil.

- Für den Kauf der Wohnzimmereinrichtung hat das Ehepaar nichts angespart.
- Getränke kauft Julia immer im Sonderangebot.
- Das Ehepaar berät über die Anschaffung eines Neuwagens. Oliver entscheidet sich für einen Mittelklassewagen, um bei seinen Freunden angeben zu können.
- Urlaub buchen Julia und Oliver immer zu günstigen Last-Minute-Preisen.
- Für unvorhersehbare Reparaturen hat das junge Paar nichts zurückgelegt.

i

Jede Familie, jeder Haushalt **verwendet** das **Einkommen** auf andere Weise. Alle Überlegungen sollen von dem Gedanken getragen sein, das Einkommen **sinnvoll** auszugeben. Theoretisch sind die **Wünsche** einer Familie **unbegrenzt.** Vor allem junge Leute kaufen Dinge, weil sie glauben mithalten zu müssen. Infolgedessen kann ein Haushalt schnell in **Geldschwierigkeiten** kommen. Häufig kommt es auch zu **Spontankäufen,** bei denen nicht geprüft wird, ob der Haushalt diese Dinge wirklich benötigt. In diesen Fällen muss der Haushalt sein Einkaufsverhalten ändern. Ein **Ausgabenbuch**, in dem jede Ausgabe ganz genau eingetragen wird, kann dabei hilfreich sein.

7

1. Nenne drei weitere mögliche Ausgaben für Oktober.
2. Ordne folgende Ausgaben von Ehepaar Blank der entsprechenden Gruppe im Ausgabenbuch zu:

Konzertkarten	52,00 €
Jeans für Julia	48,00 €
Wanderwochenende in Südtirol	160,00 €
Computerzeitschrift für Oliver	3,00 €
Tanken	45,00 €
Grundgebühr für Handy	12,00 €

3. Welche Ausgaben fallen nicht jeden Monat an?
4. Bei welchen Ausgaben könnten Oliver und Julia Blank eventuell Geld sparen?

8

Welches sind deiner Meinung nach die zehn wichtigsten Ausgabeposten einer Familie? Erstelle eine Liste und nenne die notwendigsten zuerst.

Sparen

Wird das Einkommen eines Haushaltes nicht vollständig für Wohnung, Kleidung, Nahrungsmittel usw. ausgegeben, können Ersparnisse gebildet werden. **Sparen** bedeutet: Man **verzichtet** im Moment auf Konsum. Jeder Haushalt sollte etwas auf die „hohe Kante" legen und somit für **Notfälle** und besondere Ereignisse **Vorsorge** treffen. Ein weiterer wichtiger Spargrund ist das **Zwecksparen,** damit man sich in einiger Zeit einen **bestimmten Wunsch** erfüllen kann (z. B. Fahrrad, Reise oder eigene Wohnung). Immer mehr Menschen sparen für das **Alter.** Meist ist die Rente oder Pension kleiner als das bisherige Einkommen. Durch die Ersparnisse kann der gewohnte Lebensstandard gehalten werden.

Einkommen	
Ausgaben	**Sparen**

Sparziele können sein: 9

Kurzfristig z. B.	**Langfristig z. B.**
• Anschaffung von Geräten	• Altersvorsorge
• Erholsame Urlaubsreisen	• Ausbildung für die Kinder

Finde jeweils ein weiteres Beispiel für kurzfristiges und langfristiges Sparen.

Sparst du? Nenne deine Gründe, trage sie in einer Kleingruppe vor, höre dir die Aussagen deiner Gruppenpartner an und diskutiert darüber (z. B. „Ist Sparen lästig?“, „Macht Sparen Spaß?“). 10

Unser Sparverhalten hängt auch vom Alter ab. 11

1. Welche der sechs genannten Sparformen ist **für dich** die wichtigste bzw. die unwichtigste?
2. Zeige das Schaubild deinem Vater/deiner Mutter und stelle ihnen die gleiche Frage. Stimmt ihr überein?

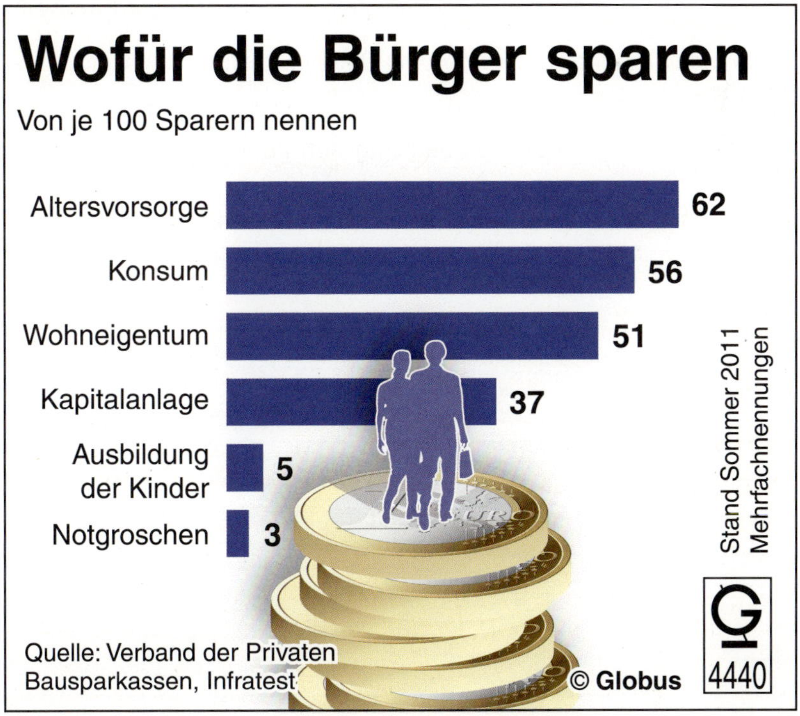

12 Aus dem (vereinfacht dargestellten) Kontoauszug der Familie Kraus gewinnst du einen Einblick in ihre Einnahmen und Ausgaben im Monat Januar. Peter Kraus arbeitet als Versicherungskaufmann, Anna Kraus als teilzeitbeschäftigte Steuergehilfin bei einem Steuerberater.

Stadtbank Neumarkt				**Kontoauszug**	
22. Januar 20../ 16:15 Uhr	Nummer 8		Konto 29608 Peter und Anna Kraus	Seite 1/1	
				Betrag (EUR)	
Buchungstag	Wert	Bu.-Nr.	Vorgang	– Last-schriften	+ Gut-schriften
01. 01.	01. 01.	112	Gehalt Fränkische Versicherungen		2.750,00
02. 01.	03. 01.	113	Gehalt Steuerkanzlei Berger		850,00
03. 01.	03. 01.	114	Miete	790,00	
04. 01.	04. 01.	115	Strom	110,00	
04. 01.	04. 01.	116	Wasser/Abwasser	70,00	
06. 01.	06. 01.	117	Kindergeld		558,00
15. 01.	15. 01.	118	Barauszahlung	60,00	
17. 01.	18. 01.	119	Zinsen für Kredit	90,00	
21. 01.	21. 01.	120	Telefon	54,00	
			alter Kontostand 1.400,00 + neuer Kontostand **?????**		

1. Berechne die Höhe des gesamten monatlichen Einkommens für Familie Kraus.
2. Stelle mithilfe der Tabelle zum Kindergeld Seite 15 fest, für wie viele Kinder Familie Kraus Kindergeld bezieht.
3. Schätze für den vorliegenden Kontoauszug den neuen Kontostand und berechne ihn danach.

   Hinweis: *Gutschriften vermehren das Guthaben auf dem Konto. Lastschriften vermindern das Guthaben.*

ALLES KLAR?!?!?

- Planlosigkeit beim Einkaufen kann zu Geldproblemen führen.
- Der Umgang mit Geld, insbesondere die Übereinstimmung von Einnahmen und Ausgaben, muss erlernt und geübt werden.
- Jeder Haushalt sollte sparen, z. B. für Notfälle, größere Anschaffungen, Altersvorsorge usw.

1.1.3 Der Haushaltsplan

Einnahmen und Ausgaben

Ehepaar Glück ist schon länger verheiratet und hat auch schon zwei Kinder, Tochter Stefanie und Sohn Christian. Als Schreinermeister in einer Möbelfabrik verdient Hans Glück nicht schlecht, dennoch ist er der Meinung, dass das monatliche Einkommen nicht planlos ausgegeben werden sollte. Um das zu verhindern, versammelt er die Haushaltsangehörigen am Tisch, um zu beraten, wie das Einkommen verteilt werden soll.

Hans Glück
„Die Fenster im Keller brauchen einen neuen Anstrich. Gerne würde ich noch im Herbst ein Wanderwochenende mit euch in der Oberpfalz verbringen!"

Stefanie Glück
„Nächste Woche fahren wir mit der Klasse zum Skikurs, mein Skianzug ist zu klein! Wann bekomme ich endlich ein eigenes Handy?"

Sonja Glück
„Meine Waschmaschine hat ihren Geist aufgegeben! Zum Geburtstag wünsche ich mir einen Laptop."

Christian Glück
„Täglich fahre ich mit dem Fahrrad zur Schule. Die Reifen müssen dringend erneuert werden. In einem Computermagazin habe ich eine interessante Software entdeckt."

i

Im Verlauf der Haushaltskonferenz stellt sich auch heraus, dass es grundsätzlich zwei Arten von Ausgaben gibt:

Lebensnotwendige Ausgaben	Nicht lebensnotwendige Ausgaben

Überlege:

Welche der folgenden Ausgaben sind deiner Meinung nach lebensnotwendig oder nicht lebensnotwendig?

- Monatskarte für den Bus
- Geschenke für Weihnachten
- Bezahlung der Telefonrechnung
- Einkauf von Kosmetika
- Kauf von Lebensmitteln
- Kauf von Schulbedarf
- Neue Winterschuhe
- Überweisung der Miete

Grundsätzlich gilt:

Lebensnotwendige Ausgaben
Mit diesen Ausgaben deckt der Haushalt die wichtigsten Bedürfnisse ab.
Beispiele: Lebensmittel, Getränke, Miete, Heizung, Strom, Wasser, Zeitungen, Telefon, Versicherungen, Ausgaben für notwendige Verkehrsmittel.

Nicht lebensnotwendige Ausgaben (freie Ausgaben)
Sie sind wünschenswert, im gewissen Sinn auch notwendig, aber an keinen Zeitpunkt gebunden.
Beispiele: Modische Kleidung, Kosmetik, Hobbys, Eintrittsgelder, Ausgaben für Auto, Geschenke, Urlaub, Schönheitsreparaturen, Anschaffung von Möbeln und Elektrogeräten.

Die Kunst des Haushaltens besteht nun darin, die Einnahmen und Ausgaben in Einklang zu bringen. Vom Ausgabenbuch gelangt man zum **Haushaltsplan.**

Der Haushaltsplan ist die **Aufstellung** aller **Einnahmen** und **Ausgaben** während eines bestimmten **Zeitraumes.**

Die Planung der Ausgaben bietet allen Angehörigen ein hohes Maß an Sicherheit für die Lebensführung. Der Haushalt sollte so geführt werden, dass keine Schulden entstehen. Dazu sollten bei den einzelnen Ausgabegruppen Höchstgrenzen eingetragen werden. Den Haushaltsmitgliedern wird dadurch deutlich, ob durch die Einkäufe schon bald die jeweilige Grenze erreicht wird. Nicht immer wird es möglich sein, die Planungen einzuhalten. Unvorhersehbare Ereignisse, z. B. nicht aufschiebbare Reparaturen an Haushaltsgeräten, belasten die Kasse höher als erwartet. In solchen Fällen muss die Ausgabenüberschreitung bei einem Posten durch Einsparungen bei anderen Ausgabeposten ausgeglichen werden.

Der schönste Haushaltsplan ist vergebens, wenn man sich nicht grundlegend daran hält!!!

Haushaltsplan
für Familie Glück, Monat Oktober

Einnahmen		**Ausgaben**	
Lohn	3.123,00 €	Wohnungsmiete	675,00 €
Kindergeld	368,00 €	Nahrungsmittel	483,00 €
		Strom, Gas, Wasser	240,00 €
		Bekleidung	200,00 €
		Möbel, Haushaltsgeräte	135,00 €
		Körperpflege	40,00 €
		Gesundheitspflege	68,00 €
		Auto und Benzin	260,00 €
		Weitere Ausgaben für Verkehr	160,00 €
		Bildung, Unterhaltung	125,00 €
		Reisen	300,00 €
		Taschengeld, Stefanie u. Christian	40,00 €
		Kosten für Telefon, Fax, Internet	60,00 €
		Genussmittel	80,00 €
		Zeitungen, Zeitschriften	65,00 €
		Wäsche, Reinigung	100,00 €
		Sparverträge	360,00 €
		Reparaturen	100,00 €
Summe	**3.491,00 €**	**Summe**	**3.491,00 €**

13 Die zehn Jahre alte Waschmaschine von Familie Glück muss im November durch eine neue ersetzt werden. Die Anschaffungskosten betragen 550,00 €. Erstelle den Haushaltsplan für November. Beachte dabei, dass viele Ausgaben monatlich in gleicher Höhe anfallen und unvermeidbar sind. Einige Ausgaben sind jedoch veränderlich und können bei Bedarf von Monat zu Monat verschoben werden. Das monatliche Einkommen von 3.491,00 € bleibt gleich.

14 Ehepaar Julia und Markus Heller ist schon einige Jahre verheiratet und führt regelmäßig einen Haushaltsplan. Beide sind berufstätig, das Nettoeinkommen beträgt zusammen 2.747,00 € monatlich. Im letzten Haushaltsplan waren die Ausgaben wie folgt eingeteilt:

Haushaltsplan der Familie Heller

Einnahmen		Ausgaben	
Nettoeinkommen	2.747,00 €	1. Miete	515,00 €
		2. Heizung	122,00 €
		3. Strom, Gas, Wasser	80,00 €
		4. Versicherungen	200,00 €
		5. Zeitung, Zeitschrift, Funk	75,00 €
		6. Telefon, Fax, Internet	50,00 €
		7. Wäsche, Reinigung	90,00 €
		8. Körper- und Gesundheitspflege	80,00 €
		9. Auto, Fahrgeld	270,00 €
		10. Taschengeld Julia	40,00 €
		11. Taschengeld Markus	40,00 €
		12. Sparverträge	200,00 €
		13. Kleidung, Reparaturen	245,00 €
		14. Möbel, Hausrat	175,00 €
		15. Ernährung, Genussmittel	410,00 €
		16. Reisen	85,00 €
		17. Sonstiges	70,00 €
Summe	**2.747,00 €**	**Summe**	**2.747,00 €**

Die bisherige Planung des Ehepaars Heller muss geändert werden. Julia erwartet ein Baby. Nach der Elternzeit will Julia wie bislang halbtags in ihrem Beruf weiterarbeiten. Das Haushaltseinkommen ändert sich somit nicht. Erfreulicherweise werden die Steuern etwas niedriger, das Nettoeinkommen des Ehepaars beträgt in Zukunft 2.850,00 €. Zudem zahlt der Staat Kindergeld. Die Höhe kannst du dem Schaubild auf der nächsten Seite entnehmen.

Allerdings fallen für die Betreuung des Kindes monatlich 250,00 € an. Erstelle den Haushaltsplan für die Zeit nach der Elternzeit, wenn die Ausgabeposten 1–6 unverändert bleiben. Wenn möglich, verwende dazu ein geeignetes Computerprogramm.

Das Kindergeld beträgt seit 01. Januar 2010				
für das	1. Kind	2. Kind	3. Kind	4. und jedes weitere Kind
monatlich	184,00 EURO	184,00 EURO	190,00 EURO	je 215,00 EURO

15

1. Erstellt in Partner- oder Gruppenarbeit für eine Verbraucherberatung ein Faltblatt mit
   1.1 notwendigen, angenehmen und überflüssigen Nahrungsmitteln,
   1.2 notwendiger und überflüssiger Bekleidung.
2. Gestaltet das Faltblatt mit Text und Bildern. Ihr könnt dazu auch ein geeignetes Computerprogramm verwenden.

ALLES KLAR?!?!?

- Der Haushaltsplan ist die Aufstellung aller Einnahmen und Ausgaben für einen bestimmten Zeitraum (z. B. Monat).
- Die Haushaltsbuchführung dient der Ausgabenkontrolle. Der schönste Haushaltsplan nützt nichts, wenn die Ausgaben nicht überwacht werden.
- Bei den Ausgaben unterscheidet man zwei Gruppen:

lebensnotwendige Ausgaben	nicht lebensnotwendige Ausgaben (freie Ausgaben)
z. B. Miete, Heizung, Strom, Telefon	z. B. Eintrittsgelder, Urlaub, Geschenke

Die Ausgaben einer Familie können von verschiedenen Faktoren abhängig sein:

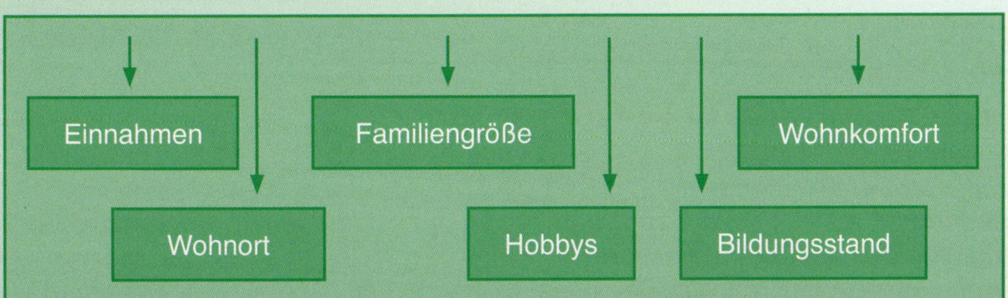

1.1.4 Taschengeld

Monatliches Taschengeld

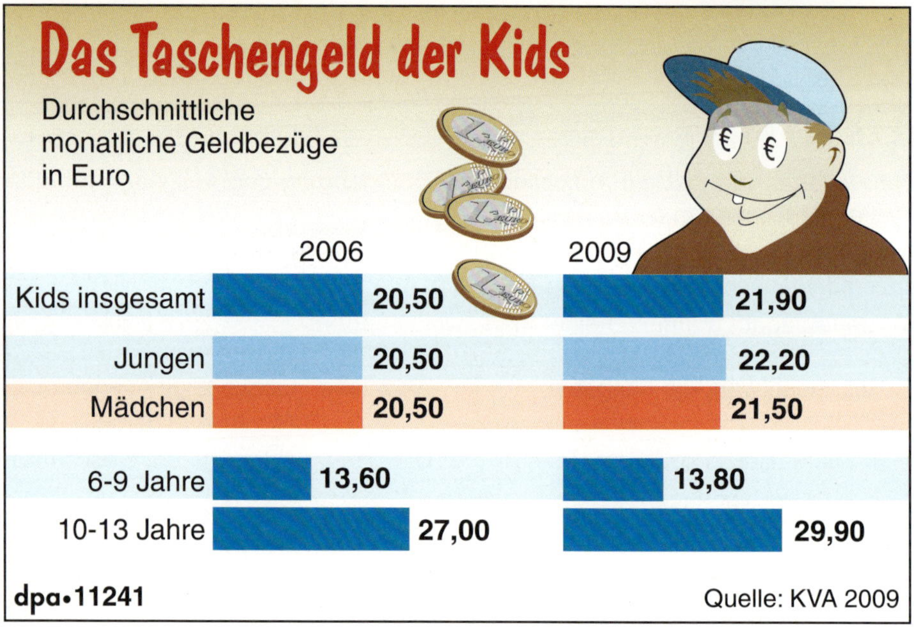

Diskutiert den Vorschlag für die Höhe des Taschengeldes und vergleicht die Höhe innerhalb der Geschlechter.

Taschengeld ist ein Geldbetrag, den Kinder und Jugendliche **wöchentlich** oder **monatlich** von den Eltern erhalten. Zur **Höhe** des Taschengeldes gibt es keine einheitliche Vorstellung. Welchen Betrag die Eltern zahlen, hängt vom **Einkommen** des Haushaltes, von der **Zahl** der **Kinder** und vom **Alter** der Schüler ab. Einen gesetzlichen Anspruch auf Taschengeld gibt es nicht.

16

1. Führt im Unterricht eine Umfrage zum Thema Taschengeld durch (ohne Angabe der Namen) und wertet sie aus.

2. Berechnet für euere Klasse das durchschnittliche monatliche Taschengeld pro Schüler/-in.

3. Führt die Umfrage auch in den Parallelklassen eurer Jahrgangsstufe durch und veröffentlicht das Ergebnis in der Schülerzeitung oder auf der Website euerer Realschule.

Vorschlag für die Umfrage

1. Erhältst du Taschengeld? (ja/nein)
2. Wie viel Taschengeld erhältst du?
3. Zeitraum (wöchentlich? monatlich? in unregelmäßigen Abständen?)
4. Auszahlung (Bargeld? Jugendgirokonto?)
5. Nenne drei Gründe für eigenes Taschengeld.
6. Wofür gibst du monatlich den größten Betrag aus?

4. Wertet das Schaubild nach der DREI-SCHRITT-METHODE aus.

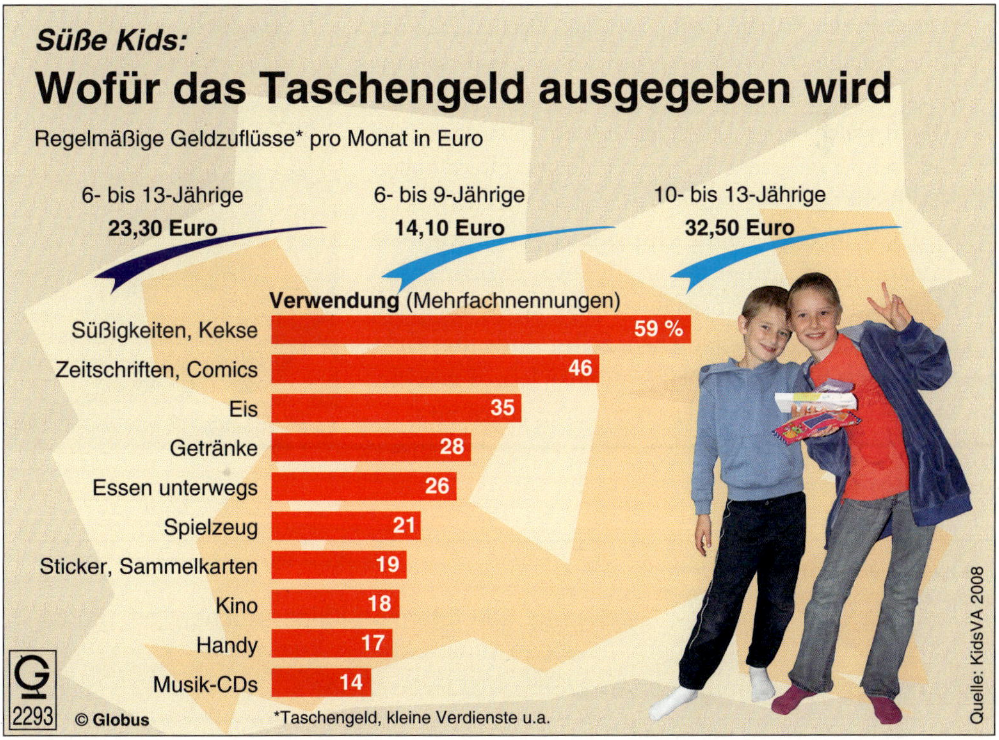

17

Wofür gibst du dein Taschengeld aus?

Spiele	????? €	Kino	????? €
Hobby	????? €	Konzerte	????? €
Süßigkeiten	????? €	Fahrgeld	????? €
Schulsachen	????? €	Sparen	????? €
Kleidung	????? €	Lesestoff	????? €
CD	????? €	Getränke/Fast Food	????? €

1. Erstelle im Heft eine eigene Tabelle und trage deine monatlichen Ausgaben ein.
2. Vergleiche deine Ausgaben mit dem Banknachbarn.
3. Auf welche Ausgaben könntest du am leichtesten verzichten?
4. Was meinst du zur Antwort des Schulpsychologen?

Immer zu wenig Taschengeld?

Ich werde bald 13, bekomme in der Woche 5 Euro Taschengeld und komme einfach nie damit aus. Meine Eltern sagen: „Du kannst nicht mit Geld umgehen!", aber sind 5 Euro nicht auch zu wenig? **Ann-Kathrin (12), Erlangen**

Ingo Würtl, Schulpsychologe: Liebe Ann-Kathrin, 5 Euro in der Woche ist in etwa das Taschengeld, das Kinder deines Alters bekommen sollten. Wahrscheinlich hast du aber so große Lust, dir von den 5 Euro ganz schnell viele schöne Dinge zu kaufen, dass das ganze Geld schon am ersten Tag weg ist. Deine Eltern haben also nicht ganz Unrecht: Du musst wirklich noch lernen, dein Geld richtig einzuteilen. Außerdem hast du natürlich die Möglichkeit, dir etwas dazuzuverdienen (Hund des Nachbarn ausführen, kleine Einkäufe erledigen usw.). Du wirst sehen: Selbst verdientes Geld macht stolz und hilft dabei, wenn man lernen möchte, das Geld so einzuteilen, dass man damit auskommt.

ALLES KLAR?!?!?

- Taschengeld ist ein fester Geldbetrag, den Eltern an Kinder wöchentlich, monatlich oder in unregelmäßigen Abständen zahlen.
- Es besteht kein gesetzlicher Anspruch auf Taschengeld.

1.2 Die Prozentrechnung

Offenbar hat da jemand Probleme mit der Prozentrechnung.

„Zehn von hundert Menschen haben keine Ahnung vom Prozentrechnen. Das sind über siebzehn Prozent.“

1.2.1 Warum wird die Prozentrechnung benötigt?

Der 14-jährige Klaus erhält von seinen Großeltern einen monatlichen Taschengeldzuschuss von 40,00 €. Von diesem Geld spart er 10,00 €, die restlichen 30,00 € gibt er aus.

Die 9-jährige Sarah erhält von ihren Großeltern ebenfalls einen Taschengeldzuschuss, aber da sie jünger ist, nur 20,00 €. Sie spart auch 10,00 €, den Rest verbraucht sie. Wer spart mehr?

Absolut betrachtet sparen beide gleich viel, nämlich 10,00 €.

Relativ betrachtet sieht der Vergleich aber anders aus:

Klaus spart 10,00 € von 40,00 €, also $\frac{10}{40}$	Sarah spart 10,00 € von 20,00 €, also $\frac{10}{20}$
Das sind – erweitert – $\frac{25}{100}$	Das sind – erweitert – $\frac{50}{100}$
In Prozent ausgedrückt: 25%	In Prozent ausgedrückt: 50%
Grafisch dargestellt: 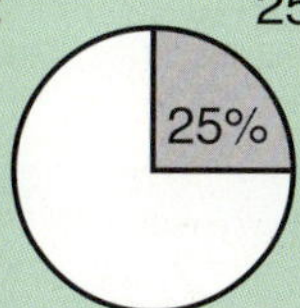	Grafisch dargestellt: 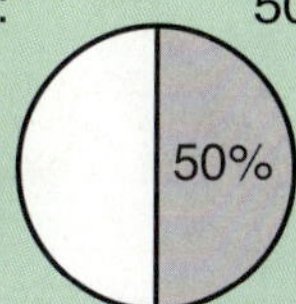

Erinnere dich:

1. Brüche erweitert man, indem Zähler und Nenner mit der gleichen Zahl multipliziert werden.
2. „Prozent“ kommt vom lateinischen „pro centum“ und bedeutet „von Hundert“ oder „Hundertstel“.
3. Als Symbol verwendet man das Prozentzeichen: %
4. Bei der Prozentrechnung ist der Nenner des Bruches immer 100.

1% bedeutet also: $\frac{1}{100}$ eines Betrages, einer Länge, eines Gewichts usw.

2% bedeuten also: $\frac{2}{100}$

50% bedeuten also: $\frac{50}{100}$

100% bedeuten also: $\frac{100}{100}$ (Zähler und Nenner sind gleich groß)

1.2.2 Die Begriffe der Prozentrechnung

Bei der Prozentrechnung unterscheidet man drei Begriffe:

25%	von 40 €	sind 10 €
Prozentsatz	**Grundwert**	**Prozentwert**
↓	↓	↓
Er zeigt den relativen Anteil am Grundwert.	Er ist der Ausgangswert und entspricht immer 100%.	Er ist ein Teil vom Ausgangswert.
↑	↑	↑
p (%)	**GW**	**PW**

Sind alle drei Größen gegeben, so gibt es natürlich nichts zu rechnen.

ALLES KLAR?!?!?

Deine Aufgabe wird es also künftig immer sein, bei zwei gegebenen Größen die dritte Größe zu ermitteln.

Diese Rechentechnik werde ich ***hundertprozentig*** *immer wieder brauchen.*

Aufgaben

Schreibe in Prozenten 18

$\frac{20}{100}$; $\frac{65}{100}$; $\frac{73}{100}$; $\frac{1}{5}$; $\frac{3}{5}$; $\frac{20}{40}$; $\frac{25}{50}$; $\frac{10}{25}$; $\frac{3}{10}$; $\frac{4}{20}$; $\frac{5}{20}$; $\frac{10}{20}$

1. Welche Zahl verbirgt sich im Begriff „Prozent“? 19
2. Welche Zahl verbindest du mit dem Begriff „Promille“?
3. Bestätige die richtige, berichtige die falsche Aussage.
   3.1 Der Prozentsatz zeigt immer 100%.
   3.2 Der Prozentwert zeigt den absoluten Anteil am Grundwert.
   3.3 Der Grundwert entspricht in den meisten Fällen 100%.
   3.4 Der Prozentsatz wird mit p bezeichnet.
4. Notiere ins Heft: *„gegeben“*, wähle zwei Größen der Prozentrechnung und notiere dann die gesuchte Größe *(„gesucht“)*. Wie viele Möglichkeiten findest du?

1.2.3 Die Berechnung des Prozentwertes

i

Fallbeispiel:

Frau Schön gibt 5% ihres Monatseinkommens von 2.000,00 € für Kinobesuche aus. Wie oft geht sie ins Kino, wenn eine Eintrittskarte 10,00 € kostet?

Überlegung:

gegeben:	Grundwert (GW)	2.000,00 €	gesucht:	Prozentwert (PW)	x €
	Prozentsatz (p)	5%			

Lösung:

(Du hast die Wahl zwischen drei Möglichkeiten)

Möglichkeit 1 („kaufmännischer Dreisatz“)

: 100	100% ≙	2.000,00 €	: 100
· 5	1% ≙	20,00 €	· 5
	5% ≙	100,00 €	

Möglichkeit 2 („mathematischer Dreisatz“)

100% ≙ 2.000,00 €
5% ≙ x €

$$x = \frac{2.000,00 \cdot 5}{100} = 100,00$$

Möglichkeit 3 (mathematische Formel)
Aus dem mathematischen Dreisatz folgt:

$$PW = \frac{2.000,00\text{ €} \cdot 5}{100} = 100,00\text{ €}$$

Formel:

Prozentwert: $\dfrac{\textbf{Grundwert} \cdot \textbf{Prozentsatz}}{\textbf{100}}$	**PW:** $\dfrac{\textbf{GW} \cdot \textbf{p}}{\textbf{100}}$

Antwortsatz:

Frau Schön gibt monatlich 100,00 € aus und kann dafür 10-mal das Kino besuchen.

20 Löse diese Aufgaben im Kopf. Gehe immer zuerst auf 1% zurück.

1.	2% von 15,00 €;	20,00 €;	27,00 €;	50,00 €;	250,00 €;	750,00 €;	4.200,00 €
2.	3% von 80,00 €;	120,00 €;	500,00 €;	1.300,00 €;	2.100,00 €;	1.500,00 €;	3.100,00 €
3.	8% von 50,00 €;	200,00 €;	600,00 €;	1.600,00 €;	2.600,00 €;	3.600,00 €;	4.000,00 €
4.	9% von 50,00 €;	300,00 €;	600,00 €;	1.500,00 €;	2.500,00 €;	3.500,00 €;	5.000,00 €
5.	15% von 60,00 €;	200,00 €;	500,00 €;	3.000,00 €;	5.000,00 €;	6.800,00 €;	7.000,00 €
6.	20% von 25,00 €;	120,00 €;	640,00 €;	1.300,00 €;	4.500,00 €;	7.200,00 €;	9.000,00 €
7.	200% von 12,00 €;	34,00 €;	760,00 €;	1.400,00 €;	3.650,00 €;	4.700,00 €;	6.500,00 €

21 Berechne den Prozentwert (Dreisatz oder Formel):

1. 12% von 2.400,00 €
2. 48% von 3.600,00 €
3. 32% von 6.200,00 €
4. 2,5% von 1.000,00 €
5. 88% von 4.800,00 €
6. 7% von 600,00 €

Rechentipp

„Bequeme Prozentsätze" erleichtern das Rechnen

Du weißt ja: Jeder Prozentsatz kann auch als Bruch mit dem Nenner 100 dargestellt werden. 25% sind also $\frac{25}{100}$, gekürzt $\frac{1}{4}$ des Grundwertes.

Ein Rechenvorteil ergibt sich, wenn der Prozentsatz ohne Rest im Grundwert (100%) teilbar ist. Solche Prozentsätze nennt man „Bequeme Prozentsätze". Sie erleichtern dir die Rechenarbeit.

Aufgabe:
Wie viel € sind 25% von 240,00 €?

Lösung:
Statt Dreisatz oder Formel genügt: 240,00 € : 4 = 60,00 €.

Folgende bequeme Prozentsätze solltest du dir merken:

5% $= \frac{1}{20}$ des Grundwertes	20% $= \frac{1}{5}$ des Grundwertes
10% $= \frac{1}{10}$ des Grundwertes	25% $= \frac{1}{4}$ des Grundwertes
12,5% $= \frac{1}{8}$ des Grundwertes	$33\frac{1}{3}$% $= \frac{1}{3}$ des Grundwertes
$16\frac{2}{3}$% $= \frac{1}{6}$ des Grundwertes	50% $= \frac{1}{2}$ des Grundwertes

22

Rechne im Kopf:

1.	5% von 200,00 €;	300,00 €;	4.400,00 €
2.	12,5% von 160,00 €;	480,00 €;	7.200,00 €
3.	20% von 500,00 €;	900,00 €;	4.800,00 €
4.	25% von 240,00 €;	600,00 €;	2.800,00 €
5.	$33\frac{1}{3}$% von 270,00 €;	960,00 €;	3.900,00 €

Rechentipp

Die Zerlegung von Prozentsätzen beim Kopfrechnen

Klaus erhält als Arbeitsauftrag:
Wie viel € sind 12% von 260,00 €?

Er rechnet im Kopf:

10% von 260,00 € (also: 260,00 € geteilt durch 10)	= 26,00 €
+ 2% von 260,00 € (also: 260,00 € geteilt durch 100 = 2,60 € mal 2) =	5,20 €
Summe	31,20 €

23

Löse die Aufgaben mithilfe folgender Rechenschritte:

- zerlege den Prozentsatz,
- berechne die Zwischenergebnisse im Kopf und notiere sie,
- addiere oder subtrahiere die Zwischenergebnisse.

1.	31% von	250,00 €
2.	24% von	460,00 €
3.	13% von	1.400,00 €
4.	55% von	3.700,00 €
5.	22% von	950,00 €
6.	82% von	40,00 €
7.	19% von	370,00 €
8.	99% von	6.400,00 €
9.	11% von	860,00 €
10.	33% von	70,00 €

1.2.4 Die Berechnung des Prozentsatzes

i

Fallbeispiel:

Bei einer Radarkontrolle an einer Autobahnbaustelle überschritten von 960 Kraftfahrzeugen 192 die Geschwindigkeitsbeschränkung. Wie viel Prozent der Autofahrer wurden wegen überhöhter Geschwindigkeit ertappt?

Überlegung:

gegeben: GW 960 Fahrzeuge
PW 192 Fahrzeuge

gesucht: p x%

Lösung:

Dreisatz:

960 Fahrzeuge ≙ 100%

192 Fahrzeuge ≙ x%

$$x = \frac{192 \cdot 100}{960} = 20$$

Formel:

Prozentsatz (%): $\frac{\text{Prozentwert} \cdot 100}{\text{Grundwert}}$	p (%): $\frac{PW \cdot 100}{GW}$

Antwort:

20% der Autofahrer wurden ertappt.

24 Herr Braun verkauft seinen gebrauchten Pkw. Er erhält vom Kfz-Händler noch 3.400,00 €. Neu kostete das Auto damals 21.250,00 €. Wie viel Wertverlust in € und in Prozent muss er in Kauf nehmen?

25 1. Beschreibe die Aussage dieses Schaubildes.

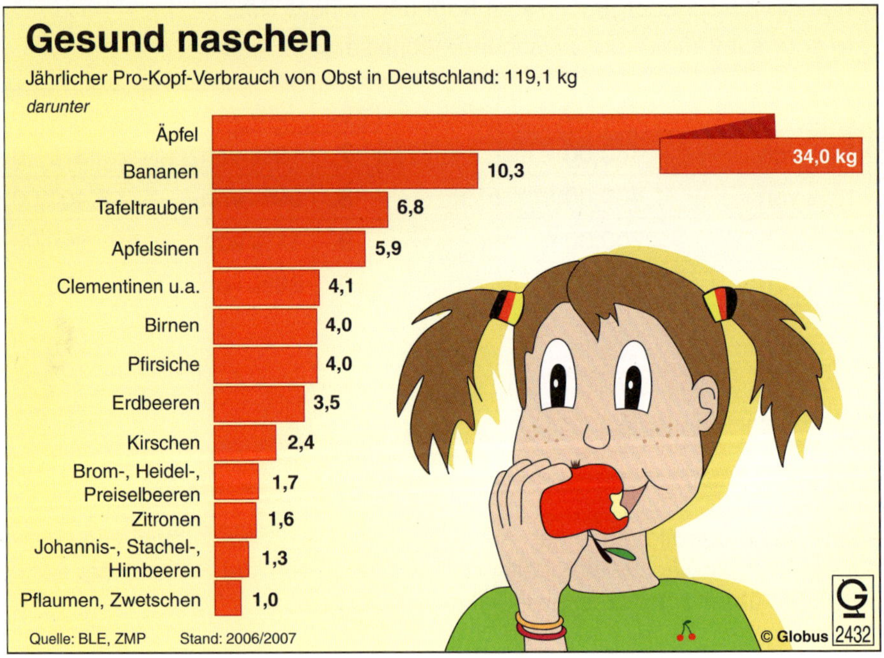

2. Welche Art von Diagramm wird verwendet?
3. Als Quelle wird die Bundesanstalt für Landwirtschaft und Ernährung (BLE) genannt. Informiere dich im Internet und entnimm der Startseite deren Aufgabe.

4. Suche dir aus den gesunden Naschereien des Schaubildes deine fünf Lieblingssorten heraus und berechne für jede dieser Obstsorten den prozentualen Anteil am Gesamtinhalt des Tellers. Runde das Ergebnis auf 2 Dezimalstellen.
5. Erstelle zu deinem Rechenergebnis eine Präsentationsgrafik in Form eines Tortendiagramms.
6. Schätze deinen eigenen jährlichen Verbrauch deiner fünf Lieblingssorten und vergleiche ihn mit den Informationen im Schaubild. Stelle fest, ob du ein überdurchschnittlicher oder unterdurchschnittlicher Obstesser bist.

1.2.5 Die Berechnung des Grundwertes

i

Fallbeispiel:

Die Familie Schlau legt monatlich 140,00 €, das sind 5% des Monatseinkommens, für den Familienurlaub zurück. Berechne das monatliche Einkommen der Familie.

Überlegung:

gegeben: PW 140,00 €
p 5%

gesucht: GW x €

Lösung:

Dreisatz

5% ≙ 140,00 €
100% ≙ x €

$$x = \frac{140{,}00 \cdot 100}{5} = 2.800{,}00$$

Formel:

Grundwert: $\dfrac{\textbf{Prozentwert} \cdot \textbf{100}}{\textbf{Prozentsatz}}$	**GW:** $\dfrac{\textbf{PW} \cdot \textbf{100}}{\textbf{p}}$

Antwort:

Die Familie hat ein Monatseinkommen von 2.800,00 €.

Berechne den Grundwert im Kopf. 26

	Prozentsatz	Prozentwert
1.	25%	120,00 €
2.	12,5%	80,00 €
3.	3%	60,00 €

	Prozentsatz	Prozentwert
4.	$16\frac{2}{3}\%$	900,00 €
5.	$33\frac{1}{3}\%$	1.500,00 €
6.	5%	350,00 €

Marias Eltern haben ein Einfamilienhaus gebaut. Nachdem alle Rechnungen vorliegen, steht fest, dass sich der Bau um 7.600,00 €, das sind 4% der ursprünglich vorgesehenen Bausumme, verteuert hat. 27

Wie viel € sollte das Haus ursprünglich kosten, wie viel € kostet es jetzt?

Rechentipp

Schätze ab, ob das Ergebnis auch stimmt.

Fall:
Das neue Schuljahr hat begonnen und Claudia kauft für die Schule ein:
11 DIN A4 Hefte, Stückpreis 0,49 €
6 Hefter, Stückpreis 1,99 €
An der Kasse verlangt die Verkäuferin 19,53 €. „Das kann nicht stimmen“, reklamiert Claudia. Die Verkäuferin überprüft den Kassenbon und stellt fest, dass sie sich vertippt hat. Sie entschuldigt sich. Claudia bezahlt nur 17,33 €.

Wie konnte Claudia den Fehler so schnell erkennen?

Lösung:
Schon als sie die Gegenstände in den Einkaufskorb legte, überschlug Claudia den Gesamtpreis im Kopf. Sie rechnete:
„statt 11 Hefte mal 0,49 € rechne ich 11 mal 0,50 €, das sind 5,50 €
statt 6 Hefter mal 1,99 € rechne ich 6 mal 2,00 €, das sind 12,00 €
also werde ich etwa 17,50 € bezahlen müssen“.

28 Überschlage erst das Ergebnis im Kopf und berechne danach schriftlich das genaue Ergebnis.

Addition		Subtraktion		Multiplikation		Division	
1.	1 498 + 488	1.	4 169 − 207	1.	53 · 99	1.	345 : 49
2.	81 + 62	2.	898 − 371	2.	211 · 11	2.	242 : 32
3.	2,88 + 9,07	3.	67,93 − 26,88	3.	693 · 29	3.	561 : 79
4.	389 + 422	4.	507 − 62	4.	1,98 · 7,05	4.	1 205 : 311
5.	23,49 + 9,93	5.	8 888 − 299	5.	97 · 31	5.	6,9 : 2,01
6.	204,63 + 58,11	6.	207,63 − 39,79	6.	31,1 · 0,9	6.	55,7 : 7,93

1.2.6 Auswerten von Rechnungen

„Aus dieser Rechnung werde ich nicht schlau, da stimmt doch was nicht“, meint Herr Glück.

Vor allem bei größeren Anschaffungen erhalten die Kunden vom Lieferer eine Rechnung. Sie ist eine genaue, schriftliche Aufstellung über die Höhe einer Geldforderung aus einer Warenlieferung oder einer erbrachten Dienstleistung, zum Beispiel einer durchgeführten Reparatur.

Rechnungen enthalten eine Menge von Informationen und sollten vom Rechnungsempfänger immer auf ihre Richtigkeit überprüft werden.

Inhalt einer Rechnung

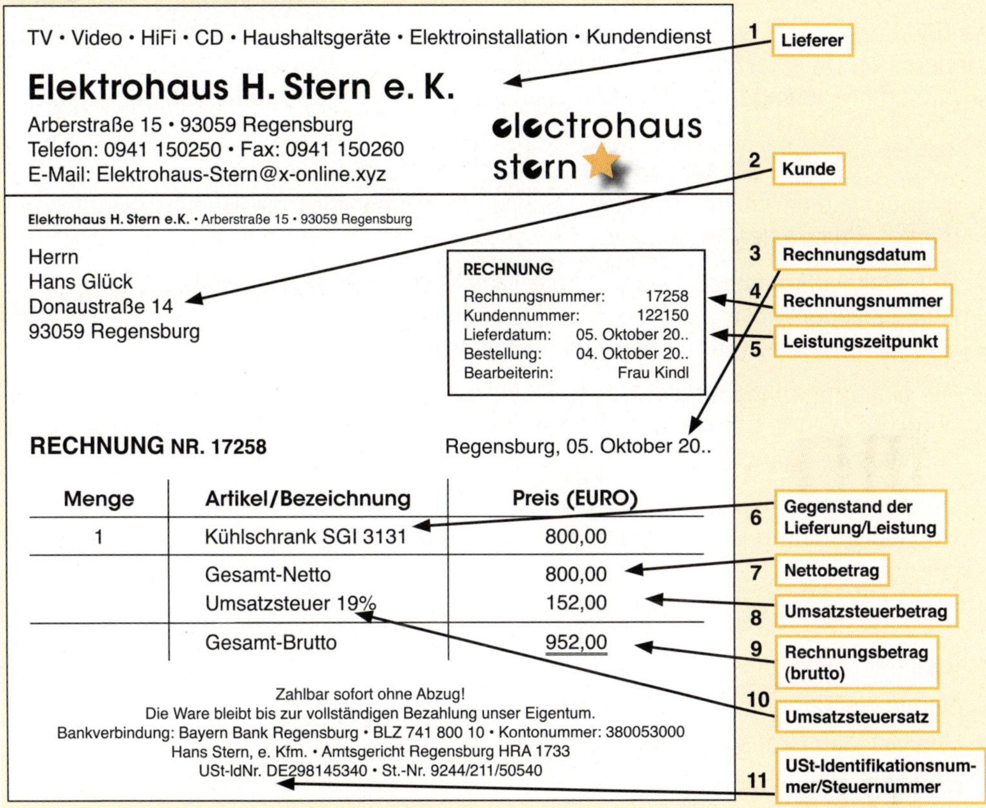
TV • Video • HiFi • CD • Haushaltsgeräte • Elektroinstallation • Kundendienst

Elektrohaus H. Stern e. K.

Arberstraße 15 • 93059 Regensburg
Telefon: 0941 150250 • Fax: 0941 150260
E-Mail: Elektrohaus-Stern@x-online.xyz

electrohaus stern

Elektrohaus H. Stern e.K. • Arberstraße 15 • 93059 Regensburg

Herrn
Hans Glück
Donaustraße 14
93059 Regensburg

RECHNUNG
Rechnungsnummer: 17258
Kundennummer: 122150
Lieferdatum: 05. Oktober 20..
Bestellung: 04. Oktober 20..
Bearbeiterin: Frau Kindl

RECHNUNG NR. 17258 Regensburg, 05. Oktober 20..

Menge	Artikel/Bezeichnung	Preis (EURO)
1	Kühlschrank SGI 3131	800,00
	Gesamt-Netto	800,00
	Umsatzsteuer 19%	152,00
	Gesamt-Brutto	952,00

Zahlbar sofort ohne Abzug!
Die Ware bleibt bis zur vollständigen Bezahlung unser Eigentum.
Bankverbindung: Bayern Bank Regensburg • BLZ 741 800 10 • Kontonummer: 380053000
Hans Stern, e. Kfm. • Amtsgericht Regensburg HRA 1733
USt-IdNr. DE298145340 • St.-Nr. 9244/211/50540

1. Name und Anschrift des Lieferers
2. Name und Anschrift des Kunden
3. Ausstellungsdatum der Rechnung (Rechnungsdatum)
4. Rechnungsnummer
5. Leistungszeitpunkt/Lieferdatum
6. Aus der Rechnung muss hervorgehen, welcher Gegenstand geliefert bzw. welche Dienstleistung erbracht wurde
7. Nettobetrag der Rechnung, also noch ohne Umsatzsteuer
8. Die Umsatzsteuer muss auch betragsmäßig ausgewiesen werden
9. Bruttobetrag der Rechnung, also einschließlich der Umsatzsteuer
10. Umsatzsteuersatz in Prozenten
11. Umsatzsteuer-Identifikationsnummer: Umsatzsteuerrechtliche Kennzeichnung eines Unternehmens.

    Steuernummer: Unter dieser Nummer wird der Steuerpflichtige beim zuständigen Finanzamt geführt.

29 Erstelle eine Tabelle mit zwei Spalten und trage jeweils ein, welche Teile einer Rechnung wichtig und welche Teile unwichtig sind:

Bankkonto des Lieferers, Geburtsdatum des Lieferers, genaue Bezeichnung der gelieferten Ware, Telefonnummer des Lieferers, Firmenadresse des Lieferers, Privatadresse des Lieferers, Firmen-E-Mail-Adresse des Lieferers, Umsatzsteuer in % (Umsatzsteuersatz), Umsatzsteuer in €, Zahlungsbedingungen, Name und Anschrift des Kunden, Garantiebedingungen, Rechnungsbetrag, Firmenlogo, Unterschrift des Lieferers.

30

1. Informiere dich im Anhang des Buches nochmals über die Begriffe „Brutto" und „Netto". Erkläre den Unterschied zwischen Brutto- und Nettopreis.
2. Der Nettoverkaufspreis eines neuen Küchenherdes beträgt 800,00 €. Wie viel Umsatzsteuer muss in der Rechnung ausgewiesen werden und wie hoch ist der Rechnungsbetrag (brutto) bei einem Umsatzsteuersatz von 19%?
3. Bei Grundnahrungsmitteln, Büchern und Zeitschriften verlangt der Staat vom Verbraucher nur 7% Umsatzsteuer. Warum wurde dies wohl im Umsatzsteuergesetz so bestimmt?
4. Der Nettoverkaufspreis eines 10-kg-Paketes Mehl beträgt 15,00 €. Berechne den Rechnungsbetrag (brutto) bei einem Umsatzsteuersatz von 7%.

31 Beantworte die Fragen zum Beleg:

1. Welcher Kraftstoff wurde getankt?
2. Nenne Name und Ort der Tankstelle.
3. Wie viel Liter Kraftstoff wurden getankt?
4. Berechne den Nettobetrag.

PS STATION
Bahnhofstraße 1
83026 Rosenheim

Obj.-Nr.: 0002051 — Telefon: 08031 184010
Fax: 08031 184050

Beleg-Nr.: 8183/008/0001 — 08. Mai 20.. — 10:34 Uhr
Steuer-Nr.: 9156/207/13188

*00001 **DIESEL** — 79,25 EUR
*Zp 03 — 51,83 l 1,529 EUR/l

Gesamtbetrag (BAR) — 79,25 EUR

USt.-Anteil 19% — 12,65 EUR

VIELEN DANK FÜR IHREN EINKAUF.
AUF WIEDERSEHEN.

32

INSPEKTIONEN

AUTOREPARATUR SCHNELL e. Kfm.

Hauptstraße 21 • 97337 Dettelbach a. M.
Telefon: 09324 999112 • Telefax: 09324 999113
E-Mail: pkw.schnell@t-online.xyz

AUTOREPARATUR SCHNELL • Hauptstraße 21 • 97337 Dettelbach a. M.

Hans Scheller
Kirchstraße 15
97337 Dettelbach-Euerfeld

RECHNUNG
Kunden-Nr.: 2413

Dettelbach, 12. November 20..

Fabrikat:	Gulf SK
Fahrgestell-Nr.:	WVW2221KZGW520007
Modellbezeichnung:	63412KA
Pol-Kennzeichen:	KT – AK 234
Kilometerstand:	67.890 km

Für unsere Leistungen vom 12. November 20.. erlauben wir uns zu berechnen:

Inspektion (20 Arbeitsstunden)		750,00 Euro
Kleinteile		103,00 Euro
	Nettobetrag	853,00 Euro
	19% Umsatzsteuer	**????? Euro**
	Gesamtbetrag	**????? Euro**

Amtsgericht Kitzingen HRA 2456
USt-IdNr. DE1243456789 • Steuer-Nr. 9227/107/999

1. Der Betrag für die Umsatzsteuer und der Rechnungsbetrag wurden nicht ausgedruckt. Ergänze die fehlenden Größen.
2. Welche drei weiteren wichtigen Bestandteile einer Rechnung fehlen auf diesem Beleg?
3. Welche Leistung wurde aufgrund dieser Rechnung erbracht?
4. An welchem Ort wohnt der Kunde?

ALLES KLAR?!?!?

1. Unterscheide die drei Größen der Prozentrechnung:

Prozentsatz	Prozentwert	Grundwert
p (%): $\frac{PW \cdot 100}{GW}$	PW: $\frac{GW \cdot p}{100}$	GW: $\frac{PW \cdot 100}{p}$

2. Bei Textaufgaben führt dich ein Lösungsweg zum Ziel:
   Schritt 1: Lies den Text genau.
   Schritt 2: Leite daraus die Überlegung ab: Was ist gegeben, was ist gesucht?
   Schritt 3: Berechne die gesuchte Größe (Dreisatz oder Formel).
   Schritt 4: Beantworte die Frage der Aufgabe.
3. Erleichtere dir das Rechnen mithilfe bequemer Prozentsätze.
4. Rechne beim Schätzen mit gerundeten Zahlen.
5. Rechnungen enthalten wichtige Informationen.
6. Rechnungen sind zu überprüfen.
7. Kaufen Haushalte ein, so müssen sie 19% Umsatzsteuer bezahlen. In Ausnahmefällen sind es nur 7% (z. B. Grundnahrungsmittel, Zeitschriften).

1.2.7 Aufgaben zur Prozentrechnung

33 Berechne die fehlenden Größen.

	1.	2.	3.	4.	5.
Grundwert	83,00 €	????? €	340,00 €	1.250,00 €	????? €
Prozentwert	????? €	75,00 €	54,40 €	????? €	980,00 €
Prozentsatz	2,5%	15%	?????%	28%	49%

34 Max erhielt bisher monatlich 20,00 € Taschengeld. Ab sofort erhält er 26,00 €. Um wie viel Prozent hat sich sein Einkommen erhöht?

35 Ein Fußballclub verkauft für ein Bundesligaspiel 42280 Eintrittskarten. Das Stadion ist damit zu 70% ausgelastet. Wie viele Zuschauerplätze fasst das Stadion?

36 Das Modehaus „Flott“ hat für diese Saison grüne Röcke eingekauft. Die Kunden bevorzugen aber völlig überraschend die Farbe Blau. Deshalb reduziert das Modehaus die Preise für die grünen Röcke radikal um $33\frac{1}{3}$%, das sind 45,00 € je Rock.

Wie viel € kostete ein Rock bisher und wie viel € sind jetzt nur noch zu bezahlen?

37 Das Finanzamt verlangt vom Käufer eines Einfamilienhauses Grunderwerbsteuer in Höhe von 9.800,00 €, das sind 3,5% des Kaufpreises.

Berechne den Kaufpreis des Einfamilienhauses.

Im Jahre 1960 kostete die Beförderung eines Standardbriefes 0,20 DM, das sind etwa 0,10 €. Um wie viel Prozent ist das Briefporto bis heute gestiegen? Erkundige dich über das aktuelle Briefporto. **38**

1. Ein Kühlschrank, der bisher 320,00 € kostete, wird um 6% teurer. Berechne die Preiserhöhung in €. **39**
2. Da der Absatz zurückgeht, beabsichtigt der Händler den Preis wieder um 6% zu senken. Zu welchem Preis wird jetzt der Kühlschrank angeboten?
3. Angenommen, die Preiserhöhung bzw. -minderung beträgt nur 5% (bequemer Prozentsatz). Wie wäre in diesem Fall dein Rechenweg?

Eine Realschule hat 390 Schülerinnen und 260 Schüler. Von den Mädchen sind 30% Fahrschüler, von den Jungen kommen 91 mit dem Bus und der Bahn zur Schule. **40**

1. Wie viele Jugendliche besuchen die Schule und wie viel Prozent davon sind jeweils Mädchen und Jungen?
2. Wie viele Fahrschüler (Mädchen und Jungen) hat die Schule?
3. Wie viel Prozent der Schüler und Schülerinnen sind dies?

Alexander hat 121,00 € gespart. Er möchte sich dafür Inline-Skates einer ganz bestimmten Marke kaufen. Sie kosten aber 137,50 €. **41**

Um wie viel % müsste der Händler bereit sein, einen Nachlass zu gewähren, damit sich Alexander doch noch seinen Wunsch erfüllen kann?

Eine Rechnung enthält folgende Zeile:
„Umsatzsteuer 19%   23,75 €" **42**

1. Berechne den Nettobetrag der Rechnung.
2. Berechne den Rechnungsbetrag brutto.

Max liest in der Tageszeitung: **43**

> *„Die beiden Brauereien unserer Stadt haben gestern die gerundeten Umsätze des Vorjahres veröffentlicht. Beim Huberbräu waren es 1.000.000,00 € und beim Klosterbräu wurden Getränke im Wert von 975.000,00 € verkauft. Der Geschäftsführer des Klosterbräu gab dazu bekannt, dass seine Brauerei im nächsten Geschäftsjahr ihren Umsatz um 10% steigern möchte."*

Um wie viel Prozent müsste der Huberbräu seinen Umsatz im nächsten Geschäftsjahr steigern, wenn er genauso viel Umsatz wie der Klosterbräu erzielen möchte?

44

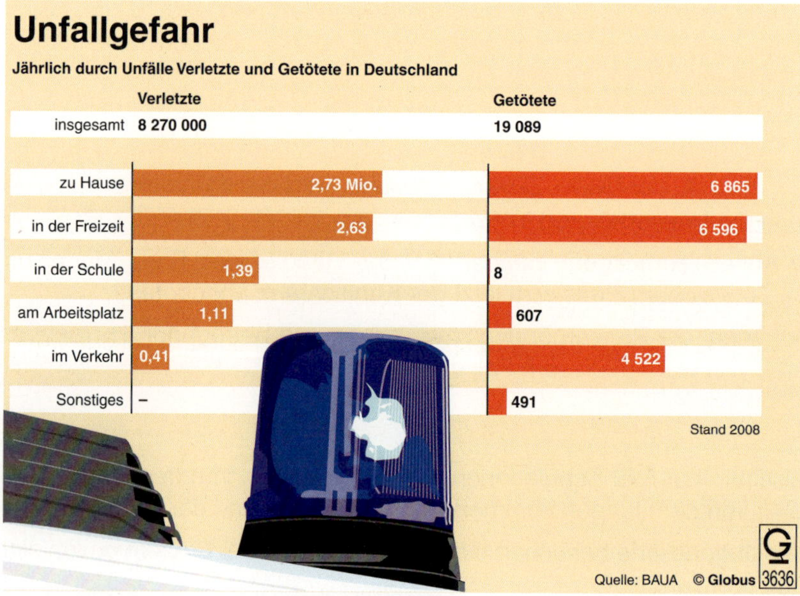

Jahr für Jahr verletzen sich Menschen in Deutschland bei Unfällen; fast 20 000 kommen dabei ums Leben.

1. Wie viel Prozent wurden in ihrer Freizeit verletzt?
2. Wie viel Prozent starben bei Verkehrsunfällen?

45

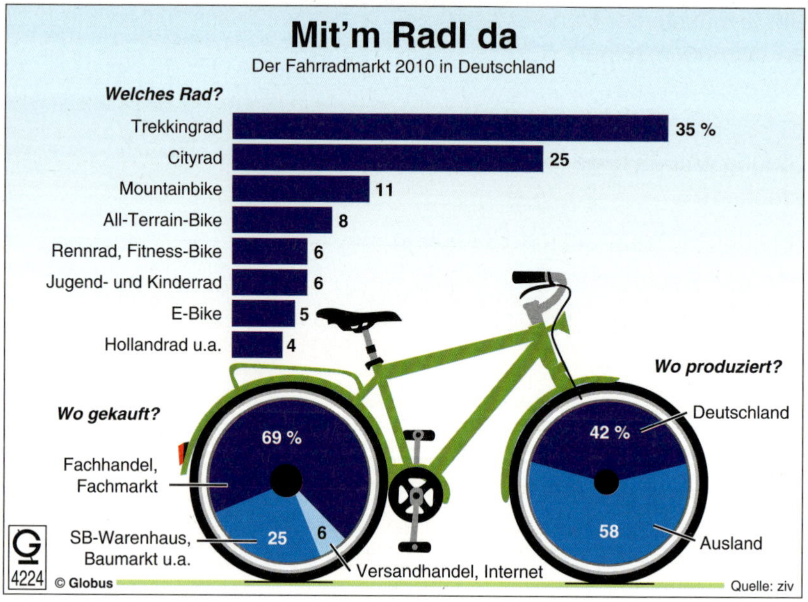

Das Schaubild zeigt den deutschen Fahrradmarkt im Jahre 2010.

1. Im Schaubild werden zwei Diagrammarten gewählt. Nenne die beiden Fachbegriffe.

2. Welche drei Fahrradtypen waren 2010 am beliebtesten?
3. In Deutschland wurden (nach Angaben des Zweirad-Industrie-Verbandes) im Jahre 2010 insgesamt rund 4 Millionen Fahrräder verkauft. Wie viele davon waren Trekkingräder?
4. Stark im Kommen sind E-Bikes, also Fahrräder mit einem eingebauten Elektromotor. Sie werden auch Pedelecs (Pedal Electric Cycles) genannt.
   4.1 Wie viel Stück davon wurden im Jahre 2010 verkauft?
   4.2 Nenne einen Grund, weshalb E-Bikes immer beliebter werden.
5. Entscheide, ob folgende Aussagen richtig sind. Berichtige die falschen Aussagen.
   5.1 Jedes vierte verkaufte Rad war ein Cityrad.
   5.2 Es wurden knapp zwei Drittel Trekkingräder verkauft.
   5.3 Bei den drei Zahlen „5“ (siehe E-Bike), „25“ (siehe Cityrad) und „6“ (Rennrad) handelt es sich um bequeme Prozentsätze.
6. Wie viele der im Jahre 2010 verkauften 4 Millionen Fahrräder wurden im Ausland produziert?
7. Nenne zwei Gründe, weshalb mehr Fahrräder im Ausland als in Deutschland produziert wurden.
8. Finde zwei Gründe, weshalb die meisten Kunden ihr Fahrrad beim Fachhändler kauften.
9. Warum ist der Marktanteil des Versandhandels und des Internets eher gering? Nenne einen möglichen Grund hierfür.

46

Entnimm aus dem Internet unter http://www.destatis.de (Startseite des Statistischen Bundesamtes) → weitere Themen → Bildung → Schulen → Allgemeinbildende Schulen → Schüler/-innen nach Schularten die Zahl der Schüler/-innen in den letzten beiden Schuljahren.

1. Berechne die Zunahme bzw. die Abnahme der Schülerzahlen absolut und in Prozent.
2. Berechne die Veränderung auch für die Realschulen (absolut und in Prozent).

47

Ein Laptop der Marke „Super“ kostete bei drei Händlern ursprünglich 1.500,00 €.

1. Händler A senkt den Preis um 10%. Händler B bleibt beim bisherigen Preis, während Händler C den Preis um 10% erhöht. Berechne die neuen Preise.
2. Wie wird sich der Umsatz bei Händler C entwickeln?
3. Händler C reagiert auf die Umsatzentwicklung. Er senkt ab sofort den Preis wieder um 10%. Auch Händler A reagiert: Er erhöht nun den Preis um 10%. Händler B bleibt bei seinem bisherigen Preis. Welcher Händler ist nach dieser zweiten „Preisrunde“ nun der teuerste?

48 Ludwig Kohl und seine Frau Katharina wollen mit ihren beiden Kindern (Florian, 9 Jahre, und Sophie, 4 Jahre) Urlaub an der türkischen Riviera machen. Wie viel € muss die Familie für einen einwöchigen Urlaub bezahlen, wenn sie die Reise beim Reisebüro Fernweh in Türkheim bucht?

SEPTEMBER–SPEZIAL

1 WOCHE TÜRKISCHE RIVIERA
ALL INKLUSIVE 4*-KOMFORT-HOTEL

€ 460,–

Kinderermäßigung
30% bis 6 Jahre
20% bis 12 Jahre

- direkt am Strand,
- Super Septemberpreis,
- 4-Personen-Familienzimmer (2 Räume) erhältlich,
- Verlängerungswoche buchbar!

Abflüge: 01.09./08.09. noch buchbar!
Abflug jeden Samstag von München
Keine Abflugszuschläge und Ausflugszuschläge

Buchung per Telefon und Fax möglich bei:
Reise-Service • Maximilian Fernweh • Augsburger Straße 100 • 86842 Türkheim
Telefon 08245 962000 • Telefax 08245 919000

49 Von den nachstehenden Aussagen sind einige richtig, andere liefern falsche Ergebnisse. Überprüfe jede Aussage.
Ist sie richtig, so notiere in dein Arbeitsheft den Buchstaben für das Lösungswort.
Ist die Aussage falsch, so korrigiere erst schriftlich das Ergebnis und notiere erst dann den Buchstaben für das Lösungswort.
Als Lösungswort erhältst du eine Anwendermöglichkeit am PC.

		richtig	falsch
1.	Bei der letzten Oberbürgermeisterwahl stimmten in einer Stadt mit 56000 Wahlberechtigten 30240 Wähler für den Kandidaten B, das waren 53%.	D	T
2.	45% von 1250 m^2 sind 562,50 m^2.	A	O
3.	Von den 460 Schülern und Schülerinnen einer Realschule sind 45% musikalisch aktiv. Das sind 207 Jungen und Mädchen.	B	P
4.	Das Preisgeld für ein Tennisturnier wurde dieses Jahr um 25% erhöht und beträgt nun 2.220.000,00 €. Im letzten Jahr waren es noch 1.776.000,00 €.	E	P
5.	Das Unternehmen „Meteor-Center“ hat den Preis für einen Computer von 1.050,00 € um 12% auf nun 942,00 € gesenkt.	K	L
6.	17% von 4.520,00 $ sind 768,40 $.	L	K

		richtig	falsch
7.	Ein Bestsellerautor verlangt von seinem Verlag für sein neues Buch ein Honorar von 150.000,00 €. Davon lässt er sich 23% als Anzahlung ausbezahlen, das sind 32.500,00 €.	G	E
8.	Klaus Klar erhielt beim Kauf eines Sportrades 25% Rabatt und bezahlte nur noch 1.500,00 €. Der ursprüngliche Listenpreis des Rades betrug 2.000,00 €.	N	C
9.	Der Müller Max Mahl lieferte im letzten Jahr 32 Tonnen Mehl an die Bäckerei Backfix. In diesem Jahr lieferte er 8%, also um 2900 kg weniger Mehl.	H	K
10.	Klara Klug buchte eine Reise für 2.375,00 €, nachdem ihr der Reiseveranstalter einen Nachlass von 5% des ursprünglichen Reisepreises von 2.500,00 € gewährt hatte.	A	U
11.	Der private Radiosender „FAD" möchte höchstens 20% der Sendezeit Werbespots senden. Das sind bei 24 Stunden Sendezeit 4 Stunden und 48 Minuten.	L	N
12.	Die Musikgruppe „Hörsturz" erhielt von einem Veranstalter eine Gage von 276.000,00 €. Davon beanspruchte der Manager 22%, sodass der Gruppe nur noch 215.280,00 € blieben.	K	E
13.	Die Miete für eine Vierzimmerwohnung wird von 600,00 € um 3% auf jetzt 615,00 € erhöht.	B	U
14.	Die Erdoberfläche beträgt 510 Mio. km². Davon sind etwa 30% Festland. Die Meeresoberfläche beträgt also 375 Mio. km².	V	L
15.	Von einem Eisberg sieht man lediglich 20% der gesamten Höhe. Über dem Wasser wurde er mit 15,6 m gemessen. Die Gesamthöhe des Eisberges beträgt 78 m.	A	H
16.	Familie Sparsam spart jeden Monat 600,00 €. Das sind 15% des Einkommens von 4.200,00 €.	W	T
17.	26% von 43.800,00 € sind 11.388,00 €.	I	M
18.	Das Modehaus „Why" gewährte auf eine Hose, die 150,00 € kostete, 14% Rabatt und verlangt nur noch 129,00 €.	O	D
19.	$33\frac{1}{3}$% von 3.690,00 € sind 1.210,00 €.	U	N

1.3 Der Computer – ein wichtiges Arbeits- und Hilfsmittel

Computerkenntnisse müssen sein. So viel Prozent der Unternehmen halten bei Ausbildungsplatzbewerbern folgende PC-Kenntnisse für sehr wichtig bzw. wichtig:

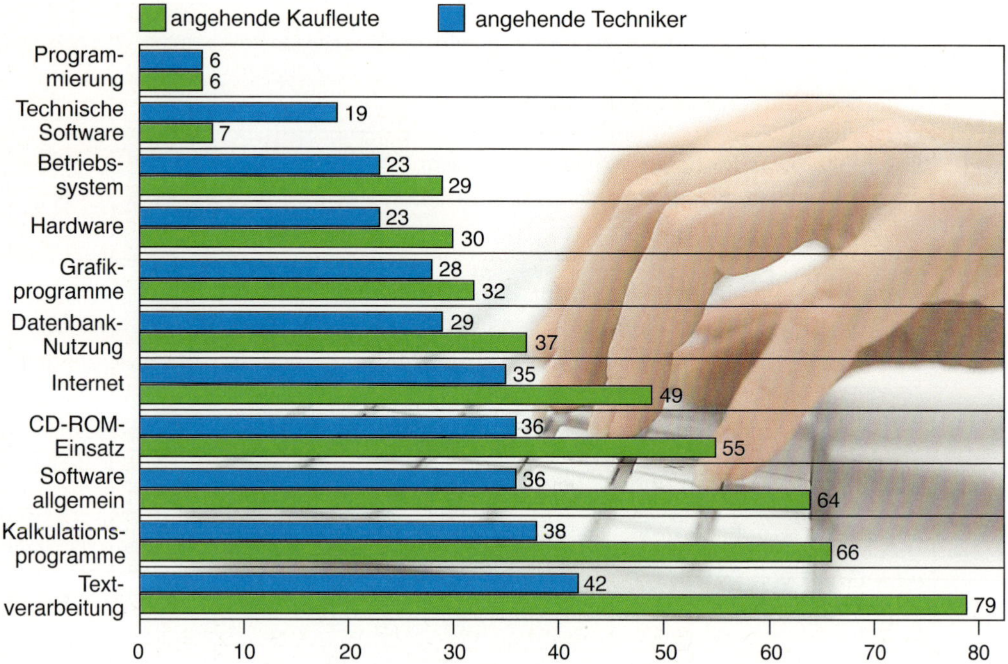

- Nenne die zwei wichtigsten PC-Kenntnisse, die von angehenden Kaufleuten gefordert werden.
- Warum sind diese beiden Computerkenntnisse für Kaufleute besonders wichtig?

Durch die verschiedenen Programme („Software") wurde der Computer („Hardware") zum unentbehrlichen Werkzeug für die Geschäftswelt. Mit den vielfältigen Möglichkeiten können Daten auf fast beliebige Art und Weise bearbeitet und präsentiert werden.

- Schreiben eines Briefes
- Verwalten einer Adressenliste
- Scannen von Texten und Bildern
- Erstellen von Schaubildern
- Erstellung einer Homepage (Internetauftritt)
- Versenden von Nachrichten (E-Mail)

Die Liste von Möglichkeiten, wie der Computer eingesetzt werden kann, ist fast unendlich. In unserem Leben würde ohne den Computer vieles nicht mehr laufen, eine Welt ohne Computer ist kaum noch denkbar.

1.3.1 Tabellenkalkulation

In der Würzburger Weinkellerei „Bacchus“ werden drei Weine produziert: Weißwein, Rotwein und Roséwein. Die Verkaufszahlen der jeweiligen Weine müssen von den Mitarbeitern im Büro täglich ermittelt und festgehalten werden.

Überlege:

Wie können die Daten am einfachsten im Unternehmen erfasst und berechnet werden?

Früher mussten die Angestellten der Weinkellerei Bacchus mithilfe von Papier und Bleistift die notwendigen Berechnungen und Aufzeichnungen durchführen. Später erleichterte der Taschenrechner die Rechenoperationen erheblich. Heute wird im Unternehmen ein Tabellenkalkulationsprogramm verwendet.

In einem Unternehmen sind tagtäglich zahlreiche Berechnungen vorzunehmen. Programme, mit denen diese **Berechnungen** durchgeführt werden, bezeichnet man als Tabellenkalkulationsprogramme.

Die meisten Tabellenkalkulationsprogramme bieten neben der Kalkulation zahlreiche **weitere Möglichkeiten** zur Bearbeitung von Daten an. So lassen sich z. B. unterschiedliche Daten mit den verschiedenen Diagrammtypen angemessen darstellen.

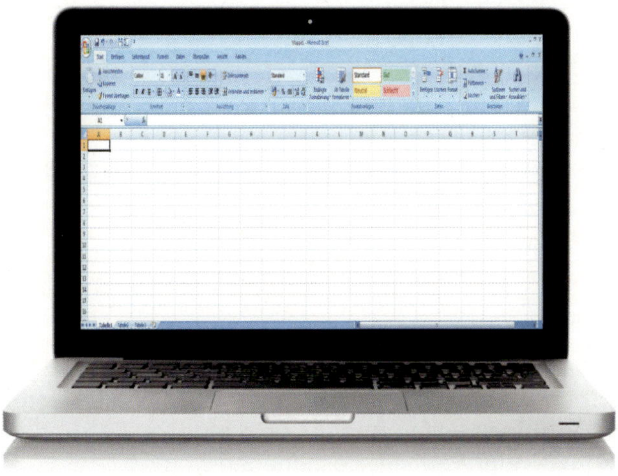

Die ersten Schritte mit einem neuen Programm können entmutigen, weil du nicht weißt, was dich erwartet.
Am einfachsten ist es, sich einem neuen Programm schrittweise zu nähern und möglichst am Computer die nachfolgenden Erläuterungen nachzuvollziehen.

Aufbau eines Tabellenkalkulationsprogramms

Das Programm ist in einen Befehls- und Arbeitsbereich gegliedert. Ganz oben befindet sich der **Befehlsbereich.** Hier werden Befehle mit der Maus oder mit der Tastatur angesteuert und ausgeführt.

Viele Aktionen oder Befehle lassen sich über die Schaltfläche der Symbolleisten ausführen. Wenn du den Mauszeiger auf einer Schaltfläche stehen lässt, erhältst du eine kurze Information, was die Schaltfläche auslösen würde.

Den Kern eines Tabellenkalkulationsprogramms bildet das Tabellenblatt (Rechenblatt). **Das Tabellenblatt ist der Arbeitsbereich einer Tabelle** (ein rechteckiges Gitternetz). Hier führst du größtenteils Berechnungen, also Kalkulationen, durch. Bei der Eingabe musst du mit Zellen arbeiten. Es funktioniert im Prinzip wie das Spiel „Schiffe versenken“, nur dass du bei der Tabellenkalkulation nichts untergehen lässt, sondern etwas einträgst.

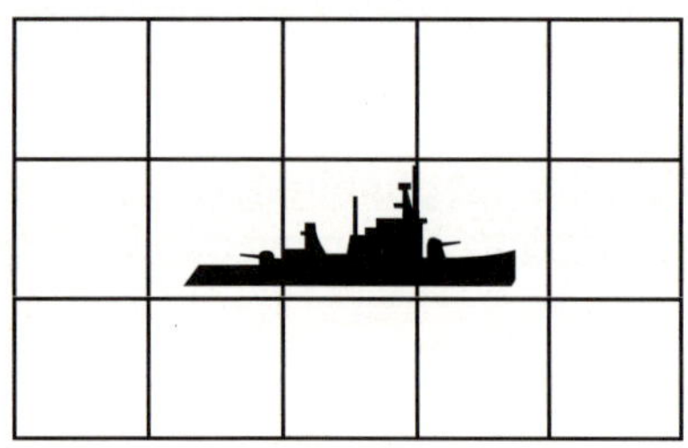

Das Tabellenblatt

Der Aufbau eines Tabellenblattes ist immer gleich. Es besteht aus Zeilen (waagrecht) und Spalten (senkrecht). Die Zeilen sind mit Ziffern (1, 2, 3, ...), die Spalten mit Buchstaben (A, B, ..., AA, AB, ...) bezeichnet.

Die Schnittstelle, an der Spalte und Zeile sich treffen, wird als **Zelle** bezeichnet. Der Name einer Zelle führt zuerst die Spalte, dann die Zeile auf. **Jede Zelle besitzt somit eine Adresse.** So ist „B3“ die Zelle, die der zweiten Spalte und der dritten Zeile angehört. In die Zellen können Zahlen, Texte oder Formeln geschrieben werden.

		Spalte A	Spalte B	Spalte C	Spalte D
		A	B	C	D
1. Zeile	1				
2. Zeile	2				
3. Zeile	3		Zelle B3		
4. Zeile	4				

Du erkennst am hervorgehobenen, schwarzen Kasten, in welcher Zelle („aktive Zelle") du dich gerade befindest. Hier tätigst du später deine Eingaben.

Texteingabe

Text wird vor allem für die Zeilen- und Spaltenbeschriftungen verwendet. Zunächst müssen die Überschriften eingegeben werden. Die Dateneingabe lässt sich am besten mithilfe eines Beispiels lernen, dazu dienen die Verkaufszahlen der Weinkellerei Bacchus.

	A	B	C	D
1	Weinverkauf			
2	Produkt	Verkäufe (Liter)	Preis (EUR)	Verkaufserlös (EUR)
3	Weißwein			
4	Rotwein			
5	Roséwein			
6				

Falls der Text zu lang für eine Zelle ist, kann die Spalte so verbreitert werden, dass der komplette Text Platz findet. Nach jeder Texteingabe musst du den Eintrag mit der Eingabetaste abschließen.

Zahleneingabe

Klicke einfach die gewünschte Zelle an und tippe die Zahl ein. In unserem Beispiel geben wir die Verkaufszahlen und die Preise der Weine ein.

Vorsicht bei Mischformen: Zahlen, Buchstaben und Zeichen. So ist z. B. der Zahlenwert „123,–" keine Zahl, sondern aufgrund des Zeichens „–" ein Text.

Du kannst Geldbeträge eingeben, indem du das entsprechende Währungssymbol jeweils hinter den Betrag setzt.

	A	B	C	D
1	Weinverkauf			
2	Produkt	Verkäufe (Liter)	Preis (EUR)	Verkaufserlös (EUR)
3	Weißwein	4 560	3,25	
4	Rotwein	5 120	2,50	
5	Roséwein	926	0,99	
6				

Du sparst Zeit, wenn du Beträge ohne Symbol eingibst und erst am Ende allen betreffenden Zellen ein Währungsformat zuweist. Währungsformate befinden sich meist als Schaltflächen in den Symbolleisten. Du musst die entsprechenden Zellen zuerst markieren und dann die Schaltfläche anklicken.

Zur Erläuterung: Format ist eine Eigenschaft, die das Aussehen und Verhalten einer Zelle bestimmt.

Formeleingabe und Berechnung

Du wirst selbst in den einfachsten Tabellen recht bald Formeln eingeben. **Durch Formeln, die sich auf Zellen mit eingegebenen Werten (Zahlen) beziehen, können gesuchte Werte berechnet und angezeigt werden.** Die Zellinhalte werden mittels arithmetischer Operatoren (Rechenzeichen) verknüpft.

Vor einer Berechnung muss immer das **Gleichheitszeichen (=)** erscheinen. So weiß das Programm, dass eine Formel zum Rechnen folgt.

Rechenzeichen

Rechenart	Zeichen
Addition	+
Subtraktion	–
Multiplikation	*
Division	/

Ohne Klammern gilt die Standardrangordnung (Punkt vor Strich etc.).

Zelle D3 soll den Erlös aus dem Weißweinverkauf enthalten. Dazu sind die Zellen B3 (Verkäufe) und C3 (Preis je Liter) zu multiplizieren. Du musst also in D3 folgende Formel eingeben: „=B3*C3“.

Gehe genau so vor, um die Formeln in Zelle D4 und in Zelle D5 einzugeben. Um den Gesamterlös zu ermitteln, kannst du eine Additionsformel eintippen.

	A	B	C	D
1	Weinverkauf			
2	Produkt	Verkäufe (Liter)	Preis (EUR)	Verkaufserlös (EUR)
3	Weißwein	3 200	3,25	10.400,00
4	Rotwein	4 510	2,50	11.275,00
5	Roséwein	860	0,99	851,40
6			Gesamterlös	=Summe(D3:D5)

Mit der Formel „=D3+D4+D5“ oder „=Summe (D3:D5)“ [Doppelpunkt bedeutet „bis“] kannst du die Summe der Zellwerte D3 bis D5 berechnen. Nach Betätigung der Eingabetaste erscheint in der Zelle das Ergebnis.

In der Weinkellerei Bacchus ändern sich die Verkaufszahlen täglich. Du brauchst nun nicht jedes Mal die gesamte Kalkulation neu aufzustellen, sondern musst lediglich die alte durch die neue Zahl ersetzen (überschreiben). **Das Ergebnis wird bei Änderungen automatisch angepasst.** Dies ist die besondere Stärke der Tabellenkalkulation.

	A	B	C	D
1	Weinverkauf			
2	Produkt	Verkäufe (Liter)	Preis (EUR)	Verkaufserlös (EUR)
3	Weißwein	3 200	3,25	10.400,00
4	Rotwein	4 510	2,50	11.275,00
5	Roséwein	860	0,99	851,40
6			Gesamterlös	22.526,40

Formatierung

Du kannst einzelne **Wörter oder Zahlen optisch hervorheben.** Diesen Vorgang bezeichnet man als formatieren. Die Formatierung kann durch Markierung der entsprechenden Zellen und über die Schaltflächen der Symbolleisten ausgeführt werden.

1. Es ist üblich, Überschriften mit einer **fetten** und/oder **farbigen Schriftart** hervorzuheben. Im Beispiel werden die Zeilen- und Spaltenbeschriftungen hervorgehoben.
2. Tabellenteile lassen sich durch **Rahmen** abgrenzen. Bei unserer Kalkulation soll eine Linie unter die Verkaufszahlen gezogen werden.
3. Durch einen **farbigen Hintergrund** können wichtige Daten (Gesamterlös) in der Tabelle hervorgehoben werden.

	A	B	C	D
1	**Weinverkauf**			
2	**Produkt**	**Verkäufe (Liter)**	**Preis (EUR)**	**Verkaufserlös (EUR)**
3	**Weißwein**	3 200	3,25	10.400,00
4	**Rotwein**	4 510	2,50	11.275,00
5	**Roséwein**	860	0,99	851,40
6			Gesamterlös	22.526,40
7				

50

1. Welche der folgenden drei Aussagen erklärt den Namen einer Zelle richtig?

   Aussage 1: Zuerst wird die Zelle, dann die Spalte genannt.

   Aussage 2: Zuerst wird die Zeile, dann die Spalte genannt.

   Aussage 3: Zuerst wird die Spalte, dann die Zeile genannt.

2. Welche Zeichen werden für die einzelnen Rechenoperationen am Computer verwendet?

   # + * ^ - / \ : x X

Division:	?????	Multiplikation:	?????
Addition:	?????	Subtraktion:	?????

51

1. Gib den folgenden Haushaltsplan in ein Rechenblatt ein.
2. Trage die fehlenden Formeln in die entsprechenden Zellen ein.
3. Verändere im Tabellenblatt die Zahlen. Welche Auswirkungen haben die Zahlen der Folgemonate auf das Ergebnis?
   3.1 Monat Februar: Freizeit, Bildung 720,00 €; Zinsen 420,00 €; Rest wie Monat Januar.
   3.2 Monat März: Wohnung 700,00 €; Freizeit, Bildung 300,00 €; Sonstiges 620,00 €; Rest wie Monat Februar.

	A	B	C
1	**HAUSHALTSPLAN – JANUAR**		
2			
3	**AUSGABEN**		
4	Wohnung	620,00 €	
5	Nahrungs- und Genussmittel	470,00 €	
6	Bekleidung, Einrichtung	390,00 €	
7	Verkehr, Kommunikation	440,00 €	
8	Freizeit, Bildung	250,00 €	
9	Sonstiges	340,00 €	
10	**Ausgaben, gesamt**	???	
11			
12	**EINNAHMEN**		
13	Lohn/Gehalt	2.500,00 €	
14	Sonstige (Kindergeld, Zinserträge, ...)	400,00 €	
15	**Einnahmen, gesamt**	???	
16			
17	**Überschuss/Fehlbetrag**	???	

52

In der Speiseeisfabrik Venezia sollen die Verkaufszahlen für den 15. Juni des Jahres mithilfe eines Tabellenblatts ermittelt werden. Durch ein Missgeschick wurden allerdings zwei Zellen gelöscht. Trage die fehlenden Formeln in die Zellen D5 und D6 ein.

	A	B	C	D
1	Eisfabrik Venezia	**Eisverkauf: 15. Juni**		
2	**Produkt**	**Verkäufe (Stück/Karton)**	**Preis (EUR)**	**Verkaufserlöse (EUR)**
3	**Erdbeertraum**	560	2,65	1.484,00
4	**Waldfrüchtebecher**	1 624	5,10	8.282,40
5	**Bananeneis**	987	0,84	???
6			Gesamterlös	???

Häufige Fehlermeldungen (Programm MS Excel)

Meldung	Bedeutung	Korrektur
########	Spalte ist zu schmal.	Vergrößern der Spaltenbreite.
#Name?	Text in Formel wird nicht erkannt.	Korrektur des falschen Namen.
#NV	Ein Wert in einer Formel ist nicht verfügbar.	Kontrolle des Formel- und Zellinhalts.
#Wert!	Formel kann aufgrund einer falschen Angabe nicht ausgeführt werden.	Möglicherweise wurde ein Text statt einer Zahl eingegeben.

53

1. Erstelle ein Rechenblatt zur Berechnung des Prozentwertes nach folgendem Muster und speichere das Programm. Beachte dabei, dass es für den Prozentsatz zwei mögliche Zellformatierungen gibt.

Grundwert	?	€
Prozentwert	?	€
Prozentsatz	?	%

2. Erstelle ein Rechenblatt zur Berechnung des Prozentsatzes und speichere es ab.
3. Erstelle ein Rechenblatt zur Berechnung des Grundwertes und speichere es ab.
4. Gegeben sind folgende Werte:

GW	500,00 €	1.345,00 €	125,67 €	800,00 €	2.435,31 €	?????	?????
p	32%	14,7%	5,68%	?????	?????	67%	35,25%
PW	?????	?????	?????	24,00 €	567,00 €	99,79 €	127,95 €

Lade das jeweils notwendige Programm und berechne die fehlende Größe.

ALLES KLAR?!?!?

Die Erstellung einer Tabellenkalkulation erfordert mehrere Arbeitsschritte:

1. Schritt: Tabellenstruktur

Übersichtliche Einteilung des Tabellenblattes.

- Eingabebereich: Festlegung der Zellen, in die Textelemente und veränderbare Zahlenwerte eingegeben werden.
- Ausgabebereich: Festlegung der Zellen, in die Formeln eingegeben werden.

2. Schritt: Dateneingabe

Eingabe der Textelemente, Zahlenwerte und Formeln.

3. Schritt: Formatierung (Gestaltung)

Daten können zur optischen Hervorhebung formatiert werden. Dies geschieht durch Fettschrift, Rahmen, Unterstreichungen, Farbdruck usw.

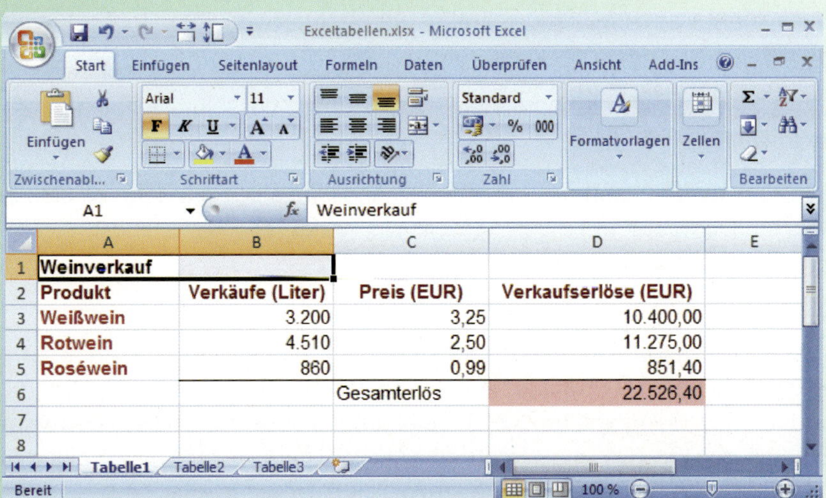

1.3.2 Informationsbeschaffung – Recherchen im Internet

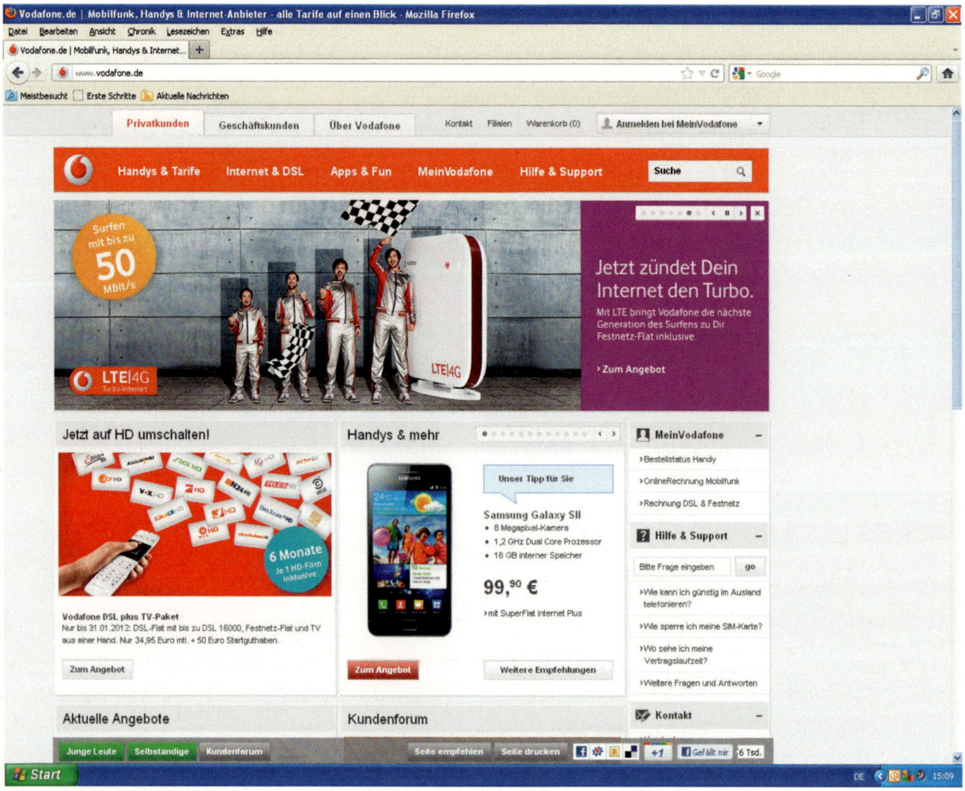

Der Einkaufsleiter der Möbelfabrik beauftragt Hans Glück einen Lieferanten in Lüneburg zu besuchen. Herr Glück möchte den Zug benutzen und hat mehrere Möglichkeiten:

- Herr Glück könnte zum nächsten Bahnhof fahren und sich vom Schalterbeamten eine Zugverbindung heraussuchen lassen.
- Herr Glück könnte sich ein Kursbuch kaufen und sich selbst eine Zugverbindung zusammenstellen.
- Da Herr Glück einen Computer mit Internet-Anschluss besitzt, kann er dies bequem zu Hause am Computer erledigen.

Herr Glück startet seinen Computer und klickt sich mit der Maus ins Internet ein. Ein „Provider“ stellt ihm einen „Browser“ zur Verfügung. Ein **Provider** ist ein Unternehmen, das einen Internetzugang anbietet (z. B. Telekom, vodafone, 1&1). Ein **Browser** ist ein Programm, mit dessen Hilfe man Internetseiten lesen kann. Im Menü-Balken findet er eine mit „Adresse“ bezeichnete Eingabezeile.

Hier gibt er die Adresse der gewünschten Seite ein. Die „Homepage“ der Bahn AG ist unter „www.bahn.de“ zu erreichen. Nachdem er diese Adresse eingegeben hat, erscheint die Homepage der Deutschen Bahn AG. Bereits auf der ersten Seite kann Herr Glück sich Informationen über mögliche Zugverbindungen holen. Er braucht nur seinen Abfahrtsort und den Zielort „Lüneburg“ einzugeben. Sinnvoll ist es auch das voraussichtliche Abfahrtsdatum einzugeben, da bestimmte Züge nicht an allen Tagen fahren.

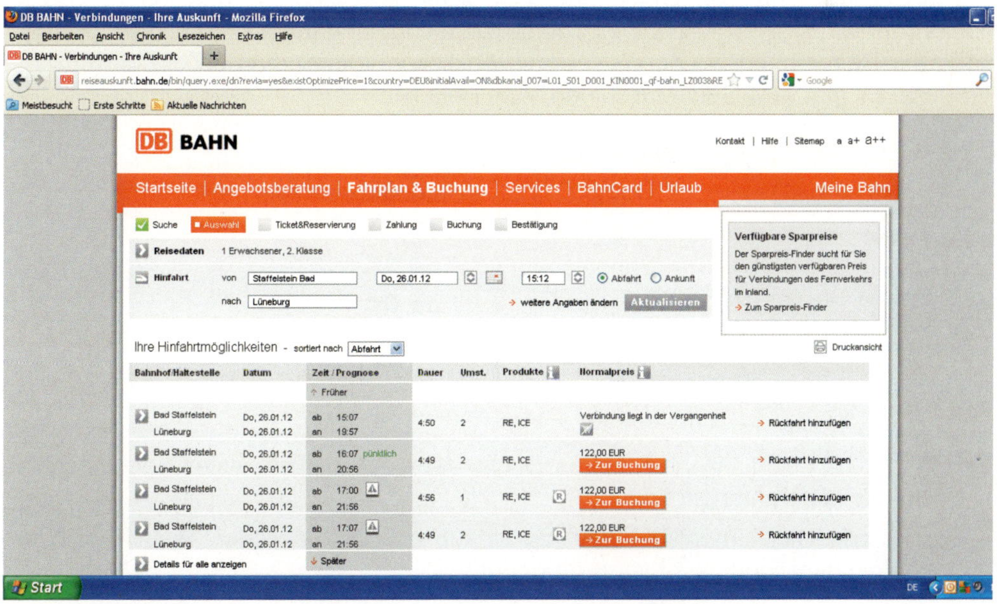

Selbstverständlich kann sich Herr Glück die Fahrkarte und einen Sitzplatz reservieren lassen. Den Fahrschein kann er sich mit dem PC ausdrucken. Wenn die Reservierung rechtzeitig, mindestens drei Tage vor dem Reisetermin, erfolgt, werden die Fahrscheine auch mit einem Brief zugestellt.

Das Internet lässt sich noch anders nutzen:

- Es bietet eine fast unüberschaubare Fülle unterschiedlichster Informationen.
  - Zum Beispiel: neueste Nachrichten, Wettersatellitenbilder, Postleitzahlen, Gebrauchtwagenmarkt, Telefonnummern.

- Es können Daten übertragen werden.
  - Mit dieser Möglichkeit des Internets kann man beispielsweise kostenlose Computerprogramme aus dem Netz herunterladen.

- Es dient der Kommunikation.
  - Mithilfe des Internets kann elektronische Post (E-Mails) billig, bequem und schnell verschickt werden.
  - Bei einem „Chat“ kann man mit Leuten in aller Welt Meinungen austauschen.

Das Internet hält nahezu alle Informationen auf irgendwelchen Homepages bereit. Die Schwierigkeit besteht darin an diese Informationen heranzukommen. Herrn Hans Glück war die Adresse „www.bahn.de“ bekannt. Was hätte er aber gemacht, wenn er die Adresse nicht gewusst hätte?

Hier helfen so genannte Suchmaschinen. Man gibt ein Stichwort, z. B. „Fahrplanauskunft“ oder „Deutsche Bahn AG“, ein. Die Suchmaschine durchsucht blitzschnell ihr bekannte Homepages und listet die Suchergebnisse auf. Diese Art der Suche ist manchmal langwierig, führt aber immer zum Ziel. Meist enthalten die Titelseiten Hinweise (Links) auf wichtige Themen. Der Themenbereich „Fahrplanauskunft“ oder „Reisen“ ist in der Regel immer vorhanden. Durch Anklicken kommt man an die gewünschte Adresse. Es gibt viele Suchmaschinen, zum Beispiel:

Suchmaschine	Verbreitung
Google	ca. 85%
Bing	ca. 4%
Yahoo	ca. 3%
Telekom	ca. 3%
Web.de	ca. 1%
usw.	

54

1. Hans Glück sucht ein bestimmtes Buch. Versuche mithilfe einer Suchmaschine geeignete Lieferanten zu finden.
2. Die Familie Glück möchte kurzfristig Urlaub an der türkischen Riviera machen. Suche ein günstiges Last-Minute-Angebot.
3. Informiere dich auf einem Wettersatellitenbild über die momentane Wetterlage.

1.3.3 E-Mail

Eine elektronische Nachricht zu verfassen und anschließend zu versenden, ist eine Sache von wenigen Augenblicken und nicht viel schwieriger als ein Telefonat. Unabhängig vom jeweiligen Programm geht man immer gleich vor.

1. Das Symbol „Schreiben“ anklicken: Ein neues E-Mail-Fenster öffnet sich.
2. Hier trägst du den Empfänger ein. Eine vollständige Adresse besteht aus drei Teilen: Dem Namen, dem @-Zeichen und der Zustelladresse, zum Beispiel: LenaMuster@schule.de.
3. Jede E-Mail benötigt einen „Betreff“ (bzw. „Subject“). Hier gibst du mit wenigen Worten an, worum es in der E-Mail geht.
4. Jetzt kann die Nachricht in das Textfeld geschrieben werden.
5. Über diese Schaltfläche (Button) kannst du eine Datei auswählen, die an die Nachricht angehängt (Attachment) werden soll, z. B. ein Foto, ein Dokument oder eine Grafik.

Hier kann man Adressen sammeln und bei Bedarf per Klick auswählen.

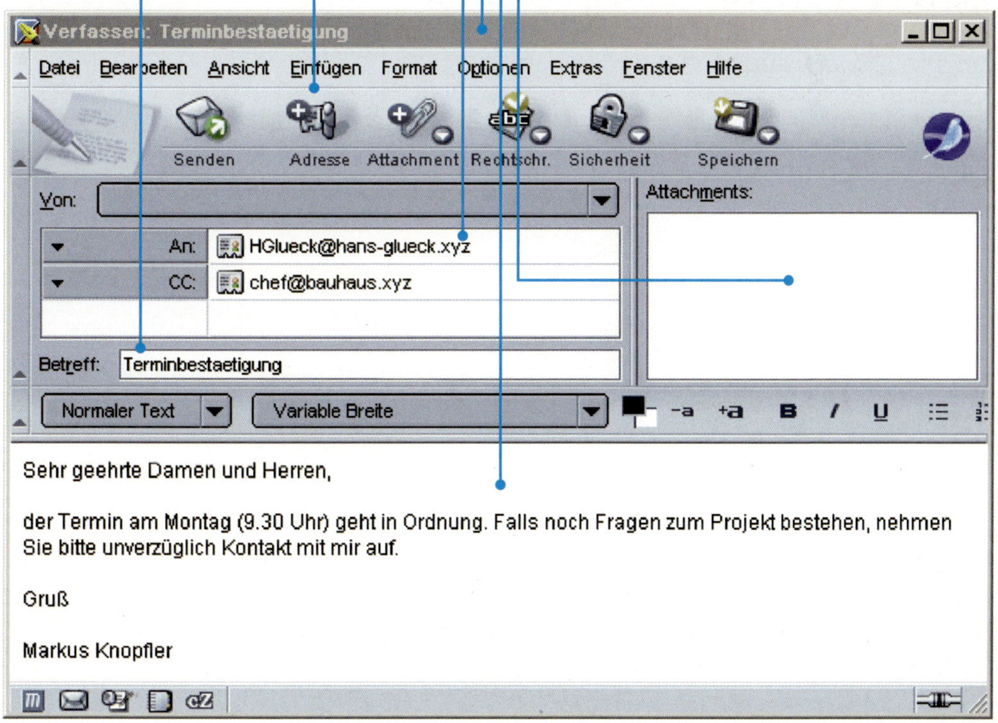

Regeln für das Verfassen von E-Mails

- Betreff nicht vergessen.
- Möglichst keine Dateianhänge (Attachments) ohne Aufforderung versenden.
- Nicht in Großbuchstaben schreiben. Das bedeutet nämlich, dass du den Empfänger anschreist.
- Formuliere alles möglichst kurz und prägnant. Versende nichts, was unnötig ist.

Tipp:
Während du eine E-Mail verfasst, muss keine Verbindung zum Internet bestehen. Du kannst in aller Ruhe die E-Mail verfassen – ohne jeden Zeitdruck – und, vor allem, ohne dass Gebühren anfallen. Erst wenn alle E-Mails, die du versenden willst, verfasst sind, stellst du eine Verbindung zum Internet her.

Achtung!
Bei Dateianhängen (Attachments) ist Vorsicht geboten! Sie können unter Umständen Viren enthalten. Hier hilft nur eine gesunde Portion Misstrauen und ein gutes Anti-Viren-Programm.

55 Ermittle eine E-Mail-Adresse einer öffentlichen Einrichtung in deiner Umgebung. Richte per E-Mail eine Anfrage an die Einrichtung (z. B. Anfrage nach der aktuellen Einwohnerzahl deiner Heimatgemeinde) und vergleiche deine Erfahrungen mit deinen Mitschülern:
Wie lange hast du für das Verfassen der E-Mail gebraucht und wie lange musstest du auf eine Antwort warten?

Wozu das Internet genutzt wird

Bildung	Reise	Wirtschaft	Freizeit
• Verlage	• Fahrpläne	• Online-Shops	• Kinoprogramme
• Telelearning	• Flugpläne	• Messen	• Theaterprogramm
• Bibliotheken	• Reiseziele	• Autohandel	• Veranstaltungstermine
• Museen	• Ferienhäuser		

1.4 Unser Geld

1.4.1 Warum gibt es Geld?

Sprichwörter rund ums Geld

„Money makes the world go round!"

„Geld macht nicht glücklich, aber es beruhigt!"

„Ohne Moos nix los!"

„Lieber reich und gesund als arm und krank!"

„Wer den Pfennig nicht ehrt, ist des Talers nicht wert!"

„Zeit ist Geld – time is money!"

„Das Geld ist rund, es muss rollen!"

Was wir mit Geld anfangen können, das wissen wir. Aber was ist Geld eigentlich? Sachlich betrachtet, ist Geld lediglich ein Mittel, um eine Leistung gegen eine andere einzutauschen. Ohne das Geld müssten wir umständlich im Tauschhandel Güter (z. B. Zeitschrift) und Dienstleistungen (z. B. Friseurbesuch) gegen andere Güter und Dienstleistungen eintauschen. Das wäre umständlich und zeitraubend. Menschen haben daher das Geld „erfunden", um an Stelle des Tauschhandels „Kaufhandel" betreiben zu können.

56

1. Wähle einen Spruch aus und erkläre ihn.
2. Notiere zusammen mit deinem Nachbarn Ausdrücke für Geld (z. B. Mäuse).
3. Finde Wörter, die mit Geld- (z. B. Geldbörse) beginnen oder auf -geld (z. B. Papiergeld) enden.
4. Suche in einem Wörterbuch nach einer Erklärung für Geld.
5. Frage in deiner Familie nach weiteren Redewendungen, die mit Geld zu tun haben.
6. In welchen Liedern geht es um Geld? Überprüfe deine CD-Sammlung und frage Freunde, Bekannte und Verwandte nach weiteren Beispielen.

1.4.2 Funktionen des Geldes

Die Aufgaben, die das Geld in unserer Wirtschaft übernimmt, sind vielfältig. Die nachfolgenden Beispiele sollen dies verdeutlichen:

- Geld verdirbt nicht, zumindest nicht in einem überschaubaren Zeitraum. Geld aufzubewahren bezeichnen wir auch als „sparen“.

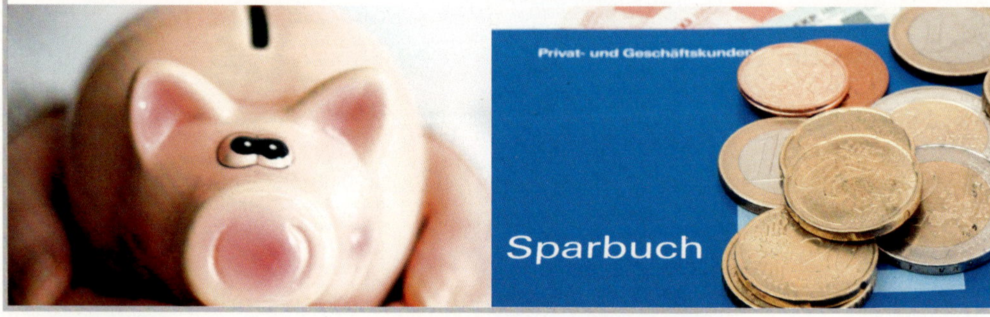

Geld als Wertaufbewahrungsmittel

- Stefanie Glück verkauft an eine Freundin ihren alten Tennisschläger für 20,00 € und kauft für einen Teil des Geldes eine CD.

Geld als Tauschmittel

- Die Klassen 7a, 7b und 7c verkaufen am Tag der offenen Tür jeweils selbstgebackene Kuchen. Am Abend lässt sich sehr schnell feststellen, welche Klasse die erfolgreichste war.

Geld als Recheneinheit

- Zusammen mit ihren Klassenkameraden hat Stefanie einen Computerbasar in ihrem Sportverein organisiert. Den Reinerlös von 300,00 € überweist der Verein auf das Konto einer Schule in Bolivien.

Geld als Wertübertragungsmittel

- Frau Glück vergleicht die Preise eines neuen Staubsaugers und einer neuen Küchenmaschine.

Geld als Wertmaßstab

- Alexander Groß nimmt bei seiner Bank einen Kredit auf, um einen Gebrauchtwagen für 3.000,00 € kaufen zu können.

Geld als Kreditmittel

Ordne die folgenden drei Beispiele den unterschiedlichen Aufgaben des Geldes zu.

1. Hans, 14 Jahre alt, hat in den letzten Wochen für seine Oma regelmäßig Einkäufe erledigt. Wegen einer Fußverletzung musste sie sich auf Anraten des Arztes für einige Zeit schonen. Mit einem Einkaufszettel und einer ausreichenden Menge Geld 57

ist er mit seinem Fahrrad in den nahe gelegenen Supermarkt zum Einkaufen gefahren.

2. Claudia braucht einen neuen Füllfederhalter. Im Schreibwarengeschäft stellt sie beträchtliche Preisunterschiede fest. Die Verkäuferin erklärt ihr die unterschiedlichen Materialien, aus denen die einzelnen Füllfederhalter zusammengesetzt sind.

3. Robert möchte sich für den nächsten Sommerurlaub mit seinen Freunden ein neues Zelt kaufen. Die Eltern lehnen es ab, die Kosten dafür zu übernehmen. Das vorhandene Zelt ist erst drei Jahre alt und noch in einem guten Zustand.
   Er beschließt, von seinem Taschengeld monatlich 10,00 € zu sparen und zusätzlich die Geldgeschenke zu seinem 15. Geburtstag für das neue Zelt zu verwenden.

1.4.3 Ein Ausflug in die Geschichte des Geldes

Wenn von Geld gesprochen wird, denkt man üblicherweise an Münzen und Banknoten. Dies sind aber nur zwei von vielen möglichen Ausprägungen von Geld. Geld ist abhängig vom jeweiligen Kulturkreis und ist nicht an bestimmte Formen gebunden. Es hat sein Aussehen im Laufe der Geschichte vielfach geändert.

Die folgenden Texte zur geschichtlichen Entwicklung des Geldes können auch als Projekt bearbeitet werden. Bildet Gruppen und beachtet folgende Hinweise:

1. Verteilt die folgenden Informationen zur Geschichte des Geldes auf mehrere Gruppen.
2. Macht euch Gedanken über die Form euerer Präsentation (Plakat, PowerPoint etc.).
3. Besorgt euch weitere Materialien
   - bei den Lehrkräften
   - bei Kreditinstituten
   - im Internet z. B. unter:
     http://ec.europa.eu/economy_finance/netstartsearch/euro/kids/money_de.htm
     http://www.geldmuseum.de
     http://www.moneymuseum.com
4. Sucht nach Ideen, euer Ergebnis der Klasse spannend und abwechslungsreich vorzustellen (z. B. Rollenspiel beim Thema Naturaltausch, Interview mit einem Kaufmann im Mittelalter).
5. Achtet bei der Präsentation auf eine optisch wirksame Gestaltung, vor allem
   - auf das Schriftbild (Größe; Einheitlichkeit; Lesbarkeit),
   - auf die Textgestaltung (klare Gliederung der Information; korrekte Rechtschreibung, keine Überfrachtung des Plakates mit Texten),
   - auf aussagekräftige Bilder.

- **Tauschhandel**

Bis weit in die **Steinzeit** hinein lebten die Menschen in kleinen Stammesgruppen zusammen. Sie waren **Jäger** und **Sammler** und zogen umher, um genügend Wild und Pflanzen zu finden.

Die einzelnen Familien versorgten sich selbst. Die Frauen trugen mit dem Sammeln von essbaren Pflanzen den wichtigsten Teil zur Nahrungsversorgung bei. Nicht immer hatten die jagenden Männer Glück. Aber auch damals konnten die einen besser jagen und Speerspitzen herstellen und die anderen kannten die besten Plätze, wo Pilze zu finden waren.

Deshalb wurden verschiedene Dinge miteinander getauscht: Ware gegen Ware – Naturalien gegen Naturalien. Man spricht vom **Naturaltausch.**

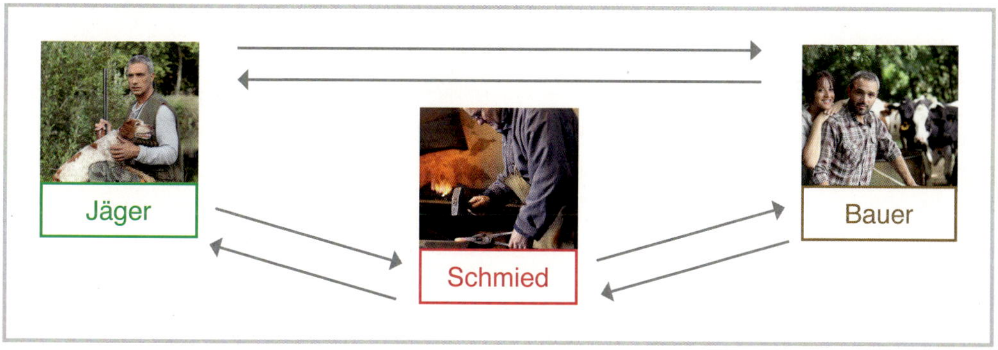

In der **Jungsteinzeit** wurden die Sammler und Jäger sesshaft. Man baute Getreide an, hielt Vieh und fertigte z. B. Tongefäße. Die Menschen teilten die Arbeit mehr und mehr unter sich auf. Die einzelne Familie konnte nicht mehr alles alleine herstellen, sammeln oder jagen, was sie zum Leben brauchte. Einige wurden **Bauern**, andere wurden Handwerker. Die **Handwerker** versorgten die Bauern mit Kleidung und Werkzeugen und die Bauern die Handwerker mit Nahrungsmitteln. Der Tauschhandel veränderte sich: Es wurden nur noch in der jeweiligen Gesellschaft besonders hoch geschätzte Dinge getauscht. Vieh wurde z. B. zu einem der wichtigsten Tauschgegenstände.

Doch nicht alles eignete sich zum Tauschen – etwa Fisch, der schnell schlecht werden konnte, oder Getreide, das verfaulte. Daher suchte man nach einem Tauschgegenstand, der nicht so schnell verderben konnte. Es entstand der **Tausch mit Warengeld.**

Beispiele für Warengeld:

- Muscheln
- besondere Steine
- Schmuck
- Waffen (z. B. Speerspitzen)
- Geräte (z. B. Spaten)
- Salz

Das bekannteste und am weitesten verbreitete **Muschelgeld** ist die Kaurimuschel. Sie wurde schon vor mehr als 3000 Jahren in China, Persien und Afrika als Zahlungsmittel verwendet. Die kleinen Muscheln, meist von derselben Größe, wurden häufig zu einem Armband oder einer Halskette eingefädelt.

Kaurimuscheln

Steingeld „Fä“

Auf einer Inselgruppe im westlichen Pazifik verwendete man das **Steingeld „Fä“.** Das waren riesige Scheiben mit einem Loch in der Mitte. Nur kleine Steinscheiben wechselten mit dem Besitzer den Ort. Die ganz großen blieben an ihrem ursprünglichen Standort.

Steingeld „Fä“ auf der Südseeinsel Yap (Mikronesien)

1. Welche Waren wurden z. B. zwischen Jäger, Bauer und Schmied in der Zeit des Naturaltauschs getauscht? Mit welchen Problemen waren diese Tauschvorgänge verbunden? 58
2. Welche Eigenschaften sollten anerkannte Tauschmittel haben?
3. Welche Nachteile hatte z. B. das Salz als Tauschgegenstand?
4. Erkundige dich bei deinem Geschichtslehrer über die Bedeutung des Salzhandels in Bayern und über die Bedeutung der „Zigarettenwährung“ nach dem 2. Weltkrieg in Deutschland.

- **Münzen**

Am Ende der Jungsteinzeit lernten die Menschen, Metall zu verarbeiten. Die neuen Metalle Silber, Gold, Kupfer und Bronze (Kupfer wird Zinn beigemischt) wurden bald auch als Zahlungsmittel betrachtet und geschätzt. Es entstand in Barrenform gegossenes Metall **(= Metallgeld),** das als Zahlungsmittel diente.
Nach und nach entwickelten sich die Metalle Silber und Gold zu den bevorzugten Materialien. Beide Metalle waren sehr knapp und hatten damit einen sehr hohen Wert. Zunächst bestimmte man z. B. den Wert des Goldklumpens nach seinem Gewicht **(= Wägegold).** Um Fälschungen zu vermeiden, prägte man Goldstücke mit einem bestimmten Gewicht **(= Prägegold).**

Münzen entstanden durch das Aufprägen einer Wertangabe und eines Porträts des Herrschers.

So ließ um etwa **600 v. Chr. der König der Lyder** (Westküste der heutigen Türkei) ovale Münzen aus Elektron herstellen, einer blassgoldenen, natürlich vorkommenden Legierung aus Gold und Silber. Mit der Zeit gab es eine fast unübersehbare Vielfalt von Prägestätten.

Das erste gemeinsame Währungssystem in Europa entstand mit dem **Imperium Romanum**. Die römische Währung („römischer Euro“) galt über Jahrhunderte im ganzen Reich, von England bis nach Nordafrika, von Portugal bis Armenien. Sie war staatlich garantiertes Wertmaß für Güter und Dienstleistungen. Mit dem Zerfall des Römischen Reiches zerfiel auch dessen Münzsystem. Könige und Fürsten prägten wieder nach eigenem Ermessen ihre Münzen.

Mit der Schaffung des **Deutschen Reiches von 1871** wurde auch ein einheitliches Münz- und Währungssystem geschaffen. Aus Talern wurde die Mark. Alle Münzen trugen nun auf der Rückseite den Reichsadler als Symbol.

Die ersten Münzen bestanden aus vollwertigem Edelmetall (Gold, Silber, Kupfer). Ihr Materialwert bestimmte den Wert der Münzen **(= Kurantmünzen).**

Mit der Zeit wurde die Herstellung zu teuer und man vermischte die Edelmetalle mit anderen minderwertigen Metallen **(= Scheidemünzen).**

1. Wir befinden uns etwa im Jahr 117 n. Chr. „Ganz Europa“ hat zu dieser Zeit mit römischem Geld gezahlt. Informiere dich über die Ausdehnung des Imperium Romanum. 59
2. Nenne einige Länder, in denen das Geld der Römer akzeptiert wurde.

3. Vergleiche das Verbreitungsgebiet des römischen Geldes mit der Verbreitung des Euro.

4. Warum bevorzugten die eroberten Länder bald das römische Geld?

5. Auch Länder, die nicht zum Römischen Reich gehörten, orientierten sich an dessen Währung. Gib Gründe dafür an.

6. In Märchen schleppt der Held so manchen **Batzen** mit sich herum. Dagobert Ducks **Taler** häufen sich zu gigantischen Bergen. Die Amerikaner zahlen heutzutage kaum noch mit **Cash.** In Deutschland nennt man Münzen auch **Groschen.** Diese und viele andere Wörter sind schon sehr alt.

   Suche im Lexikon oder im Internet nach Erklärungen für die fettgedruckten Wörter.

7. Bis zu welchem Jahr war der Taler Zahlungsmittel in Deutschland?

Bilder von verschiedenen alten Münzen

- **Papiergeld**

Der Weg zur Banknote führte über die Praxis der Kaufleute, ihre Geschäfte ohne Bargeld abzuwickeln. Das taten sie bereits seit dem Mittelalter mithilfe der Banken. Diese stellten für eingezahlte Beträge Bescheinigungen aus, deren Überbringer sich die entsprechende Summe in Metallwährung auszahlen lassen konnte. Man vermied damit das Risiko eines Überfalls und musste auch nicht größere Mengen Münzen mit einem hohen Gewicht mit auf die Reise nehmen.

Um die **Banknoten** möglichst fälschungssicher zu machen, wurden sie immer aufwendiger hergestellt und bedruckt.

Trotz der im 18. und der ersten Hälfte des 19. Jahrhunderts in vielen Ländern ausgegebenen Banknoten blieben die Münzen das vorherrschende Zahlungsmittel. Dem im Metall garantierten Wert vertraute man mehr als einem auf Papier gedruckten Versprechen.

- **Buchgeld**

Neben dem Münzgeld und dem Papiergeld, dem so genannten **Bargeld,** gibt es noch Geld, das wir nicht sehen können.

Buch- oder auch **Giralgeld** (aus dem italienischen giro = der Kreis) ist jedes Geld, das auf Konten **(Girokonten)** für Zahlungszwecke zur Verfügung steht.

Der größte Teil der Zahlungen im heutigen Wirtschaftsleben wird nicht bar, sondern bargeldlos abgewickelt, das heißt durch Verrechnung von einem Konto zum anderen.

So wird das Gehalt von Herrn Glück jeden Monat auf seinem Girokonto gutgeschrieben. Regelmäßige Zahlungen wie Miete, Versicherungsbeiträge, Telefon usw. werden vom Konto aus überwiesen. Alle Ein- und Auszahlungen werden auf Kontoauszügen eingetragen. Der Kontoinhaber kann sich somit über die Abbuchungen und Gutschriften auf seinem Konto informieren.

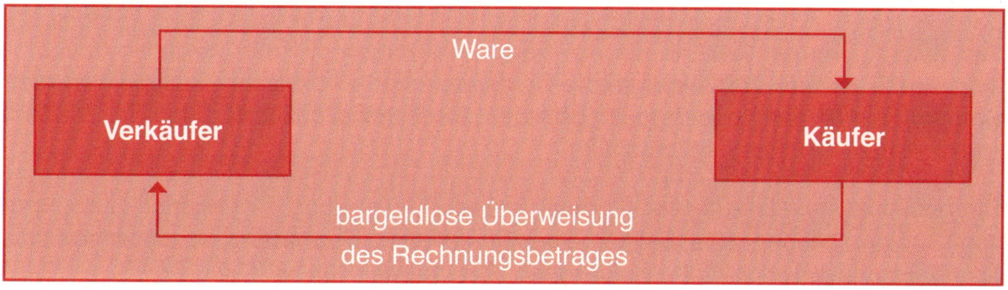

Der Euro

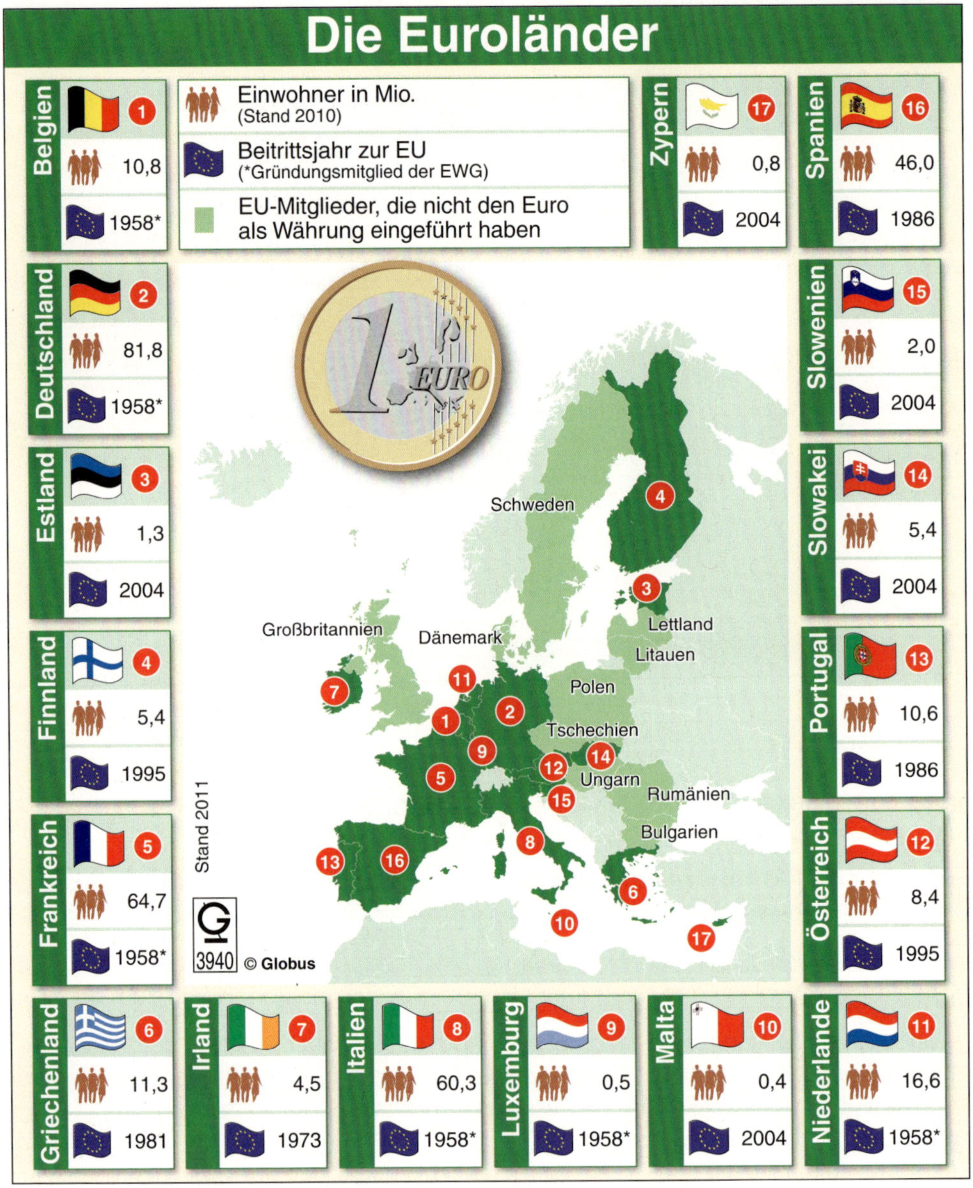

Seit dem **1. Januar 1999** ist die europäische Währung in Kraft, wir leben im Euroland. Am **1. Januar 2002** erfolgte die Bargeldpremiere. Ab diesem Zeitpunkt wurden **Scheine** und **Münzen** des Euro ausgegeben. Der Euro ist seitdem in den Euroländern alleiniges gesetzliches Zahlungsmittel.

Die gemeinsame Währung hat Europa verändert. Die rund 330 Millionen Einwohner von Euroland blieben zwar Belgier, Spanier, Italiener, Deutsche usw., sie sollen sich aber auch immer mehr als Europäer oder „Euro-Bürger" fühlen.

60

1. Nimm Stellung zu diesen Aussagen

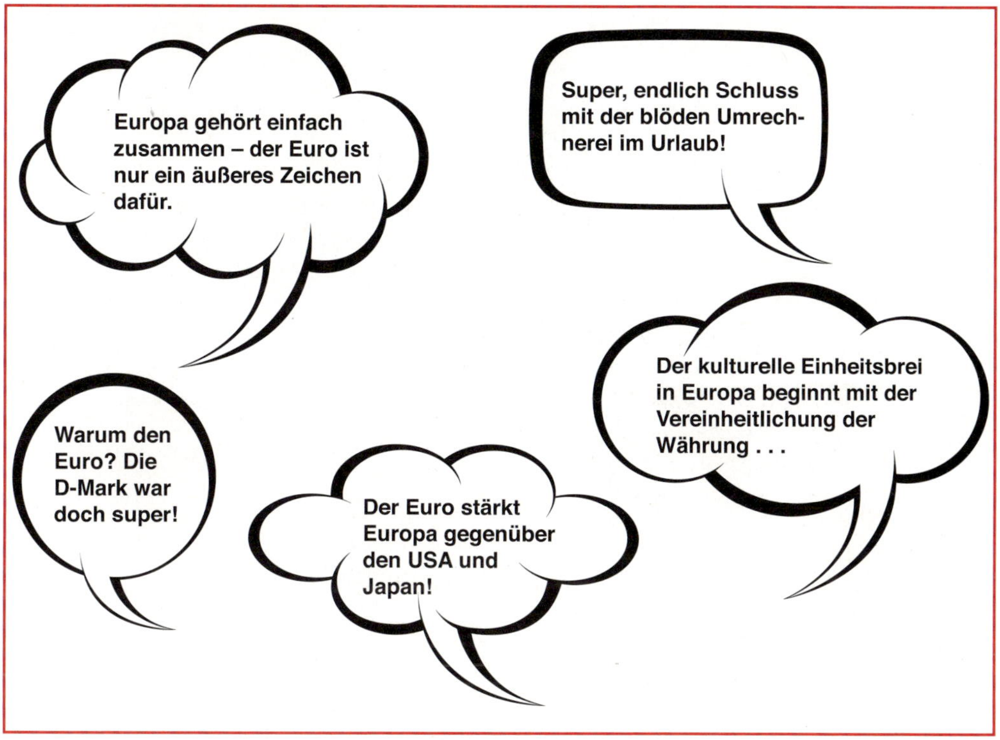

2. Der Euro stärkt den Zusammenhalt der Europäer.
   Welche anderen Maßnahmen kennst du, die die Staaten Europas zusammenführen sollen?

3. In welchen Staaten gilt zurzeit der Euro als gesetzliches Zahlungsmittel? (siehe Karte Seite 58)

Der Euro – die Banknoten

Es gibt **sieben** Scheine über Beträge von 5, 10, 20, 50, 100, 200 und 500 Euro. Die Bilder zeigen Baustile aus verschiedenen Epochen der europäischen Kulturgeschichte (Klassik, Romanik, Gotik, Rokoko) und drei Architekturmerkmale (Fenster und Tore auf der Vorderseite, Brücken auf der Rückseite).

Merkmale:

- Je größer der Wert, desto größer die Banknote.
- Markante Hauptfarben, um Verwechslungen auszuschließen.
- Tastzeichen für Sehbehinderte
- Keine Darstellung prominenter Personen

Vorderseite und Rückseite

Der Euro – die Münzen

Die Stückelung der **Münzen** beträgt 1, 2, 5, 10, 20 und 50 Cent sowie 1 und 2 Euro. Die Vorderseite der Geldstücke zeigt den Wert an und ist europäisch einheitlich.

Die Abbildungen auf den 1-, 2- und 5-Cent-Münzen symbolisieren die Stellung Europas in der Welt, die 10-, 20- und 50-Cent-Münzen die Union als Bund von Nationen. Die 1- und 2-Euro-Münzen stellen Europa ohne Grenzen dar. Die Rückseite gestaltet jedes Land mit eigenen nationalen Motiven. Auf allen Rückseiten umgeben die 12 Europa-Sterne das Motiv. Die 20-Cent-Münze ist am Rand siebenfach eingekerbt. Dies ist eine Hilfe für Sehbehinderte und Blinde.

Vorderseite und Rückseite

Euro-Fälscher

In der Europäischen Union einigte man sich im Frühjahr 2000 darauf, die Gemeinschaftswährung strafrechtlich einheitlich zu schützen.

Es wurden verschärfte Bestimmungen beschlossen: Fälscher von Euro-Scheinen müssen nach der Einführung der neuen europäischen Gemeinschaftswährung mit Gefängnisstrafen von mindestens acht Jahren (bisher: mindestens zwei Jahren!) rechnen. Auch Vorbereitungen zur Fälschung werden strafrechtlich verfolgt.

Euro-Symbol

Das grafische Symbol des Euro ähnelt einem E, das von deutlich markierten, horizontalen parallel verlaufenden Linien durchquert wird. Es lehnt sich an den griechischen Buchstaben Epsylon an und verweist damit auf die Wiege der europäischen

Kultur und auf den ersten Buchstaben des Wortes „Europa“. Die parallel verlaufenden Linien stehen für die Stabilität des Euro.

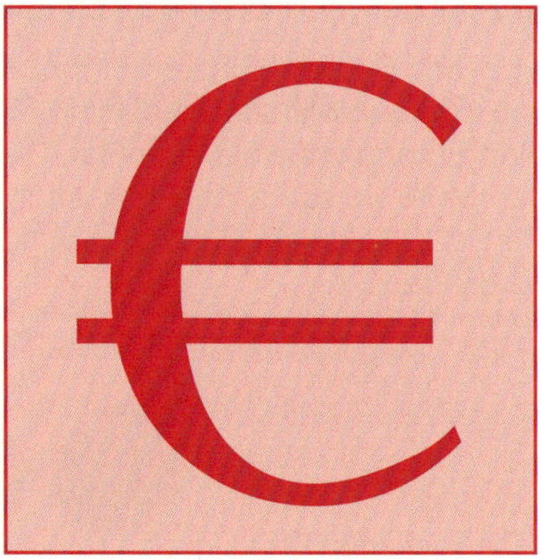

„Ich halte den Namen aus drei Gründen für gut: Erstens kann er in allen Ländern gleich geschrieben werden. Zweitens bringt er die europäische Identität zum Ausdruck. Drittens ist er relativ kurz.“

Der frühere Bundesbankpräsident Prof. Dr. Hans Tietmayer

61

1. Auf den Banknoten steht unter „EURO“ „EYPO“. Warum ist diese doppelte Schreibweise gewählt worden?
2. Nimm Stellung zur Meinung des früheren Bundesbankpräsidenten Hans Tietmayer. Suche nach weiteren Vorteilen des Namens „Euro“.
3. Welche symbolische Bedeutung kommen den Fenstern, Toren und Brücken auf den neuen Geldscheinen zu?
4. Die 20-Cent-Münze unterscheidet sich von den anderen Münzen. Was ist anders an dieser Münze und warum?
5. Ordne die folgenden Begriffe den Lücken im Text zu:

   Kulturgeschichte – Offenheit – Land – größer – Eifersüchteleien – Zusammenarbeit – Akzeptanz – berufsmäßig – Fenster – Tore – Brücken.

   Das Aussehen der Euro-Banknoten haben Personen beeinflusst, die ????? mit Geld Umgang haben. So sollten die Wünsche der Verbraucher ermittelt werden und eine größtmögliche ????? erzielt werden. Je größer der Wert der Banknote, desto ????? die Banknote. Absichtlich wurde auf die Darstellung prominenter Personen und berühmter Bauwerke verzichtet, um nationale ????? auszuschließen. Stattdessen zeigen sie ?????, ????? und ????? aus sieben Epochen der europäischen ?????, wobei die Fenster für die ????? stehen und die Brücken für die ????? in Europa stehen. Nur in einem kleinen Feld kann man entdecken, in welchem ????? der jeweilige Schein gedruckt wurde.

1.4.4 Zahlungsmöglichkeiten

Barzahlung

Nach der Schule geht Christian Glück in das nahe gelegene Einkaufszentrum. Er ist auf der Suche nach einem Geburtstagsgeschenk für seine Schwester Stefanie. In einem CD-Laden findet er das passende Geschenk für 18,00 €. Er bezahlt die Musik-CD mit einem 50-Euro-Schein. Die Verkäuferin gibt ihm das Wechselgeld und einen Kassenbon. Christian Glück bittet die Verkäuferin um eine Quittung.

Eine alltägliche Situation. Trotz der vielfältigen Möglichkeiten des Computereinsatzes im Zahlungsverkehr ist es im Ladengeschäft immer noch üblich, dass der Käufer die Waren mit Bargeld (Münzen und Banknoten) bezahlt.

Kassenzettel sind wegen der fehlenden Unterschrift rechtlich gesehen keine Quittungen. Bei Reklamationen werden sie aber als Kaufnachweis akzeptiert.

Grundsatz: Barzahlung nur an den Empfangsberechtigten richten. Barzahlung nur gegen Quittung als Beweis für die Zahlung.

Eine ordnungsgemäße Quittung sollte folgenden Inhalt haben:

1. Betrag in Ziffern und Worten
2. Angaben über den Zahlenden
3. Grund der Zahlung
4. Angaben über den Empfänger der Zahlung
5. Ort, Datum
6. Unterschrift des Empfängers (Stempel)

QUITTUNG

Nr. -----

	Euro	Cent
Netto	15	13
+ 19 % USt.	2	87
Gesamtbetrag	❶ 18	00

Euro in Worten ACHTZEHN ❶

von CHRISTIAN GLÜCK ❷

für MUSIK-CD ❸

richtig erhalten zu haben, bestätigt

Ort REGENSBURG ❺ Datum 10. APRIL 20.. ❺

Buchungsvermerke

Stempel/Unterschrift des Empfängers
CD-LADEN IM DONAUCENTER ❹ ❻

Überweisung

Herr Glück hatte im letzten Monat Pech mit seinem Pkw. An einer Kreuzung ist er auf ein plötzlich bremsendes Auto aufgefahren. Nach einigen Tagen teilt ihm seine Vertragswerkstatt Moser mit, dass er sein Auto abholen kann. Ein Arbeitskollege fährt ihn zur Werkstatt.

Da er nicht genügend Bargeld mit sich führt, vereinbart Herr Glück mit Herrn Moser, den Rechnungsbetrag (siehe unten) zu überweisen.

Autoreparatur Moser
Inspektionen

Am Ziegetsberg 13
93051 Regensburg
Telefon: 0941 234568
Telefax: 0941 234569
E-Mail: moser@moser.xyz

Autoreparatur Moser • Am Ziegetsberg 13 • 93051 Regensburg

Hans Glück
Donaustraße 14
93059 Regensburg

RECHNUNG

Rechnungsnummer:	01/208
Datum:	12. März 20..
Leistungszeitpunkt:	12. März 20..
Kundennummer:	16056
Auftragsnummer:	270113
	11. März 20..

Regensburg, den 12. März 20..

RECHNUNG Nr. 01/208

Kundennummer:	16056
Fabrikat:	BMW 325tds
Kennzeichen:	R-HG 123
Kilometerstand:	38 500 km

Reparatur und Lackierung Motorhaube, linke und rechte Vordertür		**840,00 Euro**
Reparatur Scheinwerfer		**267,00 Euro**
Vermessung des Rahmens		**280,00 Euro**
Kleinteile		**42,00 Euro**
	Nettobetrag	**1.429,00 Euro**
	USt. 19%	**271,51 Euro**
	Gesamtbetrag	**1.700,51 Euro**

Zahlung nach Rechnungserhalt rein netto.
Bankverbindung: Jahnbank Regensburg • BLZ 751 821 00 • Kontonummer: 6550
Josef Moser, e. Kfm. • Amtsgericht Regensburg HRA 1733
USt-IdNr. DE29713540 • St.-Nr. 9244/211/40196

Zwei Tage später gibt Herr Glück das ausgefüllte Überweisungsformular an seine **Hausbank**, die Donaubank, weiter. Er hat damit die Bank beauftragt, den Rechnungsbetrag auf das Girokonto der Werkstatt zu überweisen.

Was ist eigentlich eine Überweisung? Das ist die Umbuchung eines bestimmten Geldbetrages von einem Konto auf ein anderes durch Vermittlung eines Kreditinstitutes.

Überweisungsauftrag Donaubank Regensburg	**751 778 00** (Bankleitzahl)

Empfänger Autoreparatur Moser, 93051 Regensburg	
Konto-Nr. des Empfängers 6550	**Bankleitzahl** 751 821 00
bei (Kreditinstitut) Jahnbank Regensburg	
EUR	**Betrag** 1.700,51
Verwendungszweck R. Nr. 01/208 v. 12. März …	
Kontoinhaber Hans Glück	
Konto-Nr. des Kontoinhabers 323 664	

111305000

2

24. März 20..

Unterschrift

Wie kommt nun das Geld von der Donaubank zur Jahnbank, der Hausbank der Reparaturwerkstatt Moser?

1. Die **Zeichnung** soll dir den Weg verdeutlichen:

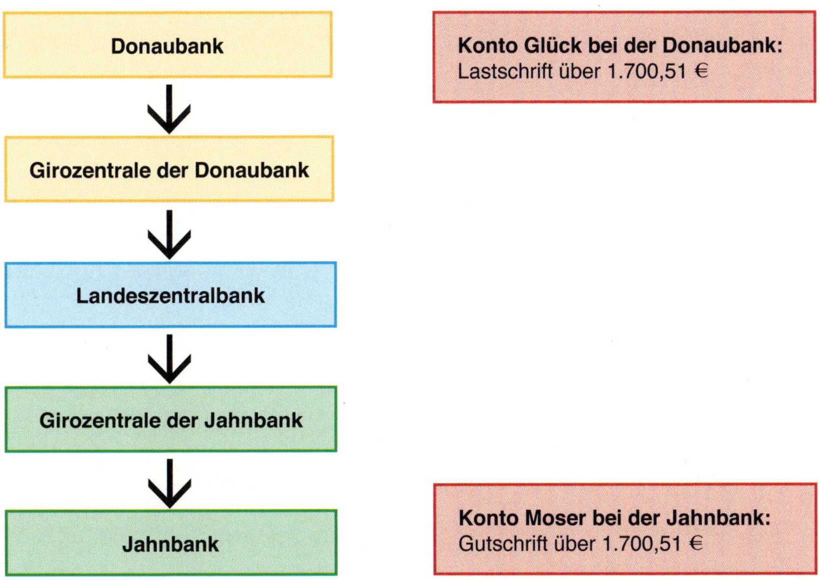

2. Der **Text** soll dir den Weg beschreiben:

- Die einzelnen Bankhäuser einer Bankengruppe sind durch eine übergeordnete Girozentrale miteinander verbunden. Über die Landeszentralbank stehen die Girozentralen der einzelnen Bankengruppen miteinander in Verbindung.

- Die Donaubank bucht den Überweisungsbetrag vom Girokunden des Herrn Glück ab und gibt den Geldbetrag auf elektronischem Weg an die Girozentrale der Donaubank weiter.

- Von dort aus geht diese Überweisung an die Landeszentralbank, die eine Weiterleitung an die Girozentrale der Jahnbank vornimmt. Von dieser Girozentrale wird der Betrag auf dem Konto der Firma Moser bei der Jahnbank gutgeschrieben.

- Herr Glück und Herr Moser können den Überweisungsvorgang (Belastung bzw. Gutschrift) auf dem Kontoauszug nachprüfen.

Rechnungen liegen sehr oft Überweisungsvordrucke bei, in die z. B. bestimmte Angaben schon eingesetzt sind (Anschrift, Kontoverbindung, Rechnungsbetrag, Rechnungsnummer, Verwendungszweck, Kundennummer usw.). Dem Zahlungspflichtigen, also dem, der die Rechnung bezahlen muss, soll die Arbeit erleichtert werden. Er setzt nur noch Kontonummer, Bankverbindung und Namen ein und unterschreibt. Das Überweisungsformular besteht aus zwei Teilen: Die kontoführende Bank oder Sparkasse bekommt den Überweisungsauftrag und der Kontoinhaber die Durchschrift.

Herr Glück hat seine Bank beauftragt, regelmäßig wiederkehrende gleichbleibende Zahlungen (z. B. Miete, Versicherungsbeiträge usw.) zu überweisen **(= Dauerauftrag).**

Andere regelmäßige Zahlungen mit wechselnden Beträgen, wie Gebühren für Strom, Wasser oder Telefon, werden im sogenannten **Einzugsermächtigungsverfahren** von Herrn Glücks Konto abgebucht. Hierzu hat er den Empfänger ermächtigt, Geld von seinem Konto abzurufen.

62

1. Besorge dir bei einer Bank Überweisungsformulare und „bezahle“ die Rechnung von Seite 27. (Kontonummer von Herrn Glück siehe Überweisungsauftrag Seite 65)
2. Unterscheide Dauerauftrag vom Lastschriftverfahren.
3. Welche Vorteile bieten beide Verfahren?
4. Warum sollten die Kontoauszüge regelmäßig überprüft werden?
5. Suche in einem Lexikon die Erklärung für den Begriff Saldo.
6. Nenne drei wichtige Informationen, die man aus einem Kontoauszug entnehmen kann. (Beispiel Seite 143)

Online-Banking

Herr Glück findet immer seltener Zeit, sich im Büro um seine Bankgeschäfte zu kümmern. Er entschließt sich daher für das „Homebanking" und vereinbart einen Termin bei seiner Bank.

Nach einer kurzen Information über die Vorteile des Homebankings stellt der Bankberater Herrn Glück die Möglichkeiten vor, wie er seine Bankgeschäfte von zu Hause oder unterwegs aus erledigen kann.

Unabhängig davon, für welches Verfahren er sich entscheidet, benötigt Herr Glück eine persönliche **Identifikationsnummer (PIN)**. Die PIN ist so etwas wie eine Geheimzahl, mit der er auf der Homepage seiner Hausbank Zugang zum Server der Bank erhält **(= Login)**, um zum Beispiel den aktuellen Stand seines Bankkontos überprüfen zu können.

Will Herr Glück nun eine Überweisung tätigen, muss er ein Überweisungsformular ausfüllen. Da das Ausfüllen am Bildschirm geschieht und er dort keine Unterschrift abgeben kann, gibt es zwei Möglichkeiten, die Überweisung zu bestätigen:

- **Das PIN-/TAN-Verfahren**

  Um eine bestimmte **Transaktion** auszuführen – so nennt man in der Fachsprache die Überweisung – muss der Benutzer eine so genannte **Transaktionsnummer (TAN)** eingeben. Früher erhielt der Kunde zusammen mit der PIN die Transaktionsnummern in einer Liste von seiner Bank zugesandt. Inzwischen werden diese Listen immer mehr durch die Verwendung von **smsTAN** oder **chipTAN** abgelöst. Damit soll die Sicherheit des Online-Banking erhöht werden.

  - Bei **smsTAN** erhält der Bankkunde die TAN immer und überall auf sein Handy. Die per SMS zugesandten Auftragsdaten (Kontonummer des Empfängers, Rechnungsbetrag und TAN) gelten nur für die aktuell auszuführende Transaktion. Diese Daten muss der Bankkunde, also Herr Glück, vor dem Absenden am PC aus Sicherheitsgründen nochmals genau überprüfen, um einen „Datenklau" zu verhindern.
  - Bei **chipTAN** bekommt der Bankkunde ein spezielles Lesegerät (TAN-Generator) von seiner Bank zur Verfügung gestellt, in das er seine Bankkarte steckt. Die TAN wird durch kurzzeitiges „Hinhalten" des Gerätes mithilfe einer besonderen Grafik am Computerbildschirm erzeugt und dann am Display des TAN-Generators angezeigt. Damit der Auftrag freigegeben und ausgeführt werden kann, ist die erzeugte TAN noch in das entsprechende Feld auf der Bank-Homepage einzugeben. Auch bei diesem Verfahren ist der Datenabgleich vor dem Absenden am PC unbedingt vorzunehmen.

- **Das HBCI-Verfahren**

Die zweite Möglichkeit des Online-Bankings ist das **HBCI-Verfahren** (**H**ome **B**anking **C**omputer **I**nterface). Als Voraussetzung wird ein spezielles Online-Banking-Programm benötigt sowie eine HBCI-Chipkarte und ein Chipkartenleser. Der entscheidende Unterschied zum PIN-/TAN-Verfahren ist, dass die Eingabe der PIN-Nummern nicht auf der Computertastatur erfolgt, sondern über die Tasten des Kartenlesers. Somit haben Betrüger nur eine geringe Chance, die PIN-Nummer auszuspähen. Aber auch hier ist eine genaue Überprüfung der Daten vor dem Absenden unumgänglich.

Weiter klärt der Bankberater auf, dass es nach Abschluss der Bankgeschäfte wichtig ist, sich aus dem Online-Banking-Bereich auszuloggen. Aus Sicherheitsgründen melden viele Bankinstitute ihre Kunden bereits nach zehn Minuten ab, wenn keine Eingabe mehr erfolgt. Aus diesem Grund gilt das HBCI-Verfahren als sicherste Version des Online-Bankings.

63

1. Welche Diagrammtypen wurden in unten stehendem Schaubild verwendet?
2. Wie hat sich die Anzahl der Online-Konten im dargestellten Zeitraum verändert?
3. Welche Banken haben einen besonders hohen Anteil an Online-Konten?
4. Berechne den Anteil der Online-Konten für die Jahre 2001 und 2008 in Prozenten.

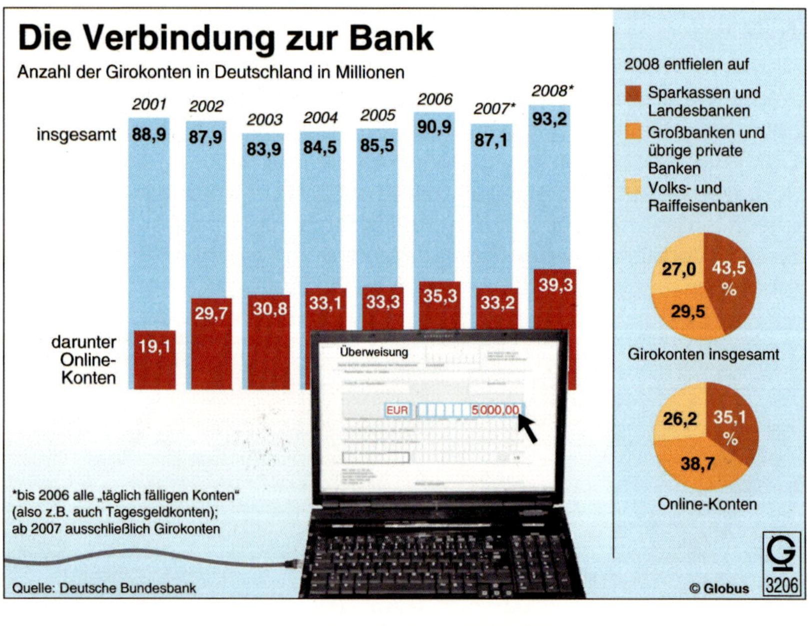

Electronic Commerce – Handel ohne Grenzen

E-Commerce –
Erster Internet-Supermarkt eröffnet

E-Commerce, der elektronische Handel ohne Grenzen, boomt in den virtuellen Kaufhäusern rund um die Uhr. Wurden 2001 gerade mal fünf Milliarden Euro Umsatz im deutschen Online-Handel erzielt, waren es im Jahr 2010 schon fast 24 Milliarden Euro. Im Jahr 2011 hatten die Einzelhändler ein weiteres Umsatzplus von rund zehn Prozent – Wachstumsraten, von denen der herkömmliche Einzelhandel nur träumen kann.

Wer im Internet einkaufen geht, liegt im Trend. Auch immer mehr ältere Menschen gehen online einkaufen. Mittlerweile rund 40 Prozent der 50- bis 69-Jährigen ordern dabei vor allem Mietwagen, Computer, Medikamente und Nahrungsergänzungsmittel per Mausklick. Im Internet kaufen die Deutschen vor allem Bücher, Kleidung und Tickets.

Fast 15 Millionen Käufer bestellten im vergangenen Jahr Bücher per Mausklick, 14,7 Millionen orderten Bekleidung. Dahinter folgen Veranstaltungstickets (12,5 Millionen), Tonträger (8,5 Millionen) und Hotelübernachtungen (7,4 Millionen). In der Rangliste der beliebtesten Einkaufs-Webseiten rangiert eBay mit hochgerechnet 20,3 Millionen Käufern auf Platz eins vor Amazon (19,4 Millionen).

Mit deutlichem Abstand kommen dahinter das Versandhaus Otto (7,7 Millionen), der Buchhändler Weltbild (5,9 Millionen) sowie Tchibo (5,6 Millionen).

Vorteile des „E-Commerce“

- Neue Unternehmen werden gegründet.
- Arbeitsplätze entstehen.
- Es müssen keine Geschäfte gebaut werden (z. B. müssen Versandhäuser weniger Kataloge drucken).
- Weniger Einzelfahrten in die Innenstädte sind notwendig (Umweltfreundlichkeit).
- Die Verbraucher können zuhause eine Vielzahl von Angeboten vergleichen.

64

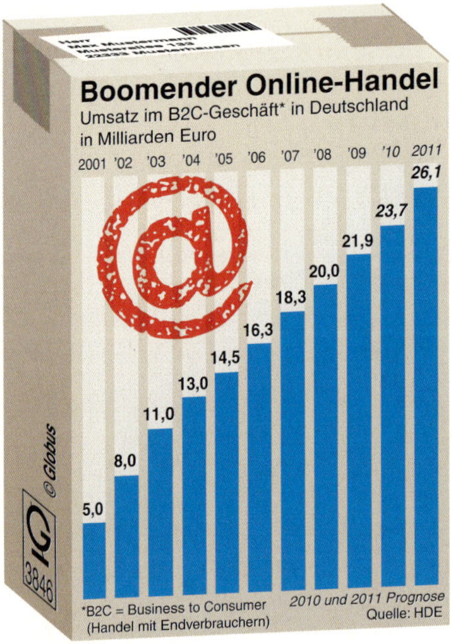

1. Warum eignet sich hier gerade das Säulendiagramm, um damit den boomenden Online-Handel darzustellen?
2. Wie verändert sich durch den zunehmenden Online-Handel das Angebot bei den örtlichen Einzelhandelsgeschäften?
3. Welche Nachteile ergeben sich deiner Meinung nach für die Einzelhandelsgeschäfte, die keinen eigenen Internet-Shop führen?
4. Welche Vorteile ergeben sich für den Verbraucher mit dem Internethandel?

Ob Sportschuhe oder Schmerzmittel: Der **Versandhandel** in Deutschland wächst deutlich mehr als der Einzelhandel insgesamt und erreicht inzwischen einen Anteil von 7,2 Prozent. Umsatzstärkste Warengruppe sind Bekleidung und Schuhe. CDs, Bücher, Unterhaltungselektronik und vor allem Computer werden immer öfter über den Versandhandel nachgefragt. Ein wesentlicher Grund dafür ist die zunehmende Beliebtheit des Online-Handels. Zwar haben die klassischen Bestellwege über Kataloge mit 53 Prozent Umsatzanteil noch knapp die Nase vorn, doch der Onlineanteil holt von Jahr zu Jahr auf und erreicht mittlerweile 47 Prozent.

65

1. Welche Diagrammarten werden verwendet?
2. Beschreibe die Entwicklung des Versandhandelsumsatzes am Umsatz des gesamten Einzelhandels.
3. Wodurch wird diese Entwicklung begünstigt?

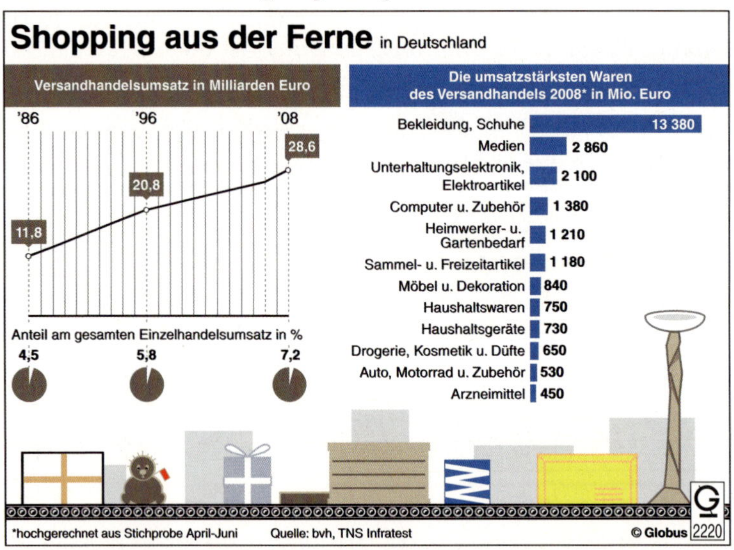

Plastikgeld

Seit einigen Jahren hat sich eine noch bequemere Form der bargeldlosen Zahlung durchgesetzt: **Das Bezahlen mit Geldkarte, Girocard (vormals EC-Karte) und Kreditkarte.** Dies setzt allerdings voraus, dass die Geschäfte mit elektronischen Kassen ausgerüstet sind, die solche Karten lesen können.

In Deutschland sind über 98 Millionen Bankkundenkarten in Umlauf.

Über die Jahre hat sich die Girocard zu einem eigenständigen Zahlungsmittel entwickelt: Nicht nur von Banken, sondern auch von Einzelhändlern, Hotels, Restaurants und Tankstellen wird sie akzeptiert. Sie ist eine so genannte **Debit-Card,** d. h. das dazugehörende Konto wird sofort mit den Umsätzen belastet.

Mittlerweile kann in über 100 Ländern mit der Girocard bezahlt oder Geld an Automaten abgehoben werden.

1. Welche Bedeutung hat der Magnetstreifen auf der Rückseite der Girocard?
2. Welche verschiedenen Möglichkeiten habe ich mit dieser Karte? 66

Die Girocard als Multifunktionskarte
Symbole geben Aufschluss über ihre Einsatzmöglichkeiten

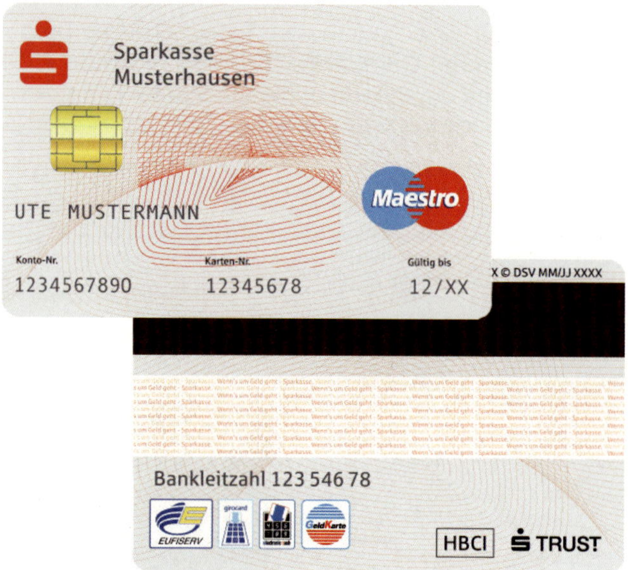

Wo man das **Girocard-Symbol** findet, ist es mit persönlicher Geheimzahl (PIN) entweder möglich, an Automaten Geld abzuheben oder mit Karte bargeldlos zu bezahlen.

Dieses Symbol an Schaufenstern und Händlerkassen zeigt an, dass man mit der Girocard und persönlicher Geheimzahl bargeldlos und sicher zahlen kann.

Seit 1992 steht das **Maestro-Zeichen** dafür, dass man **weltweit** an entsprechend gekennzeichneten Automaten Bargeld abheben oder bargeldlos bezahlen kann. Maestro ist eine Marke des Unternehmens MasterCard. Einige Banken (z. B. Genossenschaftsbanken und die Postbank) kooperieren inzwischen nicht mehr mit Maestro, sondern mit **VPay**, das dem Mitkonkurrenten VISA Europe angehört. Allerdings ist VPay-System **auf Europa beschränkt**.

Das **EUFISERV-Zeichen** signalisiert dem Kunden, dass seine Sparkasse zur Vereinigung der europäischen Sparkassen gehört. Einen direkten Vorteil hat der Kunde dadurch nicht, da er auch in diesem Fall für Geldabheben an fremden Automaten Gebühren zahlen muss. EUFISERV hat nur für die angeschlossenen Sparkassen einen Kostenspareffekt.

An Orten mit dem **Geldkarten-Symbol** können kleinere Beträge bargeldlos bezahlt werden. Der Chip, der die Girocard zur Geldkarte macht, kann beliebig oft bis zu einem Betrag von 200,00 € aufgeladen werden.

Girocard als Geldkarte

Die Girocard wird durch einen integrierten und wiederaufladbaren Chip zur universell einsetzbaren Geldkarte. Aktuell sind in Deutschland fast 90 Millionen Girocards (früher EC-Karten) mit der „Geldbörse" in Chipform ausgestattet, die an ca. 600 000 Akzeptanzstellen eingesetzt werden können: an Automaten – und im Internet.

An speziellen Ladegeräten wird der Chip mit einem Guthabenbetrag von 200,00 € „aufgeladen". Wenn der Kunde in einem Geschäft bezahlt, wird die Geldkarte in das Kartenlesegerät eingeschoben und der entsprechende Betrag abgebucht. Weder Geheimnummer noch Unterschrift sind notwendig. Das Guthaben vermindert sich um den zu zahlenden Betrag.

Ist die Karte leer, kann sie am Bankschalter und eigens eingerichteten Ladestationen aufgefüllt werden. Einmal am Tag sendet der Händler die im Kartenlesegerät gespeicherten Buchungen an eine Abrechnungsstelle der Banken. Der eingereichte Betrag wird ihm abzüglich der Abwicklungsgebühren auf seinem Konto gutgeschrieben.

Bedeutung der Geldkarte sinkt weiter

Die Geldkarte soll die Girocard auch bei der Bezahlung von Kleinbeträgen interessant machen. Doch die Zahl der Bezahlvorgänge mit dem kleinen Chip sank im Jahr 2009 erneut.

Mit der Geldkartenfunktion der deutschen Girocard wurden 2009 ca. 45 Millionen Bezahltransaktionen durchgeführt, das sind acht Prozent weniger als im Jahr 2008. Damit sank die Zahl der Transaktionen zum zweiten Mal in Folge. Zugleich wurden in 2009 auch seltener Guthaben auf den Chip geladen als im Vorjahr. Der durchschnittliche Ladebetrag für den Prepaid-Chip betrug rund 27 Euro. Die Geldkartenfunktion wurde 1996 von der deutschen Kreditwirtschaft auf der Girocard eingeführt, um Kartentransaktionen auch bei kleineren Zahlbeträgen zu etablieren. Beim Bäcker, Metzger oder am Zeitungskiosk sollte die Karte eingesetzt werden, so die Hoffnung der Banken. Doch über den Kreis von Automatenzahlungen im Nahverkehr oder in Parkhäusern kam die Geldkarte kaum hinaus. Im Einzelhandel erreichte sie nie eine große Verbreitung.

Mangels Akzeptanz bei den Verbrauchern und aufgrund der Gebührenstrukturen (0,3 Prozent vom Umsatz, mindestens ein Cent) scheuten Handelsunternehmen die Investitionen in die notwendigen Terminals.

(aus: www.DerHandel.de vom 16. 02. 2010)

Warum ist deiner Meinung nach die Geldkarte erfolglos?

67

Plastikgeld: Bezahlen im Vorbeigehen

Bankkunden sollen künftig mit der Girocard bezahlen können, indem sie die Karte nur vor ein Lesegerät halten. Das verkürzt die Wartezeiten an der Ladenkasse. Im April 2012 startet ein Pilotprojekt in der Region Hannover.

Kunden von Sparkassen, Volksbanken und Privatbanken sollen künftig mit ihrer Girocard (früher EC-Karte) kleine Einkäufe bis 20 Euro einfacher bezahlen können. Sie müssen das Plastikkärtchen nur noch kurz vor ein Lesegerät halten, nicht mehr unterschreiben und auch nicht ihre Geheimnummer eingeben. Die neue Funktion der Girocard heißt girogo. Karten, mit denen der Kunde kontaktlos bezahlen kann, tragen dann künftig dieses Logo:

girogo

1,3 Millionen Girocards werden mit einem Chip ausgerüstet, der eine kleine Funkantenne hat. Sie gibt das Signal an das Kartenterminal des Händlers. Der Chip muss zuvor mit bis zu 200 Euro Guthaben geladen werden. Das Bezahlen an der Kasse soll weniger als 1 Sekunde dauern und ist damit 25 Prozent schneller als das Bezahlen mit Einstecken der Karte und doppelt so schnell wie bar bezahlen. Das bringt Händlern und Kunden Vorteile, wenn in kurzer Zeit viel verkauft werden soll, zum Beispiel in der Halbzeitpause von Fußballspielen oder in Kantinen von Universitäten.

(Aus einer Pressemeldung der Stiftung Warentest vom 12. 01. 2012)

68 Warum wird deiner Meinung nach das „Bezahlen im Vorbeigehen“ erfolgreicher sein, als der Einsatz der bisherigen Geldkarte?

Kreditkarten

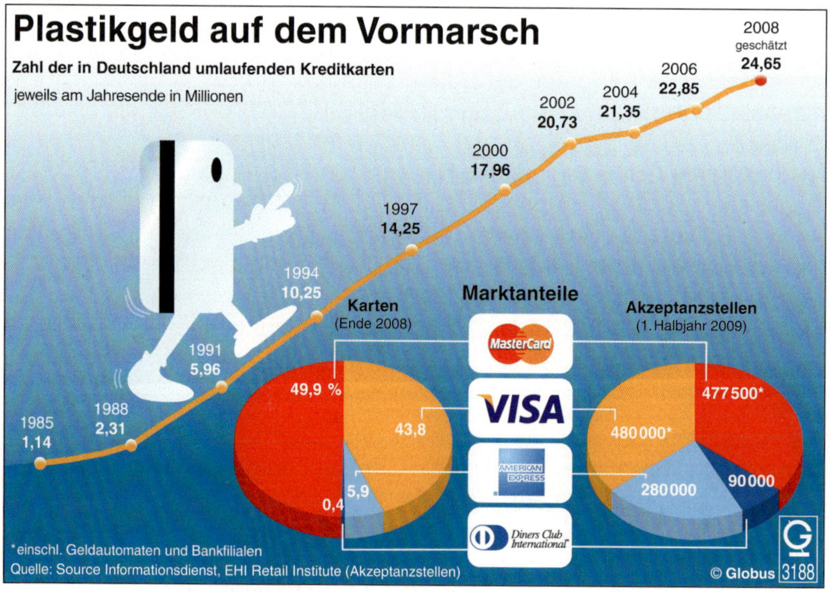

Seit 1991 vervierfacht

i

Von 1991 bis heute hat sich die Zahl der ausgegebenen Kreditkarten in Deutschland mehr als vervierfacht. Ob im Hotel oder im Restaurant, im Fachgeschäft oder im Kaufhaus, an der Tankstelle oder am Flughafenschalter – die Rechnung mit Plastikgeld zu begleichen, ist kein Problem.

Während Anfang der 80er-Jahre gerade einmal 100 000 Bundesbürger eine Kreditkarte von einem der vier großen Anbieter MasterCard, VISA-Card, American Express und Diners Club hatten, gab es in den letzten 20 Jahren geradezu einen Kartenboom. Im Jahre 2008 besaßen über 24 Millionen Deutsche eine oder mehrere Kreditkarten. An der Spitze der Kreditkarten rangiert die MasterCard, von der in Deutschland im Jahr 2008 ca. 12,3 Millionen im Umlauf waren.

Im Gegensatz zu den Karten von Diners Club und American Express, die in Deutschland ausschließlich von den Unternehmen selbst und im einheitlichen Design ausgegeben werden, ist es bei MasterCard und VISA auch möglich, dass neben der Bank bzw. Sparkasse z. B. ein Reiseveranstalter, ein Automobilhersteller oder eine Fluggesellschaft als Vertriebspartner auftritt und die Kreditkarten mit eigenen Vorzügen ausstattet.

Die **Vorteile** der Kreditkarte liegen auf der Hand:	Die **Gefahren** der Kreditkarte sind nicht zu übersehen:
• jederzeit sofort zahlungsfähig • Einsatzmöglichkeiten in der ganzen Welt • zahlreiche Extras (z. B. Versicherungsschutz) • Zinsvorteil durch Abrechnung nach vier bis sechs Wochen	• Finanzielle Übersicht kann verloren gehen • Kosten für die Kreditkarte • Probleme des Missbrauchs • Verlust der Kreditkarte

Beantworte die folgenden Fragen zur Grafik von Seite 74.

69

1. Wie hoch ist prozentual der Anteil der MasterCard an den in Deutschland gängigen Kreditkarten?
2. Worauf führst du den Anstieg bei der Zahl der Kreditkarten zurück?
3. Erkundige dich bei einer Bank, welche Voraussetzungen ein Kunde erfüllen muss, um eine Kreditkarte zu bekommen.
4. Überlege dir weitere Probleme bzw. Vorteile der Kreditkarte.

ALLES KLAR?!?!?

- Geld ist lediglich ein Mittel, um eine Leistung gegen eine andere einzutauschen.
- Den Wert des Geldes können wir daran messen, wie viel der Einzelne für sein Geld bekommt.
- Geld hat mehrere **Funktionen:**

  Wertaufbewahrungsmittel, Recheneinheit, Wertübertragungsmittel, Tauschmittel, Kreditmittel, Wertmaßstab.
- Beim Naturaltauschverfahren werden Güter gegeneinander getauscht. Als Warengeld bezeichnete man besondere Güter wie z. B. Salz, Vieh, Muscheln usw.
- Beim Münzgeld unterscheidet man Kurantmünzen und Scheidemünzen.
- Papiergeld war anfangs eine Bestätigung für die Hinterlegung des aufgedruckten Wertes.
- Buch- oder Giralgeld ist das Geld auf Bankkonten.
- Buchgeld, über das man mit besonderen Karten verfügen kann, nennt man Plastikgeld. Beispiele dafür sind Kredit-, Geld- und Scheckkarten.
- Seit dem 1. Januar 2002 werden Scheine und Münzen des Euro ausgegeben. Sieben Scheine über Beträge von 5, 10, 20, 50, 100, 200 und 500 Euro und acht Münzen zu 1, 2, 5, 10, 20, 50 Cent sowie 1 und 2 Euro wurden in Umlauf gesetzt.
- Kassenzettel sind wegen der fehlenden Unterschrift rechtlich gesehen keine Quittungen.
- Überweisung ist die Umbuchung eines bestimmten Geldbetrages von einem Konto auf ein anderes Konto.
- Bankgeschäfte (z. B. Überweisungen, Kontoauszüge) werden vermehrt von „zu Hause“ erledigt (Online-Banking oder Homebanking).
- Electronic Commerce bedeutet, dass per Internet eingekauft und bezahlt werden kann.
- Geld- und Kreditkarten erleichtern den Zahlungsverkehr im In- und Ausland.

2 Wirtschaftliches Handeln im Unternehmen

2.1 Ein Unternehmen wird erkundet

Hans Glück hatte schon vor einiger Zeit seinen Arbeitsplatz als Schreinermeister in der Möbelfabrik aufgegeben, sich selbstständig gemacht und eine Schreinerei eröffnet.

E-Mail 16.10.20..

Absender: CarolinGold@Holzhausen.baynet.xyz

Empfänger: KlausNorden@t-online.xyz

Lieber Klaus,

am letzten Mittwoch haben wir mit meiner Klasse 7a eine Betriebserkundung in der Schreinerei Hans Glück durchgeführt. Unsere Lehrerin für das neue Fach Betriebswirtschaftslehre/Rechnungswesen, Frau Bayer, hatte uns gezielt auf die Erkundung vorbereitet. Es war für mich interessant, einen Einblick in die betriebliche Arbeitswelt zu bekommen und Fertigung und Arbeitsplätze zu beobachten. Wir durften auch selbst Fragen stellen und Teilerkundungen durchführen. Frau Bayer hatte unsere Klasse in acht Gruppen eingeteilt und Erkundungs- und Arbeitsaufträge ausgegeben. In den nachfolgenden Unterrichtsstunden werden wir die Gruppenergebnisse in den Unterricht einbringen und die Ergebnisse auswerten. Von der Schreinerei war ich sehr beeindruckt.

Ich staunte über die modernen Maschinen und über die unterschiedlichen Arbeitsplätze in der Firma. Herr Glück präsentierte uns auch die Homepage, **http://www.hans-glueck.xyz** und seine E-Mail-Adresse **HGlueck@hans-glueck.xyz.**

Frau Bayer und unser Klassensprecher, Franz Sedlmeier, haben sich per E-Mail für die freundliche Aufnahme und die interessante Führung und Aussprache bei Herrn Glück bedankt.

Hast du mit deiner Klasse auch schon ein Unternehmen besucht?

Viele Grüße

Carolin

Carolin hatte zu Beginn des Schuljahres mit der Bezeichnung des neuen Faches **Betriebswirtschaftslehre/Rechnungswesen** nicht viel anfangen können.

Was da wohl auf sie zukommt? Wahrscheinlich etwas über Betriebe und dazu Rechnen. Aber ist das alles? Als ihre Lehrerin, Frau Bayer, eine **Betriebserkundung** ankündigte, war Carolin recht froh und erwartungsvoll.

Vor der Betriebserkundung hatte sie sich noch mithilfe ihrer Lehrkraft interessante Informationen zum Thema Holz und Holzbearbeitung beschafft.

Holz – ein natürlicher Rohstoff

Holz ist ein wichtiger Rohstoff für die Möbelindustrie. Bei der Bearbeitung müssen folgende Eigenschaften des Holzes beachtet werden: es trocknet, quillt, reißt, wirft sich, kurz, es arbeitet unter dem Einfluss der umgebenden Luft. Frisch gefälltes Holz enthält etwa 40–60 Prozent Wasser, das durch jahrelange Trockenlagerung auf etwa 15–20 Prozent gesenkt wird. Dadurch verliert es an Raum und an Gewicht, es schwindet. Heutzutage wird diese lange Lagerzeit in modernen Trockenkammern auf wenige Tage verkürzt. Wird das Holz allerdings zu viel getrocknet und kommt solch trockenes Holz wieder in feuchte Luft, so quillt es durch Aufnahme von Feuchtigkeit wieder auf und verändert seine Form: es „verzieht" sich.

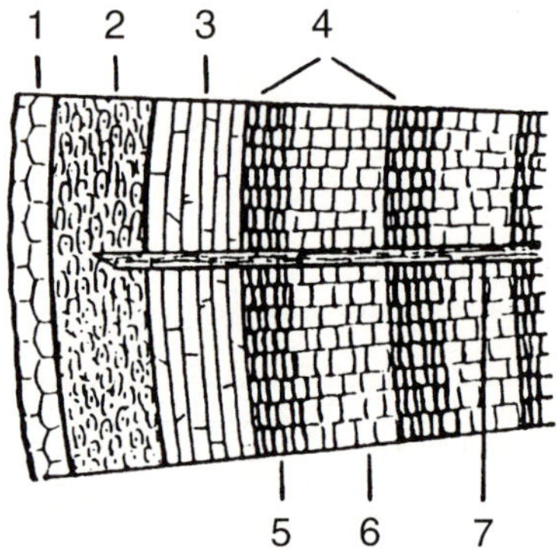

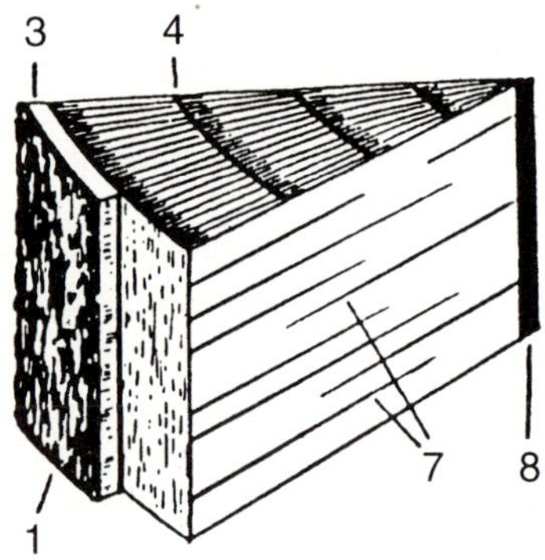

HOLZ: 1) Rinde, 2) Bast, 3) Kambium, 4) Jahresringe, 5) Spätholz, 6) Frühholz, 7) Markstrahlen, 8) Mark.

Holz – unterschiedlich hart

Sehr hart:	Steineiche
Hart:	Ahorn, Kirsche, Weißbuche, Rotbuche, Eiche, Nuss, Birne
Weich:	Föhre, Lärche, Tanne, Kastanie, Erle, Birke, Fichte
Sehr weich:	Pappel, Linde, Weide

Holz – verleimt hält es besser

Das Verfahren, dünne Lagen Edelholz auf minderwertigere – also auf billigere – Hölzer aufzuleimen, war schon im alten Ägypten bekannt. Ägyptische Tischler benutzten es, um Möbel oder Deckel von Prunksärgen zu verschönern. Sie waren die Erfinder des **Furnierens.** Aber erst im 19. Jahrhundert kam man auf die Idee, die größere Festigkeit zusammengeleimter Hölzer gegenüber naturgewachsenem Holz zu nutzen; denn dieses ist wegen seiner ungleichmäßigen Struktur und der Neigung zum Quellen und Schrumpfen nicht so belastungsfähig. Heute gibt es moderne Schälmaschinen, die ganze Baumstämme entrinden, mit Dampf aufweichen und gegen ein Messer drücken. Das Messer schält eine gleichmäßig dünne Holzschicht in einem Stück vom Stamm ab. Soweit dieses Holz nicht als Furnier verwendet wird, schneidet man es in passende Stücke, bestreicht sie mit Leim und legt sie so aufeinander, dass die Holzfasern einer Schicht im rechten Winkel zu denen der nächsten Schicht verlaufen. Dieses **Sperrholz** ist besonders fest und verwirft sich kaum.

Holz – Nägel, nein danke!

Außer Leimen gibt es noch viele Möglichkeiten von Holzverbindungen, um stabile Möbelstücke herzustellen.

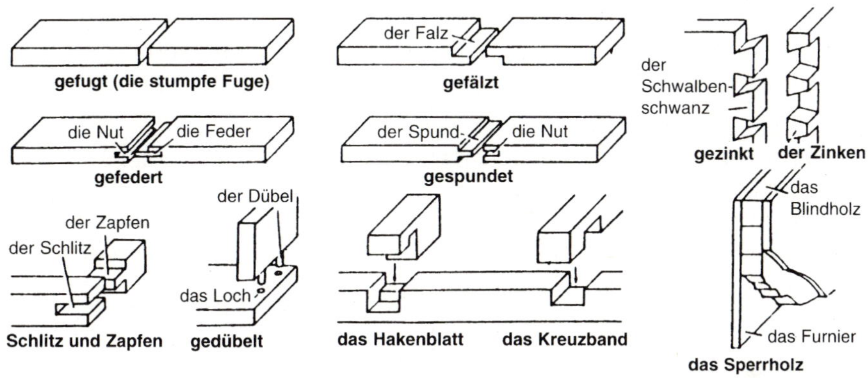

Holzverbindungen

Eine Betriebserkundung muss sorgfältig vorbereitet, gezielt durchgeführt und gründlich ausgewertet werden.

Vorbereitung

- Betrieb suchen (Telefonbuch und Gemeindeverwaltung können eine Hilfe sein)
- Informationsmaterial besorgen (Prospekte, Firmenhomepage)
- Erstellung eines Planes für wichtige Erkundungsbereiche
- ABC-Gruppen (Dreier-Gruppen) entwickeln einen Fragebogen
- Wer übernimmt bestimmte Aufgaben (Erstellung eines Arbeitsplanes)

Durchführung

- Begrüßung durch Klassensprecher, Klassensprecherin
- Der Betriebsleiter stellt sich vor

- Informationen und Führung durch die einzelnen Bereiche
- Fragen der Schülerinnen und Schüler laut Fragebogen
- Fotos oder Videokamera
- Verabschiedung und Dank

Auswertung

- Welche Informationen haben wir zum Aufbau und zu den Aufgaben des Unternehmens erhalten?
- Hat die Betriebserkundung unsere Erwartungen erfüllt?
- In welcher Form sollen wir die Auswertung darstellen und anderen zugänglich machen? (Plakate, Video, Ausstellung in der Aula, Schülerzeitung, Homepage, CD, Jahresbericht, Lokalpresse)

VORBEREITEN
↓
FRAGEN – BEOBACHTEN – NOTIEREN
↓
AUSWERTEN

70

Bearbeite die nachfolgenden Arbeitsaufträge!

1. Was ist deiner Meinung nach der Unterschied zwischen einer Betriebsbesichtigung und einer Betriebserkundung?
2. Herr Glück konnte nicht sofort nach seiner Schreinerlehre Unternehmer werden. Warum?
3. Nenne eine andere Bezeichnung für Unternehmer.
4. Ergänze den folgenden Lückentext:
   Beschäftigt ein Unternehmer Mitarbeiter, so wird er auch als (?) bezeichnet.
   Seine Mitarbeiter sind dann seine (?).
5. Welche der folgenden Aussagen erklärt den Begriff „Umsatz" richtig?
   5.1 Umsatz ist das Substantiv (Hauptwort) für die Tätigkeit des Umsetzens durch Mitarbeiter aus der Einkaufsabteilung in die Verkaufsabteilung eines Unternehmens.
   5.2 Umsatz ist ein grammatikalisch umständlich formulierter Satz.
   5.3 Umsatz ist der Wert der verkauften Erzeugnisse eines Unternehmens.
   5.4 Umsatz ist eine andere Bezeichnung für den Begriff „Gewinn".

71

Eine Betriebserkundung bedarf einer guten Vorbereitung. Bildet in der Klasse acht Gruppen und formuliert in Gruppenarbeit Fragen, die Schüler der Klasse 7a der Betriebsleitung (Herrn Glück) und seinen Mitarbeiterinnen und Mitarbeitern gestellt haben könnten. Als Hilfe dient euch die Methode der „W-Fragen":

Wieso? Was?	Woher? Warum?	Wem? Womit?	Wozu? Wie?	Wie viel? Wodurch?	Welche? Wann?

72

Eine Gruppe hatte folgenden Fragenkatalog zum Einkauf erstellt:

- Welche Holzarten verwenden Sie?
- Woher beziehen Sie Ihr Holz?
- Wie wählen Sie Ihre Lieferer aus?
- Was ist bei der Lagerung des Holzes zu beachten?
- Wann bestellen Sie Holz nach?
- Welche Punkte sind Ihnen beim Einkauf besonders wichtig (z. B. Preis, Qualität)?
- Beziehen Sie auch vorgefertigte Teile?

1. Suche mögliche Antworten in Partnerarbeit.
2. Erstellt in Gruppenarbeit (8 Gruppen) Fragenkataloge zu folgenden Bereichen:

Fertigung	Verkauf	Sicherheitsbestimmungen	Mitarbeiter
Rechnungswesen	Umweltschutz	Ausbildung	Sonstige Fragen

3. Finde konkrete Unternehmen aus deiner engeren Heimat für die Wirtschaftsbereiche Landwirtschaft, Handwerk, Industrie und Dienstleistungen.
4. Erstelle aus beschafften Broschüren eine Collage.
5. Formuliere je eine Frage im Rahmen einer Betriebserkundung zu jedem der nachfolgenden Begriffe.
6. Suche zu jedem Buchstaben einen weiteren passenden Begriff, der für eine Betriebserkundung interessant ist.

B	erufsausbildung
E	inkauf
T	echnik
R	isiko
I	nternet
E	rzeugnisse
B	uchführung
S	icherheitsvorschriften
E	inkaufsabteilung
R	echnungswesen
K	unden
U	msatz
N	iederlassung
D	ateien
U	mweltschutz
N	achfrage
G	eschäftsausstattung

B	?????
E	?????
T	?????
R	?????
I	?????
E	?????
B	?????
S	?????
E	?????
R	?????
K	?????
U	?????
N	?????
D	?????
U	?????
N	?????
G	?????

ALLES KLAR?!?!?

Durch die **Betriebserkundung** erhältst du erstmals einen vertieften Einblick in die **Aufgaben** und in den **Aufbau eines Unternehmens.** Du kannst Praxis erleben, Theorie und Praxis vergleichen, Informationen sammeln und Meinungen hören. Dabei darf allerdings nicht übersehen werden, dass sich bei der Betriebserkundung manches anders darstellt als später im beruflichen Alltag.

Tipps für die Durchführung einer Betriebserkundung

- Nur überlegt gestellte Fragen verhelfen zu den gewünschten Ergebnissen.
- Sei höflich und freundlich, du bist Gast in einem Unternehmen.
- Verwende eine Schreibunterlage.
- Sprich klar und deutlich.
- Nutze die Arbeitsteilung: einer fragt, die anderen notieren.
- Verwende unterschiedliche Frageformen, möglichst wenige, auf die man „ja" oder „nein" antworten kann.
- Frage nur das, was ihr selbst nicht sehen könnt.
- Bleibe bei deiner Gruppe.
- Halte dich an die Anweisungen.
- Habe Mut Fragen zu stellen.
- Sei in der Nähe von Maschinen vorsichtig.
- Bitte bei Einsatz einer Foto-/Videokamera erst um Erlaubnis.
- Vergiss nicht zu danken.
- Werte deine Aufzeichnungen aus.
- Erinnere dich während des Schuljahres immer wieder an diese Praxisbegegnung!

2.2 Der Standort der Unternehmen

Nach der Meisterprüfung in einer Möbelfabrik und seiner mehrjährigen Tätigkeit als Schreinermeister hatte Hans Glück sich selbstständig gemacht und sich mit seiner Schreinerei in einem Gewerbegebiet am Rande der Stadt niedergelassen.

Hier findet man eine erstaunliche Vielfalt von insgesamt 247 Gewerbetreibenden: Photovoltaik, Internethandel, Bauernhof, Sägewerk, Werkzeugmaschinenbau, Fensterfabrik, Hoch- und Tiefbau, Glaserei, Hotel, Tankstelle, Friseur, Massagepraxis, Gartenbau, Kfz-Reparaturwerkstatt, Drogeriemarkt, Heizungsbau und Sanitärinstallation, Versicherungsagentur, Fahrschule, Hausmeisterservice, Immobilienmakler, Soft- und Hardwareberatung, Textileinzelhandel, Wildverarbeitung, Zimmerei, Elektroinstallation und Raumausstatter. Und natürlich gibt es die Schreinerei Hans Glück, in Konkurrenz mit zwei weiteren Schreinereien.

Welche Überlegungen könnten Schreinermeister Hans Glück veranlasst haben, sich ausgerechnet hier niederzulassen?

i

Warum gibt es in der größten Wüste der Welt, der Wüste Sahara, keine Schreinereien?

Diese Frage braucht dir das Buch nicht zu beantworten, du findest sicher selbst viele Antworten darauf. Hans Glück hat sein Unternehmen aus mehreren Gründen gerade an diesem Standort errichtet. Die nachfolgenden **Standortfaktoren** waren für seine Standortwahl entscheidend.

Allgemeine Standortfaktoren

- Herr Glück wohnt seit seiner Geburt am Standort und möchte mit seiner Familie nicht nur wegen der Lebensqualität (Bildungs-, Einkaufs-, Freizeitmöglichkeiten) dort bleiben.
- Öffentliche Förderungsmöglichkeiten und eine angemessene Steuersituation (Grund- und Gewerbesteuer) sind gegeben.
- Die Umweltschutzauflagen im Gewerbegebiet sind erfüllbar.

Produktionsbezogene Standortfaktoren

- Er konnte ein Grundstück mit guten Bebauungs- und Ausdehnungsmöglichkeiten sowie guter Erreichbarkeit günstig erwerben.
- Die Möglichkeiten der Energieversorgung (Strom, Wasser, Gas, Internet) und der Entsorgung (Kanal, Abfall, Sondermüll) sind voll gegeben.
- Die Materialbeschaffung ist durch die nahe gelegenen Sägewerke gesichert.
- Aus der näheren Umgebung stehen genügend qualifizierte Arbeitskräfte zur Verfügung.

Absatzbezogene Standortfaktoren

- Die Konkurrenzsituation ist mit nur noch zwei weiteren Schreinereien in der näheren Umgebung erträglich.
- Der Standort hat eine günstige Verkehrslage.

Die **Standortentscheidung** von Hans Glück fiel also anhand mehrerer Standortfaktoren.

Sie war richtig. Die gute Auftragslage und die erfreulichen Gewinne beweisen es.

Die **Standortbedingungen** entscheiden letztendlich über den wirtschaftlichen Erfolg und haben Auswirkungen auf die Wettbewerbsfähigkeit und auf die Höhe der Kosten und des Gewinns.

Für die Gemeinde bzw. Region bedeutet jede Betriebsansiedlung zusätzliche Steuereinnahmen, Arbeits- und Ausbildungsplätze und Anreiz für die Ansiedlung weiterer Betriebe, aber auch Umweltbelastungen durch höheres Verkehrsaufkommen, Lärm und Abgase.

73 Bearbeitet diese vier Arbeitsaufträge in der Gruppe.

1. Informiert euch bei der Gemeinde- bzw. Stadtverwaltung euerer Schule über deren Standortfaktoren. Beschafft dazu Informationsmaterial und Daten.
2. Sucht drei Faktoren heraus, die für die Schreinerei Glück von ganz besonderer Bedeutung sind.
3. Untersucht die Auswirkungen der Standortwahl auf den Unternehmenserfolg.
4. Untersucht die Auswirkungen der Betriebsansiedlung der Schreinerei Glück auf die Gemeinde.

74 Wähle drei Unternehmen im Einzugsbereich deiner Realschule und untersuche die möglichen Gründe für deren Standortwahl.

75 Ein Hersteller von Kisten und Paletten sucht einen neuen Standort. Bestimme die für ihn nach deiner Meinung drei wichtigsten Standortfaktoren und begründe deine Entscheidung.

76 Im nachfolgenden Schaubild wird zwischen „harten" und „weichen" Standortfaktoren unterschieden. In letzter Zeit kommt aus der Sicht der Unternehmen den sogenannten „weichen" Faktoren immer mehr Bedeutung zu. Begründe diese Entwicklung und befrage dazu Unternehmer in deiner näheren Umgebung.

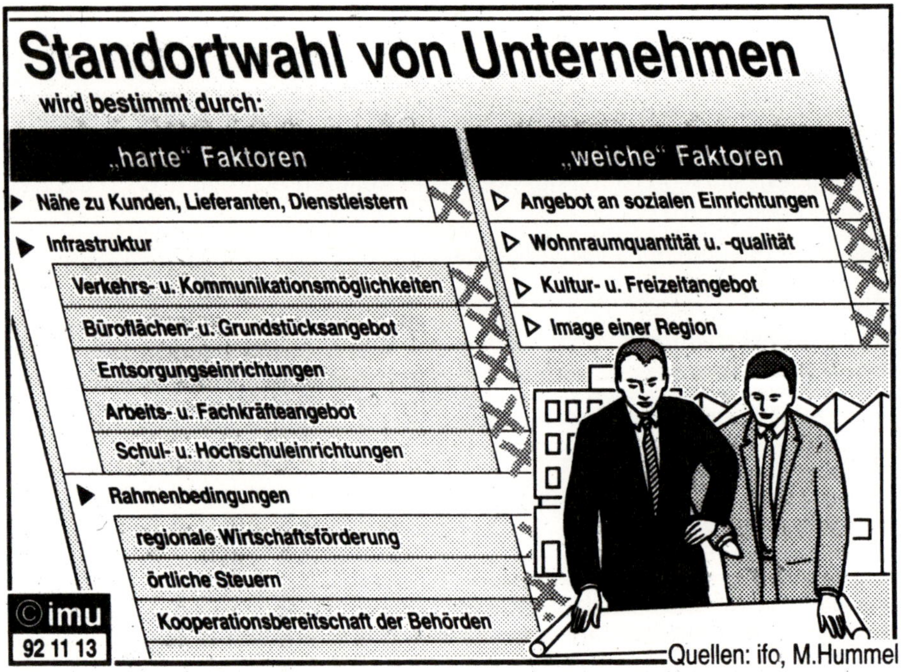

Herr Glück hat daran gedacht, in Tschechien einen Zweigbetrieb einzurichten. Untersuche in Partnerarbeit, welche Vor- bzw. Nachteile dazu führen, dass in letzter Zeit viele deutsche Unternehmen für neue Niederlassungen einen Standort im Ausland wählen. 77

Warum haben Automobilhersteller Standorte wie Dingolfing, Regensburg und Ingolstadt gewählt? 78

Am Ort der Niederlassung der Schreinerei Hans Glück hat ein Einkaufsmarkt seinen Standort gewählt. Suche Gemeinsamkeiten und Unterschiede bei der Standortwahl beider Betriebe. 79

Wie wirkt sich für dich die Standortwahl der Unternehmen auf deine Situation als Verbraucher bzw. Ausbildungs- und Arbeitsplatzsuchender aus? 80

ALLES KLAR ?!?!?

Den Ort der Niederlassung eines Betriebes bezeichnet man als Standort. Die Wahl des Standorts ist eine Entscheidung, die den wirtschaftlichen Erfolg eines Unternehmens, den Umsatz und die Kosten maßgeblich bestimmt. Die Standortwahl muss deshalb sorgfältig unter Berücksichtigung der Standortfaktoren geplant werden. Dabei ist die Abwägung aller Faktoren notwendig.

Standortwahl

allgemeine Standortfaktoren

Standort

produktionsbezogene Standortfaktoren

absatzbezogene Standortfaktoren

2.3 Die Rechtsform eines Unternehmens

Herr Glück muss jeden Tag eine Vielzahl von unternehmerischen Entscheidungen mit wirtschaftlichem und rechtlichem Hintergrund treffen. Heute war er ganz besonders gefordert: Die Bestellung einer neuen Hobelmaschine, das Angebot über die Lieferung von Spezialcomputertischen an einen Büromöbelmarkt, die Aufnahme eines Kredits bei seiner Bank, der Handykauf, der Abschluss eines Ausbildungsvertrages mit einem Auszubildenden und die Bearbeitung einer Kundenreklamation verlangten seinen ganzen Einsatz.

Schon bei der Gründung seines Unternehmens hatte er sich deshalb überlegt, ob er alleine oder mit weiteren Partnern unternehmerisch tätig werden sollte.

i

Das Gesetz ermöglicht die Auswahl zwischen verschiedenen **Rechtsformen.** Neben **Einzelunternehmen** sind auch **Gesellschaftsunternehmen** möglich.

Rechtsformen	
↓	↓
Einzelunternehmen	**Gesellschaftsunternehmen**

Rund 90% aller Unternehmen in Deutschland sind Einzelunternehmen.

In der abschließenden Besprechung bei der Betriebserkundung hat Herr Glück die nachfolgenden Vor- und Nachteile des Einzelunternehmens genannt.

Vorteile	**Nachteile**
Unabhängigkeit	alleinige Haftung
Entscheidungsfreiheit	starke Arbeitsbelastung
alleiniger Gewinn	beschränkte finanzielle Möglichkeiten

Gesetzliche Grundlage für das Einzelunternehmen ist das **Handelsgesetzbuch (HGB).**

Herr Glück hatte sich nach Abwägen aller Vor- und Nachteile für ein Einzelunternehmen entschieden, denn nach vielen Jahren als Arbeitnehmer wollte er endlich „sein eigener Herr" sein. Er geht aber davon aus, dass sich für ihn immer wieder die Frage stellt, ob er einen oder sogar mehrere Partner in sein Unternehmen aufnehmen soll und damit sein Einzelunternehmen in ein Gesellschaftsunternehmen umwandeln soll.

Durch die Zeitung erfuhr Herr Glück, dass die Internetfirma, die seine Homepage erstellt hatte, in ein Gesellschaftsunternehmen umgewandelt worden ist.

Aus der Passauer Neuen Presse vom Samstag, 02.09.20..

Mit 16 erste Firma gegründet, mit 19 AG aufgebaut und jetzt sogar auf dem Sprung in den US-Markt.

Mit 19 bzw. 21 Jahren knapp 20 Mitarbeiter beschäftigen und siebenstellige Umsätze erwirtschaften? Dieses Kunststück ist Jochen und Christoph Berger aus Röhrnbach bei Waldkirchen im Landkreis Freyung-Grafenau nach eigener Aussage gelungen. Und sie wollen weiter expandieren. Am Donnerstag haben sie ihre Internet-Firma „Intergenia" in eine ***„Aktiengesellschaft"*** umgewandelt.

Das Einzelunternehmen Intergenia möchte weiter expandieren, sich weiter ausdehnen. Dazu benötigt es zusätzliche finanzielle Mittel und hat dafür folgende Quellen:

- eigenes Kapital (das wäre die beste Lösung)
- Mittel von Freunden und Verwandten (das wäre die billigste Lösung)
- Kredit von einer Bank (das wäre die teuerste Lösung) oder
- eine neue Rechtsform, die es ermöglicht, dass sich fremde Kapitalgeber am Unternehmen beteiligen.

Die **Aktiengesellschaft (AG)** bietet diese Möglichkeiten. Gesetzliche Grundlage für die Aktiengesellschaft ist das **Aktiengesetz (AktG).**

Das Eigenkapital (mindestens 50.000,00 €) wird über Anteilscheine in Form von **Aktien** aufgebracht. Sie können über die Bank an der Börse erworben werden.

Die Inhaber der Aktien heißen **Aktionäre.** Sie erhalten aus dem Gewinn der AG einen anteilsmäßigen Gewinn als **Dividende.** Ihre Haftung begrenzt sich auf ihre Anteile. Sie brauchen im Unternehmen nicht mitzuarbeiten, das besorgen andere.

Zur Leitung der AG wird ein **Vorstand** bestellt, der von einem **Aufsichtsrat** kontrolliert wird. Alle Aktionäre treffen sich mindestens einmal im Jahr zur **Hauptversammlung**.

Stückaktie Borussia Dortmund (Inhaberaktie)

Kläre mithilfe des Internets die Begriffe Stückaktie und Inhaberaktie und informiere dich über Borussia Dortmund.

Exkurs:

Im Gewerbegebiet, in dem sich die Schreinerei Hans Glück niedergelassen hat, haben 202 Einzelunternehmen (rund 82%) und 45 Gesellschaftsunternehmen (rund 18%) ihren Standort.

Rund 2/3 der Gesellschaftsunternehmen haben die Rechtsform der GmbH.

Die Gesellschaft mit beschränkter Haftung (GmbH) erfreut sich großer Beliebtheit. Der Ausschluss der persönlichen Haftung, das Mindestkapital von nur 25.000 EUR (€) und die Möglichkeit der Gründung einer „Gesellschaft" nur durch eine Person als „Ein-Mann-GmbH" sind die Gründe.

81 Suche dir in den „gelben Seiten" Unternehmen aus drei verschiedenen Branchen heraus und stelle fest, welche Rechtsform jeweils vorliegt.

82 Viele von euch sind bereits Mitglied in einem Verein. Vergleiche Verein und AG.

Verein	?????	?????	?????	?????
Aktiengesellschaft	Aktionäre	Vorstand	Aufsichtsrat	Hauptversammlung

83 Jede AG ist verpflichtet, Unterlagen des Unternehmens zu veröffentlichen.

Führe eine **Befragung** (eventuell auch Telefonbefragung oder Informationen aus dem Internet) in einer Aktiengesellschaft in deinem näheren Wohn- bzw. Schulbereich durch und kläre folgende Punkte:

1. Firmenbezeichnung
2. Branche/Tätigkeitsgebiet des Unternehmens
3. Wesentliche Standortfaktoren
4. Beschäftigtenzahl
5. Umsatz in Euro (€)
6. Zukunftserwartungen des Unternehmens

Die Aufnahme der Ergebnisse kann schriftlich oder digital erfolgen.

84 Welche der nachfolgenden Faktoren haben Einfluss auf die Wahl der Rechtsform? Begründe deine Entscheidungen.

1. Beschaffung des Kapitals
2. Erstellung einer Firmen-Homepage
3. Anzahl der Unternehmensgründer
4. Haftung
5. Einrichtung von Ausbildungsstellen
6. Steuerliche Überlegungen
7. Arbeitsbelastung in der Unternehmensführung
8. Standort
9. Alter der Unternehmensgründer
10. Gewinnverteilung

85

Sicher warst du mit deiner Internetrecherche zur Aktie auf der Seite 87 erfolgreich. Auch bei dieser Aufgabe kannst du dich, falls nötig, im Internet informieren.

Aktien können wie folgt eingeteilt werden:

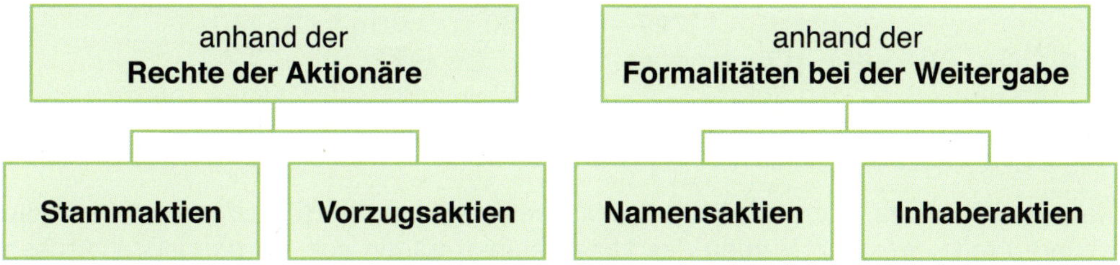

Welcher dieser vier Aktientypen passt zu welcher Aussage?

1. Die Eigentümer dieser Aktien sind im Aktienbuch der AG erfasst, also dem Unternehmen bekannt.
2. Diese Aktien sind mit Vorrechten ausgestattet. Die Aktionäre erhalten z. B. eine höhere Dividende.
3. Die AG weiß nicht, in wessen Eigentum momentan ihre Aktien sind.
4. Die überwältigende Mehrheit der von Aktiengesellschaften ausgegebenen Aktien gehören zu diesem Aktientyp.

ALLES KLAR?!?!?

Die Wahl der geeigneten Rechtsform ist, wie die Wahl des Standorts, eine Entscheidung von grundsätzlicher Bedeutung für jedes Unternehmen.
Die Rechtsform hat Auswirkungen auf Haftung, Steuerbelastung, Organisation und Möglichkeiten der Eigenkapitalbeschaffung.

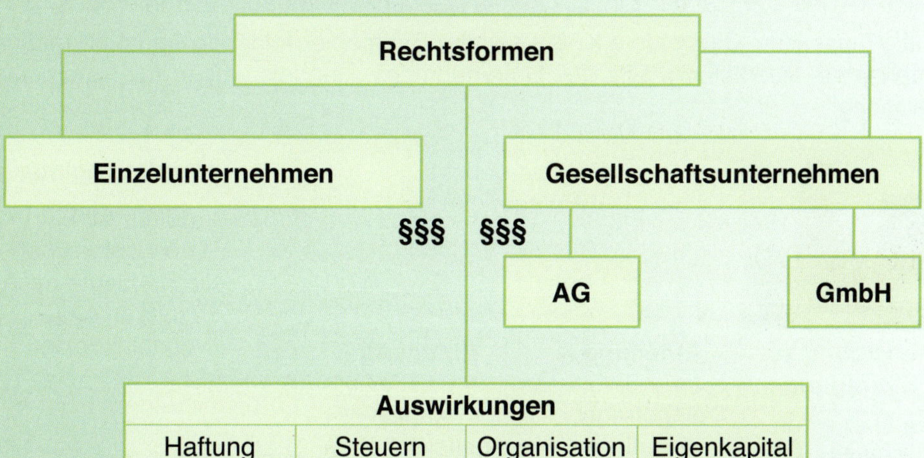

2.4 Der Name eines Unternehmens

Auszug aus der (Regensburger Neuen Presse) RNP vom 20.10.20..:

Amtliche Anzeigen **Handelsregister**	HRA 12799 – 03.10.20.. Schreinerei Glück e.K. Ort der Niederlassung: Regensburg, Schreinerei – Geschäftsinhaber Glück Hans, geb. 05.05.1971, Regensburg

Nach der Wahl des Standorts und der Entscheidung über die Rechtsform stellt sich die weitere Frage, welchen Namen das Unternehmen tragen soll. Im handelsrechtlichen Sinne wird der Name eines Unternehmens unter dem es tätig wird und in der Öffentlichkeit bekannt ist, als **Firma** bezeichnet. Ein Firmenname ist nur dann zulässig, wenn er nicht mit anderen, bereits bestehenden Firmennamen verwechselt werden kann. Die Firma entsteht erst durch die Eintragung in das Handelsregister. Das **Handelsregister** ist ein öffentliches Verzeichnis, das beim Amtsgericht (Registergericht) geführt wird. Alle Unternehmen müssen sich bei Vorliegen bestimmter Voraussetzungen eintragen lassen.

Für Hans Glück als Einzelkaufmann „eingetragener Kaufmann“ = e.K. ergaben sich folgende Möglichkeiten:
Hans Glück e.K. oder Schreinerei Glück e.K.
Herr Glück hat die zweite Möglichkeit in das Handelsregister eintragen lassen.
Im Vergleich dazu erinnern wir uns an die Firma Intergenia (siehe Seite 86). Sie muss sich mit dem Zusatz AG eintragen lassen, also Intergenia-AG.
Eintragungen in das Handelsregister erfolgen über einen Notar.
Alle Eintragungen werden auch in der örtlichen Tagespresse veröffentlicht.
Eintragungen sind gebührenpflichtig (Notar, Gericht, Veröffentlichung).
Auch Änderungen, wie z. B. Verlegung des Firmensitzes, Einrichtung einer Zweigniederlassung, müssen eingetragen werden.

Das Handelsregister ist öffentlich, auf die Richtigkeit der Eintragungen kann man sich verlassen. Seit 2007 ist der Einblick in das Handelsregister auch per Internet möglich.

Künftig muss Herr Glück als e.K. auf seinem Briefpapier folgende Angaben machen: Firmenname, Rechtsform, Sitz des Unternehmens, Handelsregister mit Nummer der Eintragung.

	Registergericht (Amtsgericht)	
Anmeldung zur Eintragung ➔ über einen Notar	**Abteilung A** eingetragene Kaufleute	**Abteilung B** Kapitalgesellschaften (AG, GmbH)

Handelsregister

öffentliches Verzeichnis über alle Kaufleute nach HGB im Amtsgerichtsbezirk

Erkunde beim Amtsgericht:

1. Die Möglichkeit der Einsichtnahme in das Handelsregister (rechtliche Bestimmungen, Öffnungszeiten, Kopiermöglichkeiten). 86
2. Informiere dich über die Kosten von Eintragungen.
3. Besorge die Eintragung eines Unternehmens deiner Wohnsitzgemeinde (Abschrift oder Kopie).
4. Werte die Eintragung aus (Firma, Standort, Rechtsform, Sonstiges).

Entscheide, ob die nachfolgenden Aussagen richtig (r) oder falsch (f) sind: 87

		r	f
1.	Eine AG muss in das Handelsregister eingetragen werden	?	?
2.	Firma ist gleichbedeutend mit der Rechtsform eines Unternehmens	?	?
3.	Das Handelsregister wird bei der Industrie- und Handelskammer geführt	?	?
4.	Die Eintragung in das Handelsregister ist gebührenpflichtig	?	?
5.	Eingetragene Kaufleute stehen in der Abteilung B des Handelsregisters	?	?
6.	Handelsregistereintragungen werden in der Tagespresse veröffentlicht	?	?
7.	Das Registergericht befindet sich beim Landgericht	?	?

Die Schreinerei Hans Glück wird in einer E-Mail (siehe Seite 77) sowohl als **Betrieb** als auch als **Firma** oder **Unternehmen** bezeichnet. 88
Kläre (als Hausaufgabe) unter Einsatz von Hilfsmitteln (Lexika, Internet, Befragung) die drei Begriffe.

Welche der nachfolgenden Ereignisse in der Schreinerei Glück hätten Eintragungen in den Abschnitten Veränderungen bzw. Löschungen des Handelsregisters zur Folge? 89

1. Herr Glück verlegt den Firmensitz in die Nachbargemeinde.
2. Herr Glück erhält die Berechtigung im Ausbildungsberuf Schreiner auszubilden.
3. Herr Glück verlegt den Standort seiner Schreinerei nach Österreich.
4. Herr Glück ändert die Firmenbezeichnung.

ALLES KLAR?!?!?

- **Firma** im rechtlichen Sinne ist der Name, unter dem ein im **Handelsregister** eingetragenes Unternehmen tätig wird und in der Öffentlichkeit bekannt ist.
- In das Handelsregister, das beim Amtsgericht als ein öffentliches Verzeichnis geführt wird, müssen alle Unternehmen, die einen kaufmännisch eingerichteten Geschäftsbetrieb benötigen und alle Kapitalgesellschaften (z. B. AG, GmbH) eingetragen werden.
- Das Handelsregister genießt öffentlichen Glauben, das bedeutet, dass jeder auf die Richtigkeit der Eintragungen oder Bekanntmachungen vertrauen darf.

2.5 Aufbau und Wandel der Wirtschaft

2.5.1 Aufbau der Wirtschaft

Am Standort der Schreinerei Glück haben sich weitere 246 Gewerbetreibende niedergelassen. Sie alle produzieren Leistungen. Direkte Nachbarn am Gewerbering sind eine große Fensterfabrik, eine Fleischwarenfabrik und eine Glaserei, am Ortseingang befinden sich eine Tankstelle und ein Großhandelsbetrieb für Nahrungsmittel und Getränke und in der Ortsmitte sind unter anderen ein Steuerberater und eine Massagepraxis mit Sauna und Solarium.

Die verschiedenen Unternehmen können zu **Wirtschaftszweigen** (Branchen), wie z. B. Industrie, Handwerk, Handel und Dienstleistungen, zusammengefasst werden. Eine weitere Unterteilung ist möglich, z. B. Fleischwarenindustrie, Glaserhandwerk, Nahrungsmittelgroßhandel, verarbeitendes Gewerbe, Leder-, Textil- und Bekleidungsgewerbe, Spinnerei, Seidenspinnerei.

Je nach Art der Leistungen können Unternehmen grundsätzlich in zwei Gruppen eingeteilt werden.

Unternehmen sind	
Fertigungsunternehmen	**Dienstleistungsunternehmen**
↓ **und produzieren**	↓
Sachgüter z. B. Schreinerei, Fensterfabrik, Fleischwarenfabrik	**Dienstleistungen** z. B. Tankstelle, Steuerberater, Massagepraxis

Fertigungsunternehmen lassen sich weiter unterteilen in **Handwerksunternehmen** und **Industrieunternehmen.** Typische Unterscheidungsmerkmale sind beispielsweise:

Fertigungsunternehmen	
Handwerksunternehmen (z. B. Schreinerei)	**Industrieunternehmen** (z. B. Fensterfabrik)
• den Betrieb leitet ein Meister, • der Betrieb beschäftigt wenig Mitarbeiter, • vorwiegend Handarbeit unter Verwendung von Maschinen, • kleinere und mittlere Betriebsgrößen.	• den Betrieb leiten meist mehrere Personen, • der Betrieb beschäftigt viele Mitarbeiter, • Einsatz vieler und großer Maschinen, oft von beachtlicher Größe.

Bei den Dienstleistungsunternehmen unterscheiden wir zwischen **Handelsunternehmen** und **sonstigen Dienstleistungsunternehmen**.

Dienstleistungsunternehmen	
Handelsunternehmen (z. B. Tankstelle)	**Sonstige Dienstleistungsunternehmen** (z. B. Massagepraxis)
• Sie kaufen von anderen Unternehmen Handelswaren ein und verkaufen sie ohne Bearbeitung weiter. • Ihre Dienstleistung ist die Güterverteilung.	• Sie handeln nicht mit Handelswaren, sondern bieten sonstige Dienstleistungen an.

2.5.2 Wandel der Wirtschaft

Quelle: Polizei Bayern, www.polizei.bayern.de

Finde zu obenstehenden Abbildungen die entsprechenden Dienstleistungsberufe.

(Quelle: Statistisches Bundesamt Deutschland. Aktualisiert am 05. Januar 2011)		Erwerbstätige im Inland nach Wirtschaftssektoren Deutschland in %						
Sektoren*	**Bereiche**	**1950**	**1960**	**1970**	**1980**	**1990**	**2000**	**2010**
primär	Land- und Forstwirtschaft	24,6	13,7	8,4	5,1	3,5	2,4	2,1
sekundär	Handwerk und Industrie	42,9	47,9	46,5	41,1	36,6	28,9	24,4
tertiär	Dienstleistungen	32,5	38,3	45,1	53,8	59,9	68,7	73,5

* Der Wandel der Wirtschaftsstruktur (Veränderungen im Aufbau der Wirtschaft) kann besser beobachtet werden, wenn die vielen Wirtschaftszweige zu drei Bereichen, den **Sektoren** zusammengefasst werden. (Du kennst den Begriff Sektor = Kreisausschnitt aus der Mathematik.) Der **primäre** (erste) **Sektor** umfasst die Land- und Forstwirtschaft, zum **sekundären** (zweiten) **Sektor** gehört das verarbeitende Gewerbe mit Industrie und Handwerk und der **tertiäre** (dritte) **Sektor** ist der so genannte Dienstleistungssektor.

Wie du aus der Statistik sehen kannst, wird der Dienstleistungssektor immer umfangreicher. Nenne dafür mögliche Gründe.

i

Dienstleistungen sind Leistungen, die nicht unmittelbar mit der Herstellung einer Ware etwas zu tun haben. Dienstleistungen vollziehen sich entweder am oder für den Menschen. Diese Leistungen können ein Rat, eine Hilfe, eine Information, ein kultureller Wert oder die Übernahme einer Arbeit sein.

Der **Dienstleistungssektor steigt** und steigt. Die Gründe dafür sind vielfältig. Durch die Mechanisierung, Automatisierung, Rationalisierung und durch neue Technologien hat sich in der Landwirtschaft und in den Handwerks- und Industriebetrieben ein großer Wandel vollzogen. Weniger Menschen erzeugen mehr Güter.

Die Verkürzung der Arbeitszeit bringt mehr Freizeit. Die Freizeitangebote wachsen und damit auch die Berufe in diesem Bereich. Der Markt für Dienstleistungen wird auch umfangreicher, weil Menschen immer älter werden und Pflege brauchen, weil Menschen ein Leben lang lernen müssen und dafür Bildungsangebote benötigen, weil Menschen sich informieren und unterhalten wollen und dafür die modernen Medien nutzen usw.

Es werden vier **Dienstleistungsbereiche** unterschieden:

- **Produktionsnahe Dienstleistungen** (z. B. Wartung, Versicherungen, Werbung)
- **Verteilende Dienstleistungen** (z. B. Handel, Verkehr, Kommunikation)
- **Soziale Dienstleistungen** (z. B. Pflege, Betreuung, Bildung)
- **Staatliche Dienstleistungen** (z. B. Abfallbeseitigung, Sicherheit)

Der primäre und der sekundäre Wirtschaftssektor schrumpfen, der Wandel von der Agrar- zur Industrie- und dann zur Dienstleistungsgesellschaft ist im Gange.

Dieser Strukturwandel von der Industrie- zur **Informations-, Wissens- und Dienstleistungsgesellschaft** führt zur Veränderung der Arbeitswelt und hat erhebliche Konsequenzen für Schule und Ausbildung.

Neue Fächer wie Informatik und Kommunikationstechnologie und **neue Ausbildungsberufe,** wie z. B. Fachinformatiker, Informations- und Kommunikationssystemelektroniker und Informationskaufmann, sind entstanden und müssen ständig weiterentwickelt werden.

Die dynamische Entwicklung der Informations- und Kommunikationstechnologien (mehr als 50 Prozent aller Arbeitsplätze werden durch sie entscheidend beeinflusst) hat dazu geführt, dass das Drei-Sektoren-Modell manchmal schon um einen vierten Sektor, den Informationssektor, erweitert wird.

90 Ordne folgende Unternehmen bzw. Einrichtungen den Dienstleistungsbereichen produktionsnah, verteilend, sozial und staatlich zu:

Bank, Deutsches Museum München, Werbeagentur, Gericht, Versicherungen, Schule, Gaststätte, Kaufhaus, Spedition, Krankenhaus, Pizza-Service, Südostbayerisches Städtetheater Passau, Rechtsanwaltskanzlei, Baumfälldienst, Telefonanlagenwartung, Internetservice, Weiterbildungsinstitut, Pflegeheim GmbH, Hausmeisterservice.

91 Finde zu folgenden Dienstleistungsbereichen jeweils einen Beruf:

Werbung, Staat, Hotel- und Gaststättengewerbe, Bildung, Medien, Beratung, Gesundheitswesen, Unterhaltung, Reisebranche, Kunst.

Hotels und Gaststätten bieten als Dienstleistung Gastlichkeit und Service. 92
Welche Dienstleistungen werden von folgenden Unternehmen bzw. Einrichtungen angeboten?
Gemeinde- und Landkreisverwaltung, Realschule, Krankenhaus, Polizeidienststelle, Altenwohnheim, Banken, Amtsgericht.

In der Gemeinde, in der sich Hans Glück mit seiner Schreinerei niedergelassen hat, ergab die letzte Betriebsstättenzählung nach Auskunft der Gemeindeverwaltung weitere 246 Gewerbetreibende (siehe Übersicht!). 93

Betriebe	Anzahl	Prozent
Land- und Forstwirtschaft	11	?????%
Industrie und Handwerk	32	?????%
Dienstleistungen	204	?????%
	247	100%

Berechne die Anteile der drei Sektoren in Prozent und vergleiche sie mit der Statistik Seite 93, Spalte für das Jahr 2010.

Ordne die nachfolgenden Berufe den Wirtschaftssektoren zu. 94
Landwirt, Landschaftsplaner, Bäcker, Lehrerin, Masseur, Bankangestellte, Buchhändler, Busfahrerin, Gastwirt, Frisör, Zahnarzt, Verkäufer, Kommunikationssystemelektroniker, Erzieherin, Schreiner, Medienberaterin, Softwareentwickler, Floristin, Steuerberater.

Erkunde aktuelle Zahlen zu den Wirtschaftssektoren in deiner Gemeinde (telefonische oder direkte Befragung). 95

Kläre die Begriffe „Greencard“ und „Outsourcing“ und ihren Zusammenhang mit dem Strukturwandel (Nutze das Internet). 96

ALLES KLAR?!?!?

Der Weg zur Dienstleistungs- und Informationsgesellschaft

Agrargesellschaft

↓

Industriegesellschaft

↓

Dienstleistungs- und Informationsgesellschaft

2.6 Aufbau und Aufgaben eines Unternehmens

2.6.1 Fertigungsunternehmen

Aus der Homepage der Schreinerei Glück http://www.hans-glueck.xyz

Schreinerei Hans Glück

Wir fertigen für Sie nach Maß:

Küchen, Wohnmöbel, Büromöbel, Badezimmereinrichtungen, Fenster, Treppen, Türen, Balkongeländer, Wintergärten, Insektenschutzgitter.

Fotorealistische Entwurfspräsentation
Individuelle Einzelfertigung
Montageservice

Optimale Wohnkultur ganz in Ihrem Sinne!

Die Homepage der Schreinerei Hans Glück zeigt ein vielseitiges Fertigungsprogramm. Ob Türen oder Büromöbel, in allen Fällen werden Sachgüter gefertigt.

Dabei werden stets drei Stationen durchlaufen:

Beschaffung → Produktion → Absatz

Die Steuerung und Überwachung des Betriebsablaufs erfolgt durch die **Verwaltung** im Auftrag der **Unternehmensleitung.**

Beschaffung
Einkauf von Roh-, Hilfs-, Betriebsstoffen

↓

Produktion
Fertigung von Fertigerzeugnissen unter Einsatz von menschlicher Arbeit und Maschinen

↓

Absatz
Verkauf von Fertigerzeugnissen

↓

Die **Koordination** aller Aufgaben erfolgt durch die **Verwaltung** im Auftrag der

↓

Unternehmensleitung

In größeren Fertigungsunternehmen werden bestimmte Aufgaben von bestimmten Abteilungen wahrgenommen. Die folgende Darstellung zeigt den Aufbau eines Fertigungsunternehmens mit den wichtigsten Aufgaben und Abteilungen.

	Unternehmensleitung	
Organisation	**Planung**	**Kontrolle**
Kaufmännische Abteilung	**Rechnungswesen**	**Technische Abteilung**
Einkaufsabteilung	**Fertigung**	**Verkaufsabteilung**

Nenne jeweils einen anderen Begriff für Beschaffung, Produktion und Absatz. **97**

Im Fertigungsunternehmen Martin Huber werden Gartentore aus Schmiedeeisen gefertigt. Herr Huber ist gelernter Schlossermeister und beschäftigt vier Gesellen und zwei Auszubildende. **98** Seine künstlerische Gestaltung der Gartentore ist bei Kunden sehr gefragt, sodass er lange Lieferzeiten hat. Entscheide an Hand dieser Informationen, ob es sich um einen Industrie- oder Handwerksbetrieb handelt und begründe deine Entscheidung.

Ordne die nachfolgenden Tätigkeiten den Aufgaben und Abteilungen zu:
Einbauschrank planen, Teile zuschneiden, Holz einlagern, Beschläge und Schrauben einkaufen, Kredite beschaffen, Montageschreiner schulen, Werbeprospekte entwerfen, Maschinen einrichten, Möbel ausliefern, Mitarbeiter einstellen, Anrufbeantworter besprechen und mit Musikeinspielung ausstatten, weiteres Bankkonto einrichten, Gehälter überweisen, Heizöl einkaufen, Einbauschrank liefern und einbauen, Kunden beraten, Urlaub regeln, Auszubildende einstellen. **99**

Suche jeweils drei konkrete Aufgaben für jede Abteilung im Fertigungsunternehmen und suche den zur Wahrnehmung dieser Aufgaben passenden Ausbildungsberuf. **100**

Welche Abteilungen in einer Möbelfabrik beantworten folgende Fragen? **101**
- Wo gibt es preiswertes Ahornholz?
- Wie können wir neue Kunden gewinnen?
- Wie soll die Stellenanzeige für den gesuchten Schreiner aussehen?

- Wie können wir die Ausschussproduktion verhindern?
- Sollen wir uns auch um ausländische Kunden bemühen?
- Wie können wir den Umsatz steigern?
- Woher bekommen wir qualifizierte Mitarbeiter?

ALLES KLAR?!?!?

Fertigungsunternehmen gliedern ihren **Aufbau** so, dass die zu erfüllenden **Aufgaben** bestimmten **Abteilungen** zugewiesen werden. In allen Fertigungsunternehmen finden wir grundsätzlich die drei Bereiche **Beschaffung, Produktion und Absatz.** Zwischen den Bereichen müssen Informationen ausgetauscht werden. Dies zu organisieren ist Aufgabe der **Unternehmensleitung.** Sie bedient sich dazu der **Verwaltung.**

Unternehmensleitung (Verwaltung)		
Beschaffung (Einkauf)	**Produktion** (Fertigung)	**Absatz** (Verkauf)

2.6.2 Betriebliche Produktionsfaktoren

Die Schreinerei Hans Glück muss zur Fertigung einer Einbauküche nach Maß bestimmte Produktionsfaktoren möglichst geschickt einsetzen, um das gewünschte Ergebnis zu erreichen.

Werkstoffe

- Rohstoffe, wie Holz als Hauptbestandteil und Fremdbauteile, wie z. B. Metallgestelle.
- Hilfsstoffe, wie z. B. Schrauben, die zwar ebenfalls in das Produkt eingehen, aber nur Nebenbestandteil sind.
- Betriebsstoffe, die für die Fertigung unentbehrlich sind, wie z. B. Strom, Schmiermittel.

Betriebsmittel

- Immobilien (unbewegliche Gegenstände), wie Grundstücke und Gebäude.
- Mobilien (bewegliche Gegenstände), wie Maschinen und Anlagen, Fuhrpark, Büromaschinen (z. B. Computer) sowie Betriebs- und Geschäftsausstattung (z. B. Büromöbel).

Arbeit

Alle ausführenden und leitenden Arbeiten, körperlich und geistig, technisch und kaufmännisch.

In den Unternehmen von heute steht das Know-how („gewusst wie") im Vordergrund. Deshalb kommt ein vierter Produktionsfaktor

Wissen (Information und Daten) dazu.

Was nützen Maschinen, Rohstoffe und Mitarbeiter, wenn das notwendige Know-how fehlt?
Ob bei der Beschaffung, in der Fertigung oder beim Absatz, immer sind entsprechende Informationen, entsprechendes Wissen und Erfahrung letztendlich entscheidend.

Stelle eine Liste über konkrete Werkstoffe und die Betriebsmittel einer Schreinerei auf. 102

Nenne konkrete betriebliche Produktionsfaktoren in einer Automobilfabrik. 103

Ordne die nachfolgenden Begriffe den vier Produktionsfaktoren in einer Möbelfabrik zu: 104
Software zur Lohnabrechnung, Metallbeschläge für Türen, Montageschreiner, Schmieröl, Werbebrief an Baumärkte, Ahornholz, Buchhalter, Spezialbohrmaschine, Schrauben, Textverarbeitungsprogramm, PC zum Einsatz im Materiallager, Gabelstapler, bezogene Metallgestelle für zu fertigende Computertische, Putzmittel, Auszubildender.

105 Ein Unternehmen beschäftigt 540 Mitarbeiter:
17 Büroangestellte, 69 Ingenieure, 21 Meister, 374 Facharbeiter, 28 Auszubildende, 31 ungelernte Arbeitskräfte.
Erstelle eine Präsentationsgrafik (Tortendiagramm), aus der die prozentualen Anteile der einzelnen Mitarbeitergruppen ersichtlich werden.

106 Suche je ein Beispiel für eine Aufgabe in den Abteilungen des Fertigungsunternehmens, die dem Produktionsfaktor Wissen zugeordnet werden kann.

ALLES KLAR?!?!?

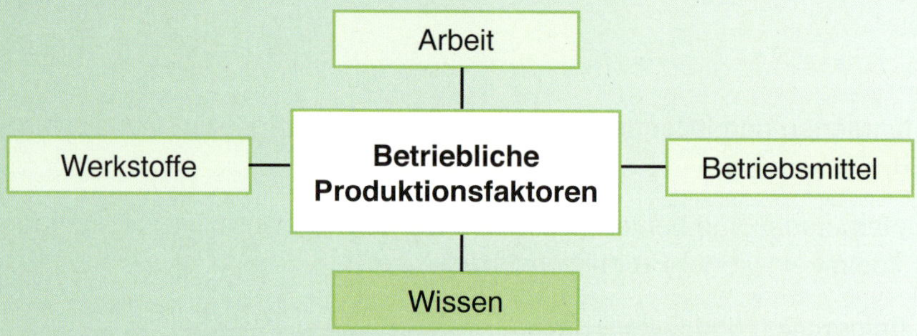

2.6.3 Aufgaben eines Dienstleistungsunternehmens

Hans Glück ist sich bewusst, dass er sein Fachwissen ständig erweitern muss. Deshalb hat er die Fachmesse HOLZHANDWERK im Messezentrum Nürnberg besucht, um sich über neue Holzbearbeitungsmaschinen zu informieren. Über die Schreiner-Innung bekam er ein Veranstaltungspauschalpaket mit Bahnfahrt, Eintritt und Übernachtung.

Sein Hotel, das Messehotel, befand sich in unmittelbarer Nähe des Messezentrums und Messebahnhofs. Bei seinem Aufenthalt im Hotel und im Hotelrestaurant zog er Vergleiche mit seinem Unternehmen. Sehr schnell wurde ihm klar, dass das Hotel kein Fertigungsunternehmen wie seine Schreinerei, sondern ein **Dienstleistungsunternehmen** ist.

In einem Hotel soll sich der Gast rund um die Uhr wohlfühlen. Zu den Dienstleistungen gehören z. B. moderne, geschmackvoll eingerichtete Zimmer, freundlicher und höflicher Service rund um die Uhr usw.

Welche weiteren Dienstleistungen werden in einem Hotel den Gästen angeboten?

i

Ein Hotel bietet als Dienstleistung „Gastlichkeit" an. Wie in einem Fertigungsunternehmen können drei Bereiche unterschieden werden. **Einkauf** (Wareneinkauf für Restaurant, Zimmer- und Hotelbar), **Dienstleistung** (Gäste empfangen, betreuen und bedienen, Getränke und Essen anbieten, zubereiten und servieren, Freizeitangebote bereitstellen, Zimmer, Gast- und Konferenzräume ausgestalten, reinigen) und der **Verkauf** (Rechnungen für die Dienstleistungen erstellen, Zahlungseingänge überprüfen, Werbung).

Erarbeite in Partnerarbeit anhand von Unternehmen aus deinem Erfahrungsbereich die wesentlichen Unterschiede zwischen einer Schreinerei und einem Hotel. **107**

Das Messehotel bietet im Freizeitbereich ein Schwimmbad mit Sauna an.

Finde Vorschläge zur möglichen Verbesserung des Angebots in diesem Bereich. **108**

Der Aufenthalt im Hotel soll für die Gäste zu einem positiven Erlebnis werden.

Dazu gehört ein freundlicher und höflicher Service an der Rezeption. **109**

Eine Seniorengruppe aus Norddeutschland (Günther, Robert, Stefan, Christian, Werner, Walter, Lothar und Maria) hat drei Tage mit Messebesuch und Kulturprogramm gebucht.

Im Rollenspiel soll der Empfang an der Rezeption und eine Beratung für die unterschiedlichen Angebote im Bereich Freizeit und Gastronomie gespielt werden.

Wie kann die Werbung für das Messehotel verbessert werden?

Bildet Gruppen und entscheidet euch für die Gestaltung eines der folgenden Werbemittel: **110**

Werbewirksame Speisekarte, Kofferaufkleber, Plakat, Werbebrief an Firmen, Anzeige in der Tageszeitung, Logo, Webseite in der Homepage.

Suche weitere Beispiele für Dienstleistungsunternehmen in deiner näheren Umgebung. **111**

Benenne sie und beschreibe ihren Standort.

ALLES KLAR?!?!?

Dienstleistungsunternehmen (z. B. Steuerberatungskanzlei)		
Beschaffung	**Produktion** Bereitstellung von Dienstleistungen	**Absatz**
z. B. **Einkauf** der aktuellen Literatur zur Steuergesetzgebung	z. B. **Leistungserstellung** durch Erarbeitung eines Programms zur Einkommensteuer	z. B. **Verkauf** eines Beratungspakets zur Einkommensteuer-erklärung

2.6.4 Kundenorientierung im Unternehmen

Hochgeborener Herr Graf,

Euer Excellenz haben auf so gnädige Art für meine geringen Dienstleistungen mir ein so großes Honorar zukommen lassen, dass ich mir in der Rücksicht zu dessen Annahme mich bewegt fühle und durch künftig mir hochgeneigt zu übertragene Arbeiten solches erst noch zu verdienen und zugleich meine höchste Dankbarkeit an den Tag legen zu dürfen. Mit größter Hochachtung und innigster Verehrung erbitte ich mir höchst dero ferneres Wohlwollen, der ich die Ehre habe respectvoll zu beharren.

Euer Excellenz
unterthänigster dankbarer Diener

Laves

Briefe, wie sie 1839 der Oberhofbaumeister Georg Ludwig Friedrich Laves an seinen „Kunden" Ernst Graf zu Münster schrieb, sind zwar in unseren Tagen nicht mehr üblich, und doch bemüht man sich auch heute sehr intensiv um den Kunden. Dies wurde Hans Glück bei seinem Aufenthalt im Messehotel bewusst. Das Hotel war sehr gut geführt und die Mitarbeiter waren bestens geschult und widmeten sich besonders freundlich ihren Gästen. Wie stand es eigentlich mit dem Bemühen um seine Kunden?

Schon beim Meisterkurs in der Handwerkskammer war Herrn Glück klar geworden: Eines seiner wichtigsten Ziele muss die konsequente **Kundenorientierung** sein. Zwei weitere Schreinereien am Ort bedeuten austauschbare Produkte und direkter Vergleich von Preis und Service. Damit kommt der Qualität der Kundenbeziehungen eine überragende Bedeutung zu. Die Ausrichtung aller Aktivitäten auf den Kunden, für Verkäufer längst selbstverständlich, muss für jeden einzelnen Mitarbeiter im Unternehmen gelten.

Die aufgeschlossene Sekretärin am Telefon und der freundliche Mitarbeiter bei der Montage sind genauso wichtig wie der solide und kompetente Schreinermeister, der für **Qualität** und **Zuverlässigkeit** steht. **Kundenbindung** und **Kundengewinnung** sind für den Erfolg des Unternehmens von entscheidender Bedeutung.

Umfragen belegen, dass die meisten Stammkunden mit der Qualität und den Preisen zufrieden sind. **112**

1. Warum gehen trotzdem Kunden verloren?
2. Welche Maßnahmen zur Kundenbindung und Kundengewinnung müssen ergriffen werden?

In einer überregionalen Tageszeitung war in einem Artikel über Dienstleistungsunternehmen von der „Servicewüste Deutschland“ die Rede. Welche Aussage wollte der Journalist mit dieser Formulierung machen und wie beurteilst du persönlich diese Situation? **113**

Ein Restaurant hat die nachfolgenden Ziele zur Kundenorientierung festgelegt: **114**
Qualität der Speisen und Getränke, Atmosphäre bzw. Ambiente des Restaurants, zuvorkommendes Personal, guter Service, Preis-Leistungsverhältnis, Sauberkeit, Kinderfreundlichkeit, ausreichende Parkmöglichkeit, keine langen Wartezeiten, lange geöffnete Küche, Möglichkeit der Bezahlung mit Kreditkarte.
Welches sind für dich die drei wichtigsten Ziele? Vergleiche mit deinem Banknachbarn und begründe ihm deine Entscheidung.

Belege die nachfolgenden Aussagen: **115**

1. Kundenorientierung ist Wettbewerbsvorteil.
2. Kundenbeschwerden sind Veränderungschancen.

ALLES KLAR?!?!?

Kundenorientierung

↓

Kundenbindung und Kundenorientierung durch Qualität und Zuverlässigkeit

↓

Schlüssel zum Unternehmenserfolg

2.6.5 Umweltschutz im Unternehmen

Hans Glück hat seinen Betrieb vor einigen Jahren erweitert. Obwohl er alles mit seiner Familie und seinen Mitarbeitern bis in die Einzelheiten geplant und vorbereitet hatte, konnte er sein Bauvorhaben nicht von heute auf morgen verwirklichen.

Was war das Haupthindernis?

Jede Baumaßnahme – egal ob Wohnhaus oder Betriebsgebäude – muss durch den Staat (Landratsamt, Gemeinde) genehmigt werden. Dabei dauert die Genehmigung eines Wohngebäudes sicherlich nicht so lange.

Warum aber bei Betriebsgebäuden?

Von einem Betrieb, von einer Unternehmung können sehr viel eher Gefahren für Mensch und Natur ausgehen.

Es fällt dir bestimmt nicht schwer, mögliche Gefahren zu nennen, die vom Betrieb des Hans Glück ausgehen können:

- Lärm von der Kreissäge und Hobelmaschine

- Staub, der beim Schleifen von Holz und Brettern entsteht

- Abgase, die sich beim Streichen (Spritzen) von Türen entwickeln

- Abfälle wie Säge- und Hobelspäne, Farbreste

- verbrauchte Reinigungsmittel, die beim Reinigen von Maschinen anfallen

Umweltschutz ist nicht kostenlos, Umweltschutz gibt es nicht zum Nulltarif.

Eine umweltschonende wie auch für den Menschen gesunde Produktion von Gütern und Waren kostet oftmals eine schöne Summe Geld. Der Einbau von Filtern, Staubabsauganlagen oder die Verwendung von leise arbeitenden Maschinen verursacht zusätzliche Kosten. Dadurch sind auch umweltfreundliche Produkte teurer.

In Deutschland gilt das **Verursacherprinzip,** d. h. wer Schäden verursacht, muss auch für deren Folgen geradestehen.

In aller Regel muss also der Unternehmer die Kosten für den Umweltschutz selbst aufbringen. Nur manchmal hilft der Staat durch Zuschüsse (z. B. beim Bau von Kläranlagen).

Umweltschutz verlangt Verantwortung.

Nur wenn wir alle gemeinsam, Verbraucher und Unternehmer, umweltfreundliche Produkte und Rohstoffe kaufen, schonen wir Natur und Umwelt.

Weil Unternehmer oftmals große Mengen von Rohstoffen, aber auch von Energie wie Strom und Öl verbrauchen, tragen sie eine besondere Verantwortung bei der Erhaltung unserer Umwelt und bei der Schonung unserer Rohstoff- und Energiereserven.

Auch Abfallverwertung ist Umweltschutz.

Abfall entsteht, seit es Menschen gibt. Lange konnte man sich darauf beschränken, verdorbene, verbrauchte oder nutzlos gewordene Sachen einfach wegzuwerfen. Dies ist heute nicht mehr möglich: Wir „ersticken“ im Müll.

Deshalb müssen wir alle – Unternehmen und Haushalte – zuerst versuchen, Abfälle zu **vermeiden.** Dies gelingt nicht immer (z. B. Holzverschnitt in der Möbelfabrik). Viele Abfälle lassen sich jedoch **wieder verwerten** (z. B. Herstellung von Spanplatten durch

Recycling der Holzabfälle). Nur wenn der Abfall wirklich nicht mehr zu gebrauchen ist, soll er **beseitigt** werden. Dies geschieht durch Verbrennen (Müllverbrennung) oder durch Deponieren (Mülldeponien).

Umweltschutz macht Schule.
Nicht nur Unternehmer, wir alle – ob Schüler, Erwachsene oder allgemein Verbraucher und Käufer – sollten uns umweltfreundlich verhalten.

Kaufe z. B. nur Waren mit diesem Zeichen (Umweltengel). Besorge dir auch umweltfreundliche Sachen für die Schule.

116 1. Frau Klug ist Eigentümerin einer Kleiderfabrik, in der vor allem modische Jeans produziert werden. Aus umweltschonenden und -schützenden Gründen möchte sie in ihrem Unternehmen einiges ändern und erstellt daher eine Liste. Aus finanziellen und organisatorischen Gründen kann Frau Klug nicht alle Maßnahmen gleichzeitig verwirklichen. Es sollen daher nur die vier wichtigsten Maßnahmen in Angriff genommen werden.
Wähle aus dem Katalog die deiner Meinung nach vier wichtigsten Maßnahmen aus und begründe deine Entscheidung. Bedenke bei deinen Überlegungen, dass es eine allgemeingültig richtige Lösung nicht geben kann (Warum?).

a) Einbau von Lärmschutzwänden zwischen den einzelnen Maschinen.
b) Einbau von Thermostaten an den Heizkörpern.
c) Einbau von Spartasten in allen WC-Spülkästen.
d) Verpackung der Jeans in Papier statt in Klarsichtfolien.
e) Fahrtkostenzuschuss für Mitarbeiter, die mit dem Bus oder der Bahn zur Arbeit kommen.
f) Einführung von Prämien, wenn in der Produktion weniger Abfall entsteht.
g) In der Kantine gibt es künftig nur noch Mehrwegflaschen (Pfand).
h) Alle Arbeitsplätze in den Büros sollen Tageslicht haben.
i) Keine Metalliclackierung bei der Erweiterung des Fuhrparks (Kauf neuer Autos für betriebliche Zwecke).
j) Die gebrauchten, benzinfressenden Autos verkaufen und neue, sparsame Autos kaufen.
k) Bei den Geschäftsfahrzeugen die Zündkerzen häufiger wechseln.
l) Im Büro wird künftig nur noch Recyclingpapier verwendet.

2. Stelle einen Einkaufskorb mit Waren für den täglichen Bedarf zusammen, die nach deiner Kenntnis und Meinung umweltgerecht und gesundheitsverträglich sind, weil sie schadstoffarm hergestellt werden.

117

1. Informiere dich über ein Unternehmen in deinem Heimat- oder Schulort und erstelle eine Liste über dessen mögliche
   - Umweltbelastungen
   - Umweltschutzmaßnahmen.
2. Erstellt in der Klasse eine Liste mit umweltfreundlichen Produkten für die Schule. Ihr könntet sie kopieren und an andere Klassen verteilen.

ALLES KLAR?!?!?

1. Die Entwicklung der modernen Wirtschaft (vom Selbstversorger der Steinzeit zum Fremdversorger der Neuzeit) hat zu einem ungeheueren Angebot an Waren und Dienstleistungen geführt, gleichzeitig aber auch zu erheblichen Umweltbelastungen. Deshalb gehört der Umweltschutz zu den wichtigsten Aufgaben unserer Zeit.

   Die Umweltfrage ist zu einer Überlebensfrage der Menschheit geworden (Richard v. Weizsäcker, ehemaliger Bundespräsident).

2. Müllvermeidung ist Umweltschutz in unser aller Interesse.

Abfälle

→ vermeiden

→ verwerten (Recycling)

→ beseitigen (verbrennen, deponieren)

2.7 Ziele und Aufgaben des betrieblichen Rechnungswesens im Unternehmen

Hans Glück kann die Fülle der Geschäftstermine nur mithilfe eines sorgfältig geführten Terminkalenders bewältigen.

7:15	Unternehmensberater (Herr Maier)	Fertigungsprogramm
8:00	Sägewerk (Herr Kraus)	Einkauf von Holz
9:30	Kundin (Frau Freund)	Angebot für eine Einbauküche
10:15	Sparkasse (Frau Schuster)	Beantragung eines Kredits
11:30	Finanzbeamter (Herr Fuchs)	geplante Betriebsprüfung

Um bei seinen Terminen wirtschaftliche Entscheidungen treffen zu können, braucht Herr Glück Informationen, insbesondere Zahlen. Daher muss es in jedem Unternehmen, auch im Unternehmen Glück, einen Bereich geben, dessen Ziel es ist, das betriebliche Geschehen vor allem **zahlenmäßig zu erfassen, zu kontrollieren, auszuwerten** und **Informationen weiterzugeben.**

Dieser wichtige Bereich ist das **betriebliche Rechnungswesen.**

Die Schreinerei Glück hat ein sehr umfangreiches Fertigungsprogramm (vergleiche Homepage Seite 96). In letzter Zeit waren nur noch wenige Aufträge zur Fertigung von Treppen und Balkonen eingegangen, dagegen waren Einbaumöbel und Büromöbel sehr gefragt. Herr Glück hatte deshalb den Termin mit dem Unternehmensberater der Handwerkskammer, Herrn Maier, angesetzt.
Wie sollte er sein Fertigungsprogramm gestalten?

Zur Gestaltung des Fertigungsprogramms liefert das Rechnungswesen die notwendigen Informationen und erfüllt die Aufgabe der **Entscheidungshilfe.**

Das Sägewerk Kraus bietet Holz zu sehr günstigen Bedingungen an. Auf seine Anfrage hatte Herr Glück ein Angebot per E-Mail erhalten.
Wie viel Holz sollte er einkaufen?

Zur Bestimmung der Bestellmenge liefert das Rechnungswesen die notwendigen Informationen und erfüllt die Aufgabe der **Planungsgrundlage.**

Die Kundin Freund hatte wegen einer Einbauküche angefragt und dabei sehr deutlich klare Preisvorstellungen zum Ausdruck gebracht.
Könnte Herr Glück zu dem Preis überhaupt liefern?

Zur Erstellung eines Angebots liefert das Rechnungswesen die notwendigen Informationen und erfüllt die Aufgabe der **Dokumentation.**

Die Leiterin der Kreditabteilung der Sparkasse, Frau Schuster, hatte die Bereitschaft der Sparkasse erklärt, den Kredit zur Finanzierung der neuen Computeranlage bereitzustellen. Herr Glück war mit den Bedingungen des Kreditvertrags einverstanden.

Ist er überhaupt in der Lage, die vereinbarten Tilgungsraten einzuhalten?

Zur Abwicklung des Kreditvertrages liefert das Rechnungswesen die notwendigen Informationen und erfüllt die Aufgabe der **Kontrolle.**

Das Finanzamt hatte sich zur Betriebsprüfung angekündigt, für Herrn Glück ein normaler Vorgang. Herr Fuchs, der Steuerprüfer, hatte viele Fragen und wollte Unterlagen einsehen.

Wie sollte Herr Glück alle Informationen bereitstellen können?

Zur Betriebsprüfung liefert das Rechnungswesen die notwendigen Informationen und erfüllt die Aufgabe der **Rechenschaftsablegung.**

Zur Erfüllung der umfangreichen Aufgaben wird das betriebliche Rechnungswesen in vier **Teilbereiche** gegliedert:

Teilbereich	Aufgabe
Geschäftsbuchführung	ermittelt das Vermögen, die Schulden und den Erfolg
Kosten- und Leistungsrechnung	erfasst alle Kosten, kontrolliert deren Entwicklung und ermöglicht die Kalkulation der Verkaufspreise
Statistik	überwacht das Betriebsgeschehen und klärt Zusammenhänge auf
Planung	ermöglicht die Erstellung von Plänen für zukünftige Entwicklungen durch Bereitstellung von Unterlagen

Welcher Teilbereich des Rechnungswesens kann Herrn Glück Informationen zur Lösung folgender Fragen liefern? 118

1. Wie viel Euro kostet das Unternehmen die Anfertigung eines bestimmten Möbelstücks?
2. Wie hat sich die Zahl der Mitarbeiter in den letzten fünf Jahren entwickelt?
3. Wie viele Schulden hat das Unternehmen zurzeit gegenüber dem Sägewerk Kraus?

4. Wie stehen die Absatzchancen, wenn im nächsten Jahr mit der Produktion von Kleinmöbeln zum Selbstzusammenbau (Bausatzmöbel) begonnen werden soll?
5. Wie hoch ist das Bankguthaben des Unternehmens zurzeit?
6. Wie haben sich die Stromkosten der Fertigungsmaschinen gegenüber dem Vorjahr entwickelt?

119 Suche in Partnerarbeit je zwei Beispiele für das Rechnungswesen als Entscheidungshilfe, Planungsgrundlage, Dokumentation, Kontrolle und Rechenschaftsablegung. Vergleiche dazu die vorhergehende Übersicht und die Beispiele auf den Seiten 108 und 109.

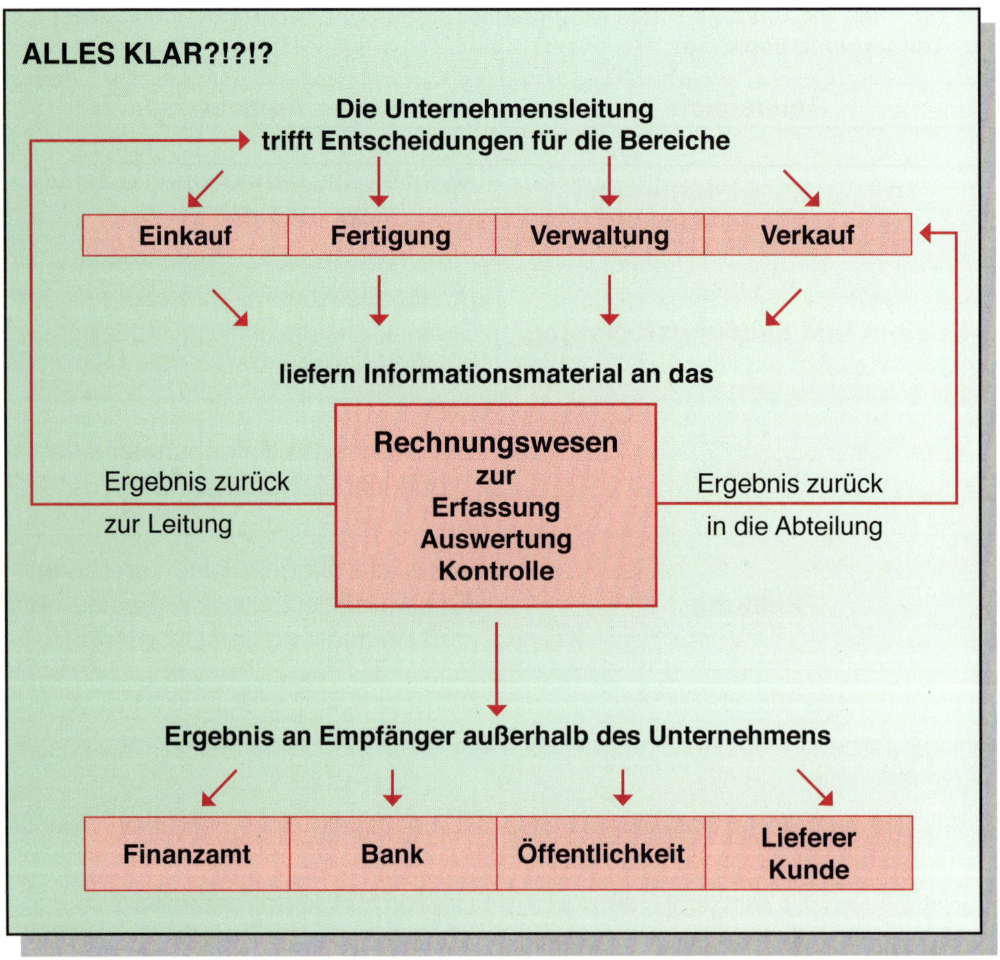

120

Löse das folgende **Kreuzworträtsel.**
Setze die Buchstaben in den markierten Feldern in die richtige Reihenfolge und formuliere damit als Lösungswort einen der betrieblichen Produktionsfaktoren.

Senkrecht:

1. Maßgebende Punkte für den Sitz eines Unternehmens
2. Gesellschaftsunternehmen mit Eigenkapital von mindestens 50.000,00 €
3. Andere Bezeichnung für Unternehmensformen (Einzel-/Gesellschaftsunternehmen)
4. Amtliches Verzeichnis eingetragener Unternehmen beim Amtsgericht
5. Stoffe und Kräfte, die notwendig sind, um wirtschaftliche Leistung zu erbringen
6. Ertrag der Aktie
7. Praktischer Einblick in Aufgaben und Aufbau eines Unternehmens, der über eine Besichtigung hinausgeht.
8. Anteilschein an einer Aktiengesellschaft
9. Kontrollorgan in der Aktiengesellschaft

Waagrecht:

1. Entscheidung über den Sitz eines Unternehmens
2. Leistung, die nicht unmittelbar mit der Herstellung zu tun hat
3. Bemühen um den Kunden
4. Name eines Unternehmens
5. Bereich zur Erfassung aller Wertbewegungen in einem Unternehmen
6. Rechtsform, die am häufigsten vorkommt

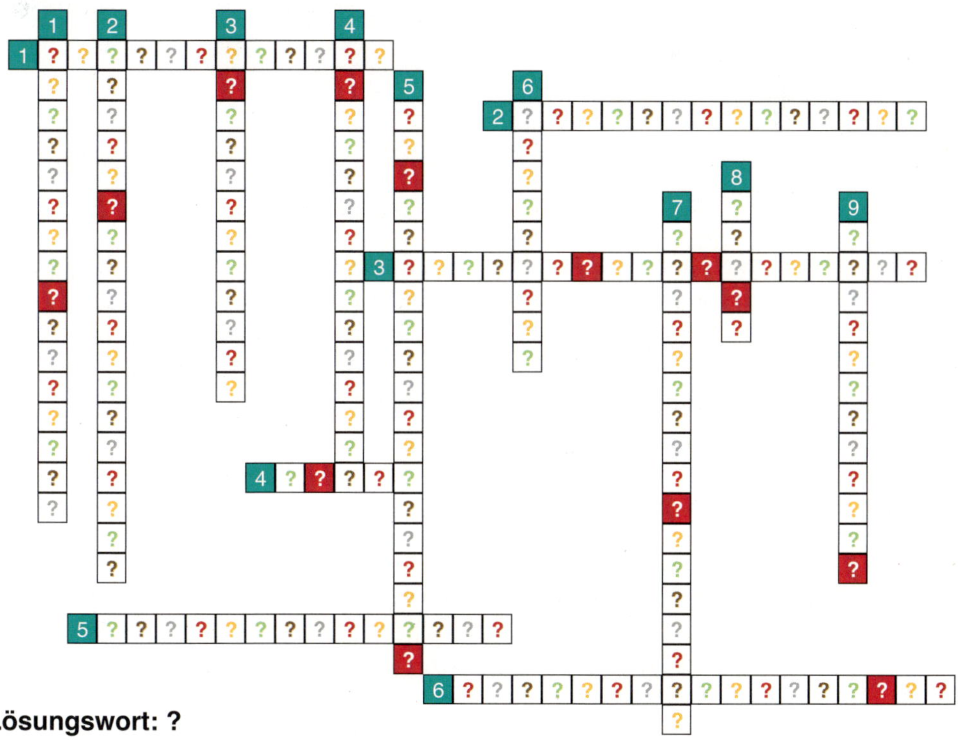

Lösungswort: ?

3 Der Wirtschaftskreislauf

Besorge dir eine Straßenkarte oder einen Stadtplan deiner näheren Heimat oder deines Heimatortes. Du kannst zu diesem Zweck auch im Internet surfen und einen Stadtplan oder eine Landkarte ausdrucken.

Betrachte diesen vereinfachten Stadtplan. Er zeigt zahlreiche Straßenverbindungen. Bei größeren Städten ist das Straßennetz geradezu verwirrend.

Welche Aufgabe erfüllt wohl das Straßennetz z. B. einer Gemeinde oder eines Landkreises? Es verbindet Menschen innerhalb einer Stadt bzw. die Menschen in den verschiedenen Orten eines Landkreises oder eines ganzen Landes.

Und auf diesen Straßen ist ganz schön was los. Tag für Tag, Stunde für Stunde rollt der Verkehr hinweg. Autos flitzen dahin, Radfahrer und Fußgänger eilen von A nach B, sowohl in die eine als auch in die andere Richtung, scheinbar planlos und ohne Ziel.

Ähnlich wie mit dem Straßenverkehr, der unentwegt von A nach B oder in umgekehrter Richtung sich bewegt, geht es auch in der Wirtschaft zu, wo Menschen arbeiten, einkaufen, sparen oder neue Betriebe gründen. Offenbar herrscht auch hier wie auf den Straßen hektische Betriebsamkeit, Eile und für Außenstehende ein heilloses Durcheinander, oder?

Schauen wir uns einmal die ganze Sache etwas näher an.

Herr Pfeiffer arbeitet als Schreiner in der Schreinerei Glück. Für diese Arbeitsleistung erhält er Monat für Monat einen Lohn.

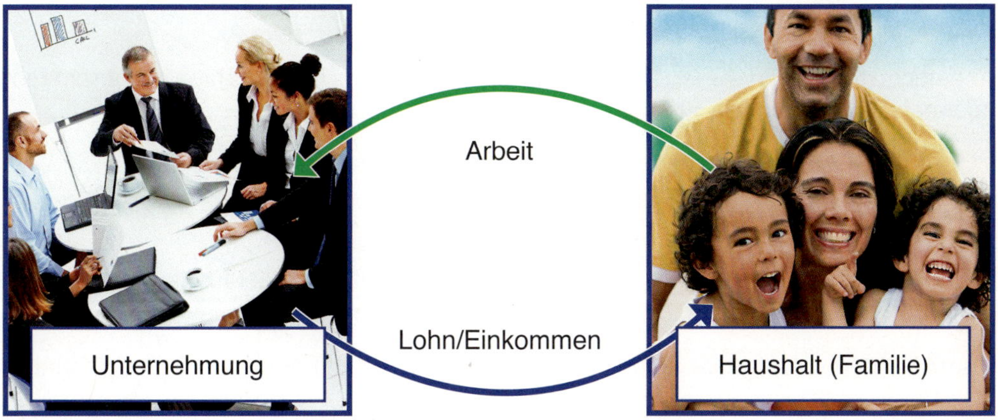

Von seinem Lohn (= Einkommen) kauft die Familie Pfeiffer alle Dinge und Waren, die zum Lebensunterhalt notwendig bzw. wünschenswert sind, z. B.

- Lebensmittel
- Schuhe
- Kleidung
- Zeitungen
- Benzin für das Auto
- Schulhefte
- Musik-CDs und Computerspiele
- Eis
- Kinokarten usw.

Die Schreinerei Hans Glück bietet den Haushalten Möbel gegen Geld an.

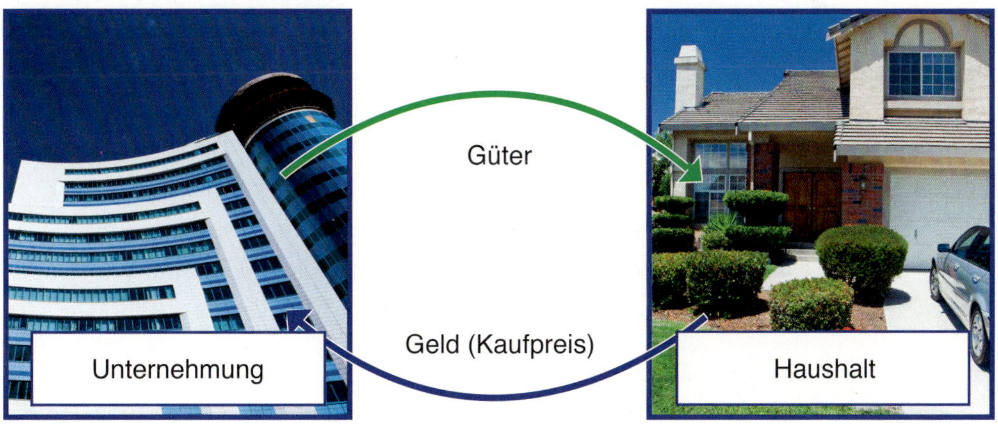

Zwischen Unternehmen und Haushalten (= Verbraucher) vollzieht sich also ein Tausch. Natürlich wird heute nicht mehr wie in der Steinzeit getauscht, wo man Ware gegen Ware tauschte (z. B. Lebensmittel gegen Waffen, kostbare Pelze, Perlen oder Muscheln). Dafür gibt es schon seit langer Zeit **Geld.** Wird auf der einen Seite des Tauschvorgangs Geld (z. B. Euro oder Dollar) als Zahlungsmittel verwendet, so wird der Tausch zum **Kauf oder Verkauf.**

Da gibt es noch einen Punkt, der geklärt werden muss:

Wie bei deinem Vater (oder auch Mutter, wenn sie berufstätig ist), wird auch bei Herrn Pfeiffer nicht der ganze Lohn durch den Arbeitgeber oder Unternehmer ausbezahlt.

Ein Teil des Lohns wird als **Steuer** direkt an den Staat oder besser gesagt an das Finanzamt überwiesen (Lohnsteuer; siehe Abrechnung auf Seite 2).

Aber nicht nur Arbeitnehmer, auch Unternehmer wie Hans Glück zahlen von ihrem Einkommen Steuern an den Staat.

Warum kassiert der Staat von seiner Bevölkerung Steuern?

Er benötigt Geld für viele Aufgaben, z. B. für

- Schulen
- Kindergärten
- Straßen und Autobahnen
- Krankenhäuser
- Löhne und Gehälter für die Beschäftigten
- Kindergeld

Damit können wir in unser Modell vom Wirtschaftskreislauf auch den Staat mit einbeziehen:

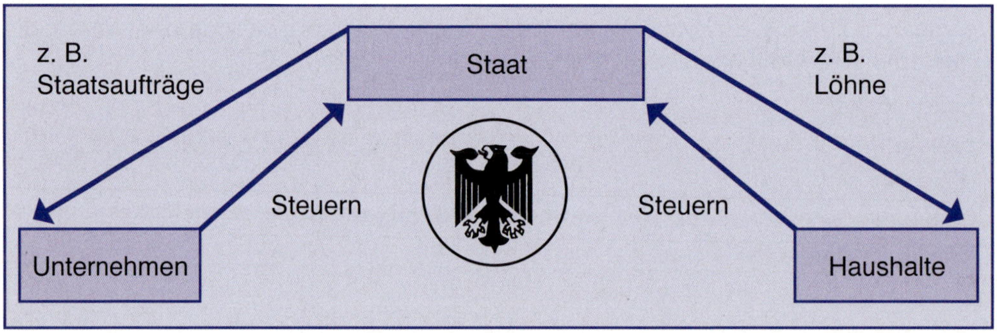

Wir sehen daraus, dass der Staat nicht nur Steuern kassiert, sondern diese Einnahmen wieder in Form von Löhnen und Gehältern für die Beschäftigten im öffentlichen Dienst, als Kindergeld oder als Renten und Pensionen zurückgibt.

Aber auch Unternehmungen erhalten Gelder aus Steuermitteln in Form von öffentlichen Aufträgen (z. B. für den Bau von Schulen und Krankenhäusern) oder in Form von sog. Subventionen (Hilfen für notleidende Wirtschaftszweige wie Bergbau und Schiffsbau) zurück.

121 In einer Familie wird das Einkommen u. a. für folgende Dinge ausgegeben:

Waschmittel, Miete, Fahrkarte zum Arbeitsplatz, Benzin, Frisör, Urlaubsreise, Fernsehzeitung, Strom, Theaterkarten, PC-Spiele, Software für Englischunterricht, Lebensmittel, Jeans für die Tochter, Rollerskater.

1. Ordne diese Ausgaben nach folgenden Gesichtspunkten:
   - lebenswichtig
   - nützlich
   - angenehm
2. Ordne die Ausgaben nach:
   - Gütern (Waren)
   - Dienstleistungen

ALLES KLAR?!?!?

Zwischen Haushalten, Unternehmen und dem Staat bestehen gegenseitige Beziehungen:

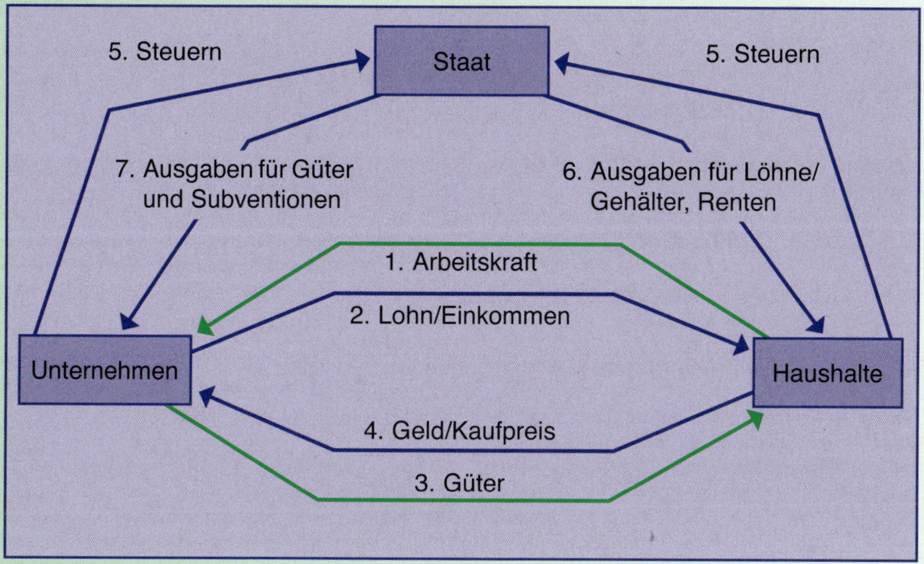

1. Haushalte stellen den Unternehmen ihre Arbeitskraft zur Verfügung.
2. Haushalte erhalten für ihre Arbeit einen Lohn (= Einkommen).
3. Die Unternehmen liefern den Haushalten Güter und erbringen Dienstleistungen.
4. Diesen Lohn geben Haushalte wieder für Güter und Dienstleistungen aus.
5. Der Staat erhebt von den Haushalten und Unternehmen Steuern.
6. Dafür zahlt er Löhne/Gehälter, Renten und Kindergeld an die Haushalte.
7. Auch den Unternehmen fließt Geld vom Staat zu, z. B. für öffentliche Aufträge oder (in besonderen Fällen) als Subventionen.

Diese Wechselbeziehungen bezeichnen wir als **Wirtschaftskreislauf.**

Die bildhafte Darstellung des Wirtschaftskreislaufs nennt man **Kreislaufmodell.** Die in der Wirklichkeit sehr komplizierten und unübersichtlichen Vorgänge kann man mithilfe eines Kreislaufmodells vereinfachen und anschaulich machen.

4 Wirtschaftliche Vorgänge im Unternehmen und deren Erfassung

4.1 Gesichtspunkte bei der Gründung von Unternehmen

Existenzgründungen in Deutschland
Interview mit Dr. J. Klug, Wirtschaftsministerium

Frage: Wer gründet denn überhaupt ein Unternehmen?
Dr. Klug: Die meisten Unternehmensgründer sind zwischen 30 und 40 Jahre alt. Immerhin ein Viertel aller Gründer ist jünger als 30 Jahre. Die meisten Gründer, 34%, haben ursprünglich die Real- oder Handelsschule besucht.

Frage: Wie viele der Gründer haben eine Lehre absolviert?
Dr. Klug: Drei Viertel der Gründer. Hier spielt vor allem das Handwerk eine große Rolle, gefolgt vom kaufmännischen und gewerblich-technischen Bereich.
Die meisten haben nach Abschluss ihrer Ausbildung einige Jahre in einem Unternehmen gearbeitet und sich dann selbstständig gemacht.

Frage: In welchen Branchen werden Unternehmen gegründet?
Dr. Klug: Am häufigsten werden Dienstleistungsunternehmen gegründet, zum Beispiel soziale Pflegedienste, Servicefirmen für Privatpersonen, wie Kurierdienste, oder auch Dienstleistungen für Unternehmen, die boomen besonders stark. Allein 40% aller Unternehmen werden in der Dienstleistungsbranche gegründet.
Im Handel werden ca. 33% aller Unternehmen gegründet. Die Gründungen sind hier etwas zurückgegangen, weil sich der Lebensmitteleinzelhandel in den letzten Jahrzehnten immer mehr konzentriert hat und von großen Handelsketten dominiert wird.
Im Handwerk und der Industrie liegt die Gründungsquote bei 20%. Am wenigsten wird in der Baubranche gegründet, etwa 14%.

Frage: Wie sind die Überlebenschancen junger Unternehmer?
Dr. Klug: Im Prinzip gut, vor allem, wenn die Gründung nicht nur so „nebenbei" geplant wird, sondern die Gründer wissen, dass sie von ihrer Selbstständigkeit leben müssen. Diese Unternehmensgründer bereiten sich dann auch gut vor. So sichert die sorgfältige Vorbereitung im Rahmen der Meisterprüfung das langfristige Überleben des Handwerksbetriebes.

Hans Glück hatte vor der Handwerkskammer seine Meisterprüfung abgelegt und war danach als Schreinermeister in einer großen Möbelfabrik tätig.

Nach reiflicher Überlegung fasste er den Entschluss, sich selbstständig zu machen. Er ging dabei planmäßig vor:

- Er informierte sich, ob für seine Produkte bzw. Dienstleistungen Kunden zu gewinnen sind.
- Er ließ sich bei der Handwerkskammer beraten.
- Er verhandelte mit Banken wegen der notwendigen Kredite.
- Er kaufte ein Grundstück bei der Gemeinde.
- Er vergab den Bauauftrag für ein Betriebs- und Verwaltungsgebäude.
- Er bestellte Maschinen, Fahrzeuge, Einrichtungen.
- Er meldete seine Firma beim Gewerbeamt und beim Finanzamt an.
- Er kümmerte sich um Versicherungen (z. B. Brandversicherung, Betriebshaftpflichtversicherung, Unfallversicherung).
- Er kümmerte sich um die Organisation des Rechnungswesens.

Hans Glück ist nun ein Unternehmer. Er weiß, dass er vor allem die Vorschriften des **Handelsgesetzbuches (HGB)** beachten muss. Diese Vorschriften sorgen dafür, dass Unternehmer sinnvoll wirtschaften. Wer nämlich durch falsche wirtschaftlichen Entscheidungen oder durch leichtfertiges Schulden machen sein Unternehmen gefährdet, schadet nicht nur sich selbst. Er schadet auch seinen Geschäftspartnern und gefährdet die Arbeitsplätze seiner Arbeitnehmer.

Stelle folgende Überlegungen an:

a) Was veranlasste Hans Glück, sich selbstständig zu machen? 122

b) Welche Risiken musste Hans Glück bedenken?

Im Anhang findest du wichtige Paragrafen aus dem HGB. Du kannst einige Pflichten von Hans Glück herauslesen. 123

a) Welche Pflicht ergibt sich aus § 238 Abs. 1 HGB?

b) Welche Pflicht ergibt sich aus § 238 Abs. 2 HGB?

c) Welche Pflicht ergibt sich aus § 239 Abs. 1 HGB?

Informiere dich im Internet über mögliche Hilfen bei der Gründung eines neuen Unternehmens. Mit dem Stichwort „Gründerzentrum" kommst du über eine Suchmaschine an die erforderlichen Internetadressen. 124

4.2 Inventur und Inventar

i

Bei der Unternehmensgründung und auch später muss sich der Unternehmer Hans Glück – wie jeder Gewerbetreibende – regelmäßig einen Überblick über sein Vermögen und seine Schulden verschaffen. So bekommt er ein zutreffendes Bild von seinem Unternehmen.

Das Handelsgesetzbuch schreibt in § 240 vor:

1) Jeder Kaufmann hat zu Beginn seines Handelsgewerbes seine Grundstücke, seine Forderungen und Schulden, den Betrag seines baren Geldes sowie seine sonstigen Vermögensgegenstände genau zu verzeichnen und dabei den Wert der einzelnen Vermögensgegenstände und Schulden anzugeben.

2) Er hat ... für den Schluss eines jeden Geschäftsjahres ein solches Inventar aufzustellen ...

Die meiste Arbeit verursacht dabei die vorgeschriebene körperliche Bestandsaufnahme der Vorräte. Die verschiedenen Artikel werden gezählt, gewogen, gemessen und mit Angabe der Art (Marke, Typ), der Menge (Stück, kg, m, l, ...) und des Werts in Inventurlisten aufgeschrieben.

Einfacher ist es, die nicht körperlichen Vermögenswerte und Schulden festzustellen. Dazu gehören z. B. die Guthaben bei Banken, die Forderungen an Kunden und die Schulden bei Lieferern. Ihre Höhe lässt sich aus vorhandenen Unterlagen (z. B. Kontoauszüge der Bank) rasch ablesen.

Diese Tätigkeit der Bestandsaufnahme heißt Inventur.

Die bei der Inventur festgestellten Vermögensteile und Schulden müssen in einem schriftlichen Verzeichnis in Form einer **Tabelle** oder einer **Staffel** übersichtlich zusammengestellt werden.

Dieses Bestandsverzeichnis heißt Inventar.

Zu jedem Posten des Inventars ist der Wert in Euro anzugeben, bei Anlagegütern und Vorräten auch die Art und Menge. Im Unterricht verzichten wir aber auf diese beiden letzten Angaben. Die Vorspalte eines Inventars dient der Addition von Posten der gleichen Vermögens- bzw. Schuldenart.

Als Beispiel ist ein von Hans Glück stammendes Inventar abgedruckt.

Inventar zum 31. Dezember 20.. Schreinerei Hans Glück		
A. Vermögen	Euro	Euro
I. Anlagevermögen		
1. Bebautes Grundstück		180.000,00
2. Betriebs- und Verwaltungsgebäude		400.000,00
3. Maschinen und Anlagen laut Verzeichnis 1		35.000,00
4. Fuhrpark		
Lieferwagen R-AB 423	58.800,00	
Lieferwagen R-CH 251	22.000,00	80.800,00
5. Büroausstattung laut Verzeichnis 2		48.620,00
II. Umlaufvermögen		
1. Vorräte laut Verzeichnis 3		278.592,00
2. Bankguthaben		
Kreissparkasse	12.335,00	
Postbank	36.515,00	48.850,00
3. Kassenbestand		4.884,00
Summe des Vermögens		**1.076.746,00**
B. Schulden		
I. Langfristige Schulden		
Langfristige Bankverbindlichkeiten bei der A-Bank	200.000,00	
Langfristige Bankverbindlichkeiten bei der Hypothekenbank	270.000,00	470.000,00
II. Kurzfristige Schulden		
Holzland, Plauen	65.303,00	
Andreas Heim GmbH, Hof	29.777,00	
Karl Richter, Weiden	8.427,00	103.507,00
Summe der Schulden		**573.507,00**
C. Ermittlung des Reinvermögens		
Summe des Vermögens		1.076.746,00
– Summe der Schulden		573.507,00
Reinvermögen (Eigenkapital)		**503.239,00**

Für die Gliederung des Vermögens und der Schulden gibt es keine gesetzlichen Vorschriften. Es ist jedoch sinnvoll, sich an das folgende Schema zu halten:

A. Vermögen

I. Anlagevermögen

1. Unbebaute Grundstücke
2. Bebaute Grundstücke
3. Betriebs- und Verwaltungsgebäude
4. Maschinen und Anlagen
5. Fuhrpark
6. Büromaschinen
7. Büroausstattung

Das Anlagevermögen ist zur langfristigen Verwendung bestimmt. Es wird nach folgendem Prinzip geordnet: Langlebige Vermögensgegenstände kommen zuerst, kurzlebige danach. Grundstücke und die darauf errichteten Bauten sind mit ihrem Wert getrennt zu benennen.

II. Umlaufvermögen

1. Vorräte
2. Forderungen aus Lieferungen und Leistungen
3. Bankguthaben
4. Kassenbestand

Das Umlaufvermögen verändert sich ständig und wandelt sich in andere Formen um, z. B. Forderungen in Bargeld. Es wird nach folgendem Prinzip geordnet: Je schwieriger die Vermögensgegenstände zu Bargeld gemacht werden können, desto früher werden sie genannt.

B. Schulden

I. Langfristige Schulden

Langfristige Bankverbindlichkeiten

II. Kurzfristige Schulden

1. Kurzfristige Bankverbindlichkeiten
2. Verbindlichkeiten aus Lieferungen und Leistungen

Schulden sind geliehenes Kapital (Fremdkapital). Sie werden nach folgendem Prinzip geordnet: Langfristige Schulden kommen zuerst, kurzfristige danach.
Langfristige Bankverbindlichkeiten sind Schulden an die Bank, deren Rückzahlung (Tilgung) erst in einem Jahr oder später erfolgen muss.

C. Ermittlung des Reinvermögens

Summe des Vermögens
– Summe der Schulden

= Reinvermögen (Eigenkapital)

Das Reinvermögen zeigt, in welcher Höhe der Betriebsinhaber eigenes Kapital im Unternehmen eingesetzt hat.

Im Geschäftsleben ist es üblich, dass Rechnungen nicht sofort bezahlt werden. Die Kunden erhalten ein Zahlungsziel:

Lieferung	zahlbar in 1 Monat →	Zahlung
15. 01.	Zahlungsziel	15. 02.

- **Forderungen aus Lieferungen und Leistungen (FO)**

Hans Glück hat Zahlungsansprüche an einen Kunden. Er hat auf Ziel geliefert. Er bekommt noch Geld. Er hat Forderungen an seinen Kunden, weil er zwar bereits geliefert hat, der Kunde die Rechnung jedoch noch nicht beglichen hat.

- **Verbindlichkeiten aus Lieferungen und Leistungen (VE)**

Hans Glück hat Zahlungsverpflichtungen an seinen Lieferer. Der Lieferer hat auf Ziel geliefert. Der Lieferer hat zwar geliefert, Hans Glück hat die Rechnung aber noch nicht bezahlt. Er hat gegenüber seinem Lieferer eine Verbindlichkeit.

ALLES KLAR?!?!?

1. Die **Inventur** ist eine Bestandsaufnahme aller Vermögenswerte und aller Schulden eines Unternehmens.

   Das **Inventar** ist ein geordnetes Bestandsverzeichnis aller Vermögensteile und aller Schulden eines Unternehmens.

2. Das Inventar ist eingeteilt in die Abschnitte

   A. Vermögen
   B. Schulden
   C. Reinvermögen (Eigenkapital)

3. Unterscheide **Forderungen aus Lieferungen und Leistungen** von **Verbindlichkeiten aus Lieferungen und Leistungen.**

125

Stelle fest, ob aus der Sicht von Hans Glück eine Forderung oder eine Verbindlichkeit vorliegt:

1. Die Firma Müller liefert Holz an die Firma Hans Glück.
2. Hans Glück liefert an den Kunden einen Schrank aus.
3. Fritz Müller erhält eine neue Haustüre.
4. Klaus Gerstner liefert Leim und Kleinteile an Hans Glück.

126 Überprüfe anhand des § 257 HGB (siehe Anhang), ob die folgenden Aussagen richtig sind:

1. Ein Inventar muss mithilfe eines Tabellenkalkulationsprogrammes erstellt werden.
2. Das Inventar und die dazugehörigen Verzeichnisse dürfen auch auf Datenträgern (externe Festplatte oder USB-Stick) gespeichert werden.
3. Das Inventarverzeichnis muss 8 Jahre lang aufbewahrt werden.

127 Ordne die folgenden Bestände nach dem Gliederungsschema eines Inventars: Langfristige Bankverbindlichkeiten, Kassenbestand, Bankguthaben, Maschinen und Anlagen, Verbindlichkeiten aus Lieferungen und Leistungen, Forderungen aus Lieferungen und Leistungen, Fuhrpark, Betriebs- und Verwaltungsgebäude.

128 Erstelle zum 31. 12. 20.. das Inventar der Firma Paul Hofer, Bauunternehmung in Ansbach.

Vermögen:		
Bebautes Grundstück, Steinstraße 12		160.000,00 €
Betriebs- und Verwaltungsgebäude, Steinstraße 12		380.000,00 €
Bargeldbestand		3.420,00 €
Fuhrpark		
	1 Bagger	135.000,00 €
	1 Lkw	88.500,00 €
	1 Lieferwagen	27.200,00 €
Büroausstattung lt. Verzeichnis		59.500,00 €
Vorräte		
	Ziegel	26.280,00 €
	Dämmstoffe	11.880,00 €
	Bauholz	2.250,00 €
	Dieselkraftstoff	6.670,00 €
Guthaben bei der Gewerbebank		22.540,00 €
Forderungen aus Lieferungen und Leistungen		8.750,00 €
Guthaben bei der Kreissparkasse		9.790,00 €
Schulden:		
Langfristige Bankverbindlichkeiten		120.000,00 €
Verbindlichkeiten aus Lieferungen und Leistungen		
	Deutsche Zement AG	27.860,00 €
	Baumarkt GmbH	4.490,00 €

129

Die Inventur der Firma Wendelstein-Spielgeräte, Rosenheim, ergab zum 31. 12. 20.. folgende Bestände, die von den Mitarbeitern in Erhebungsbögen erfasst wurden:

Wendelstein-Spielgeräte
Im Erlengrund 3 • 83026 Rosenheim
Telefon: 08031 4499-0 • Fax: 08031 44991
E-Mail: info@wendelstein-spielgeräte.xyz
Internet: http://www.wendelstein-spielgeraete.xyz

INVENTUR zum 31. 12. 20.. Blatt Nr. 1

Nr.	Gegenstand	Menge/ Einheit	Inventurwert		Bemerkung
			einzeln	gesamt	
1	Bebautes Grundstück, Im Erlengrund 3	1 500 m²	200,00 €	????? €	
2	Betriebsgebäude, Im Erlengrund 3	1		480.000,00 €	
	Fuhrpark:				
3	Lkw, pol. Kennzeichen RO-WS 110	1		110.500,00 €	
4	Lkw, pol. Kennzeichen RO-WS 120	1		45.000,00 €	
5	Lkw, pol. Kennzeichen RO-WS 130	1		43.500,00 €	
6	Lkw, pol. Kennzeichen RO-WS 100	1		38.500,00 €	
	Vorräte:				
7	Buchenholz	150 m²	20,00 €	????? €	
8	Kiefernholz	100 m²	15,00 €	????? €	
9	Fichtenholz	110 m²	13,50 €	????? €	
10	Bankguthaben; Bayern-Bank Rosenheim			85.000,00 €	
11	Bargeldbestand			6.300,00 €	
	Schulden:				
12	Hypothekenschulden bei Bayern-Bank RO			140.000,00 €	
	Verbindlichkeiten:				
13	Sägewerk Kranzhorn			34.800,00 €	
14	Fa. Nagel			4.640,00 €	

1. Ermittle für den Erhebungsbogen 1 die fehlenden Werte (Spalte mit ?).
2. Berechne den jeweiligen Gesamtwert folgender Posten:
   Fuhrpark
   Vorräte
   Verbindlichkeiten
3. Die restlichen Bestände wurden auf weiteren Erhebungsbögen erfasst:

Erhebungsbogen 2:	Maschinen und Anlagen	Summe:	478.300,00 €
Erhebungsbogen 3–4:	Büroausstattung	Summe:	34.580,00 €
Erhebungsbogen 5:	Forderungen	Summe:	45.200,00 €

   Erstelle das Inventar.

130 Ingrid Heilmann, Eigentümerin eines Fabrikationsbetriebes für Damenmoden in Aschaffenburg, stellt bei der Inventur zum 31. 12. 20.. folgende Bestände fest:

Vermögen:

Bebautes Grundstück, Hirtenberg 6		225.000,00 €
Betriebs- und Verwaltungsgebäude, Hirtenberg 6		520.000,00 €
Maschinen und Anlagen lt. Verzeichnis		63.450,00 €
Guthaben bei der Bank		21.370,00 €
Vorräte		
	Kleiderstoffe	89.500,00 €
	Futterstoffe	5.410,00 €
	Zubehörteile	16.840,00 €
Kassenbestand		4.580,00 €
2 Lieferwagen		45.350,00 €
Forderungen aus Lieferungen und Leistungen		
	Xaver Huber, Cham	1.200,00 €
	Ruth Holzmüller, Ebrach	2.260,00 €

Schulden:

Verbindlichkeiten aus Lieferungen und Leistungen		
	Stofffabrik Martin Köhler	9.720,00 €
	Rössler & Co	3.810,00 €
	Iris-Modezubehör	6.440,00 €
Langfristige Verbindlichkeiten bei der Kreissparkasse		96.130,00 €

Erstelle mit diesen Angaben das Inventar.

131 Tina Top stellt in ihrem Unternehmen modische Damenbekleidung her. Stelle nach folgenden Angaben ein ordnungsgemäßes Inventar auf.

Werte am 31. 12. 20..

Vorräte			21.500,00 €
Verbindlichkeiten aus Lieferungen und Leistungen			168.400,00 €
Bebaute Grundstücke			110.000,00 €
Forderungen aus Lieferungen und Leistungen			245.600,00 €
Fuhrpark			125.000,00 €
Büromaschinen			14.300,00 €
Betriebs- und Verwaltungsgebäude			370.000,00 €
Maschinen und Anlagen			98.200,00 €
Langfristige Bankverbindlichkeiten			500.000,00 €
Büroausstattung			16.300,00 €
Bankguthaben			
	Sparkasse	21.400,00 €	
	HypoVereinsbank	44.600,00 €	
	Postbank	2.700,00 €	68.700,00 €
Kassenbestand			8.100,00 €

4.3 Die Bilanz

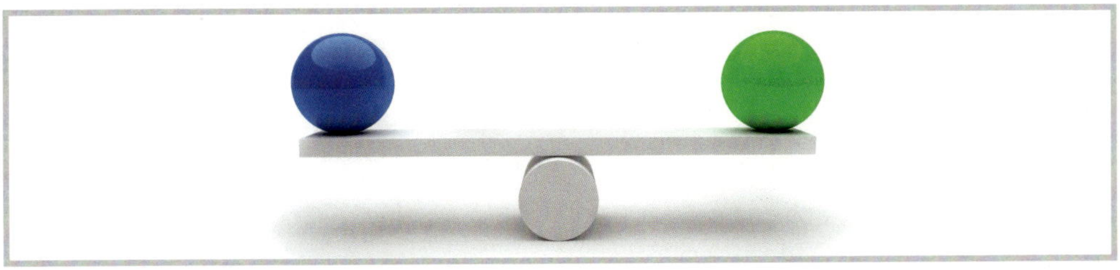

Im Inventar sind die Vermögens- und Schuldenteile eines Unternehmens ausführlich aufgegliedert. Besonders bei größeren Betrieben ist das Inventar sehr umfangreich und somit wenig übersichtlich. Größere Übersicht bringt eine Bilanz.

Die Bilanz ist eine Kurzfassung des Inventars in Kontenform:

- Sie enthält nur die zusammengefassten Posten aus der Hauptspalte des Inventars.
- Sie enthält keine Mengenangaben, sondern nur den Wert der Bestände in Euro.

> § 242 HGB
> (1) Der Kaufmann hat zu Beginn seines Handelsgewerbes und für den Schluss eines jeden Geschäftsjahres einen das Verhältnis seines Vermögens und seiner Schulden darstellenden Abschluss (Eröffnungsbilanz, Bilanz) aufzustellen . . .

Die Bilanz hat zwei Seiten: Aktiva (Aktivposten) und Passiva (Passivposten). Die Seite der Aktivposten (Aktiva) gibt Aufschluss über die Form des Vermögens. Das Vermögen kann aus Geldmitteln (z. B. Kassenbestand, Bankguthaben), aus Produktionsmitteln (z. B. Betriebsgelände, Maschinen und Anlagen) oder aus materiellen Gütern (z. B. Rohstoffen) bestehen. Die Seite der Passivkonten (Passiva) stellt dar, aus welchen Quellen die Mittel kommen. Insbesondere unterscheidet man Eigenkapital (eigene Mittel) und Fremdkapital (z. B. Bankkredite). Dabei werden die Aktiva auf der linken, die Passiva auf der rechten Seite der Bilanz aufgeführt.

Beide Seiten, Aktiva und Passiva, sind wertmäßig gleich. Es gilt die **Bilanzgleichung:**

Aktiva = Passiva

§ 242 HGB verpflichtet also Hans Glück Bilanzen zu erstellen. In § 266 HGB ist die Gliederung einer Bilanz geregelt, die Hans Glück natürlich beachtet:

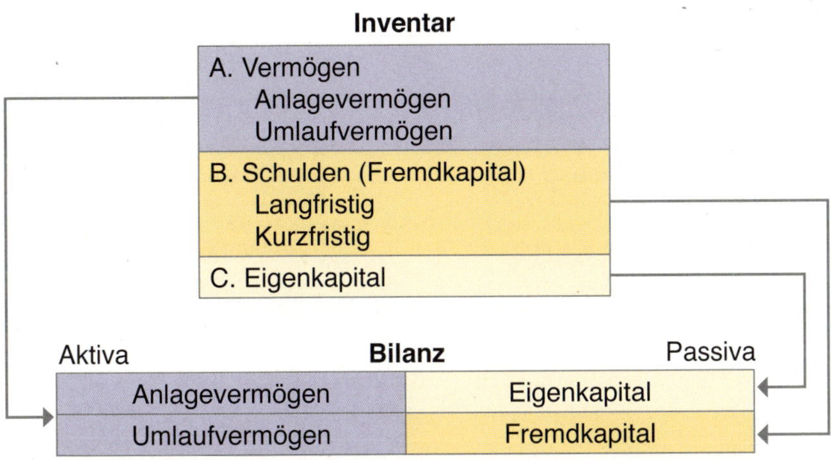

Beispiel einer Bilanz, abgeleitet aus dem Inventar des Unternehmens Hans Glück:*)

Aktiva — Bilanz zum 31. Dezember 20.. — Passiva

Aktiva		Passiva	
I. Anlagevermögen		**I. Eigenkapital**	503.239,00
1. Bebautes Grundstück	180.000,00	**II. Fremdkapital**	
2. Betriebs- und Verwaltungsgebäude	400.000,00	1. Langfristige Verbindlichkeiten	470.000,00
3. Maschinen und Anlagen	35.000,00	2. Kurzfristige Schulden	103.507,00
4. Fuhrpark	80.800,00		
5. Büroausstattung	48.620,00		
II. Umlaufvermögen			
1. Vorräte	278.592,00		
2. Bankguthaben	48.850,00		
3. Kassenbestand	4.884,00		
	1.076.746,00		1.076.746,00

Regensburg, den ...

Hans Glück

Das Wort „Bilanz“ kommt aus der italienischen Sprache. „Bilancia“ bedeutet eine zweischalige Waage, die sich im Gleichgewicht befindet. Damit soll ausgedrückt werden, dass Vermögen und Kapital zahlenmäßig ausgeglichen sind. Denn alles, was der Betrieb an Vermögen besitzt, muss durch Eigenkapital oder durch Fremdkapital bezahlt (finanziert) worden sein.

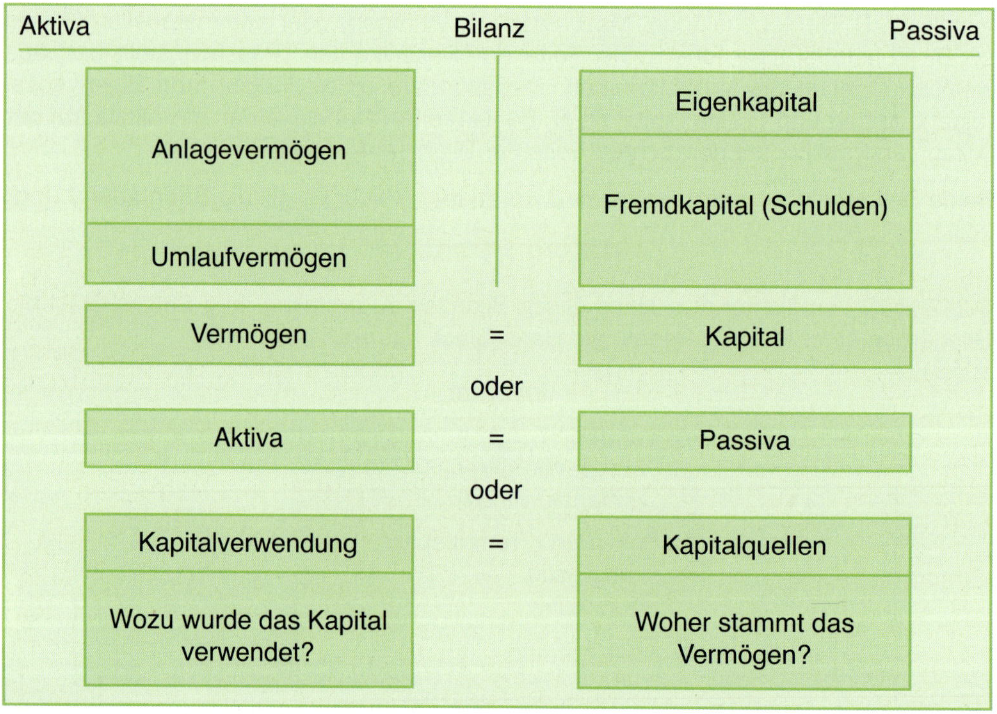

*) In Bilanzen und Konten erscheinen aus Gründen der Übersichtlichkeit die Beträge ohne „€“.

ALLES KLAR?!?!?

1. Die **Bilanz** ist eine Kurzfassung des Inventars, dargestellt in **Kontenform.**
2. Auf der **Aktivseite** stehen die **Vermögenswerte**, auf der **Passivseite** stehen das **Eigenkapital** und das **Fremdkapital**.
3. Die **Bilanzgleichung** lautet immer: **Summe der Aktiva = Summe der Passiva.**

132

Beantworte folgende Fragen. Dazu benötigst du auch die §§ 242 und 257 HGB (siehe Anhang).

1. Wann muss eine Bilanz aufgestellt werden?
2. Wer muss die Bilanz unterschreiben?
3. Nenne Beispiele für die Bilanzgleichung.
4. Wie lange muss eine Bilanz aufbewahrt werden?
5. Nenne je drei Beispiele für Anlagevermögen, Umlaufvermögen und Schulden.
6. Wie errechnet der Kaufmann das Eigenkapital?
7. Wodurch unterscheidet sich eine Bilanz von einem Inventar?

133

Welche der nachfolgenden Bilanzgleichungen sind **richtig**?

1. Aktiva = Passiva
2. Umlaufvermögen = Eigenkapital – Anlagevermögen
3. Kapital = Vermögen
4. Passiva = Fremdkapital + Umlaufvermögen
5. Kapital = Fremdkapital + Eigenkapital

134

Berechne die fehlenden €-Werte:

	1.	2.	3.
Anlagevermögen	680.000,00 €	????? €	565.000,00 €
Umlaufvermögen	????? €	450.000,00 €	????? €
Vermögen	????? €	1.330.000,00 €	????? €
Eigenkapital	????? €	1.050.000,00 €	770.000,00 €
Fremdkapital	145.000,00 €	????? €	????? €
Gesamtkapital	970.000,00 €	????? €	1.020.000,00 €

135

Erstelle zu den Inventaren der Aufgaben 128, 130 und 131 die Bilanz.

136

Die Firma Anton Mahl, Elektrowerkzeuge, Lichtenfels, ermittelte bei der Inventur in zwei aufeinander folgenden Jahren folgende Bestände:

	1. Jahr	2. Jahr
Bebautes Grundstück, Jahnstraße 2	150.000,00 €	150.000,00 €
Betriebs- und Verwaltungsgebäude, Jahnstraße 2	740.000,00 €	712.000,00 €
Langfristige Verbindlichkeit bei der Sparkasse	220.000,00 €	210.000,00 €
Verbindlichkeiten aus LL lt. Verzeichnis	44.160,00 €	78.320,00 €
Vorräte lt. Verzeichnis	152.000,00 €	198.700,00 €
Fuhrpark lt. Verzeichnis	86.300,00 €	72.800,00 €
Kurzfristige Bankschulden bei der Sparkasse	24.620,00 €	79.600,00 €
Forderungen aus LL lt. Verzeichnis	38.200,00 €	29.600,00 €
Büroausstattung lt. Verzeichnis	44.100,00 €	69.560,00 €
Kassenbestand	10.560,00 €	8.780,00 €
Bankguthaben	32.650,00 €	23.430,00 €

1. Erstelle für beide Jahre die Bilanz.
2. Arbeitet der Unternehmer überwiegend mit fremdem oder eigenem Kapital? Begründe!
3. Hat das Unternehmen im 2. Jahr ausreichend Geld flüssig, um damit die kurzfristigen Schulden bezahlen zu können? Begründe!

4.4 Geschäftsfälle ändern die Bilanz

Der Schreinermeister Hans Glück muss wie jeder andere Unternehmer neue Vorräte einkaufen. Er bezahlt nicht sofort, sondern vereinbarungsgemäß erst später. Solch ein Geschäftsfall hat Auswirkungen auf die Bilanz.

Wie diese Auswirkungen aussehen, untersuchen wir anhand dieser Bilanz:

Aktiva	Bilanz		Passiva
Maschinen und Anlagen	300.000,00	Eigenkapital	280.000,00
Büroausstattung	80.000,00	Langfristige Bankverbindlichkeiten	120.000,00
Bankguthaben	90.000,00	Kurzfristige Bankverbindlichkeiten	50.000,00
Kassenbestand	10.000,00	Verbindlichkeiten aus Lieferungen und Leistungen	30.000,00
	480.000,00		480.000,00

Es geschehen nun folgende vier Geschäftsfälle im Unternehmen von Hans Glück:

Geschäftsfall 1:

Kauf eines Tresors bar, 2.000,00 €.

Auswirkungen auf die Bilanz:

1. Welche Posten der Bilanz sind betroffen?
Büroausstattung (BA) – Kassenbestand (KA)

2. Handelt es sich um Aktiv- oder Passiv-Posten?
Büroausstattung (BA) Aktivposten
Kassenbestand (KA) Aktivposten

3. Wie verändern sich die Beträge?
Büroausstattung (BA) + 2.000,00 €
Kasse (KA) – 2.000,00 €

Aktiva	Bilanz		Passiva
Maschinen und Anlagen	300.000,00	Eigenkapital	280.000,00
Büroausstattung	**82.000,00**	Langfristige Bankverbindlichkeiten	120.000,00
Bankguthaben	90.000,00	Kurzfristige Bankverbindlichkeiten	50.000,00
Kassenbestand	**8.000,00**	Verbindlichkeiten aus Lieferungen und Leistungen	30.000,00
	480.000,00		480.000,00

- Auf der Aktivseite der Bilanz werden zwei Beträge getauscht (BA: + 2.000,00 €, KA: – 2.000,00 €).
- Die Bilanzgleichung (Aktiva 480.000,00 € = Passiva 480.000,00 €) bleibt erhalten.
- Da der Austausch nur die Aktivseite berührt, spricht man von einem **Aktivtausch.**

Geschäftsfall 2:

Eine kurzfristige Bankverbindlichkeit (KBKV) von 40.000,00 € wird in eine langfristige Bankverbindlichkeit (LBKV) umgewandelt.

Auswirkungen auf die Bilanz:

1. **Welche Posten der Bilanz sind betroffen?**
   Langfristige Bankverbindlichkeiten (LBKV) – Kurzfristige Bankverbindlichk. (KBKV)
2. **Handelt es sich um Aktiv- oder Passiv-Posten?**
   Langfristige Bankverbindlichkeiten (LBKV) Passivposten
   Kurzfristige Bankverbindlichkeiten (KBKV) Passivposten
3. **Wie verändern sich die Beträge?**
   Langfristige Bankverbindlichkeiten (LBKV) + 40.000,00 €
   Kurzfristige Bankverbindlichkeiten (KBKV) – 40.000,00 €

Aktiva	Bilanz		Passiva
Maschinen und Anlagen	300.000,00	Eigenkapital	280.000,00
Büroausstattung	82.000,00	**Langfristige Bankverbindlichkeiten**	**160.000,00**
Bankguthaben	90.000,00	**Kurzfristige Bankverbindlichkeiten**	**10.000,00**
Kassenbestand	8.000,00	Verbindlichkeiten aus Lieferungen und Leistungen	30.000,00
	480.000,00		480.000,00

- Auf der Passivseite der Bilanz werden zwei Beträge getauscht (LBKV: + 40.000,00 €, KBKV: – 40.000,00 €).
- Die Bilanzgleichung (Aktiva 480.000,00 € = Passiva 480.000,00 €) bleibt erhalten.
- Da der Austausch nur die Passivseite berührt, spricht man von einem **Passivtausch.**

Geschäftsfall 3:

Kauf einer Hobelmaschine auf Ziel, 30.000,00 €.

Auswirkungen auf die Bilanz:

1. **Welche Posten der Bilanz sind betroffen?**
   Maschinen und Anlagen (MA) – Verbindlichkeiten aus LL (VE)
2. **Handelt es sich um Aktiv- oder Passiv-Posten?**
   Maschinen und Anlagen (MA) Aktivposten
   Verbindlichkeiten aus LL (VE) Passivposten
3. **Wie verändern sich die Beträge?**
   Maschinen und Anlagen (MA) + 30.000,00 €
   Verbindlichkeiten aus LL (VE) + 30.000,00 €

Aktiva	Bilanz		Passiva
Maschinen und Anlagen	**330.000,00**	Eigenkapital	280.000,00
Büroausstattung	82.000,00	Langfristige Bankverbindlichkeiten	160.000,00
Bankguthaben	90.000,00	Kurzfristige Bankverbindlichkeiten	10.000,00
Kassenbestand	8.000,00	**Verbindlichkeiten aus Lieferungen und Leistungen**	**60.000,00**
	510.000,00		**510.000,00**

- Auf der Aktivseite der Bilanz vermehrt sich ein Bilanzposten (MA: + 30.000,00 €).
  Auf der Passivseite der Bilanz vermehrt sich ein Bilanzposten (VE: + 30.000,00 €).
- Die Bilanzgleichung (Aktiva 510.000,00 € = Passiva 510.000,00 €) bleibt erhalten, da sich die Aktiv- und die Passivseite um den gleichen Betrag vermehren.
- Da sich die Aktiv- und die Passivseite um den gleichen Betrag vermehren, spricht man von einer **Aktiv-Passiv-Mehrung.**

Geschäftsfall 4:

Banküberweisung an den Lieferer, 10.000,00 €.

Auswirkungen auf die Bilanz:

1. Welche Posten der Bilanz sind betroffen?
Bankguthaben (BK) – Verbindlichkeiten aus LL (VE)

2. Handelt es sich um Aktiv- oder Passiv-Posten?

Bankguthaben (BK)	Aktivposten
Verbindlichkeiten aus LL (VE)	Passivposten

3. Wie verändern sich die Beträge?

Bankguthaben (BK)	–10.000,00 €
Verbindlichkeiten aus LL (VE)	–10.000,00 €

Aktiva	Bilanz		Passiva
Maschinen und Anlagen	330.000,00	Eigenkapital	280.000,00
Büroausstattung	82.000,00	Langfristige Bankverbindlichkeiten	160.000,00
Bankguthaben	**80.000,00**	Kurzfristige Bankverbindlichkeiten	10.000,00
Kassenbestand	8.000,00	**Verbindlichkeiten aus Lieferungen und Leistungen**	**50.000,00**
	500.000,00		**500.000,00**

- Auf der Aktivseite der Bilanz vermindert sich ein Bilanzposten (BK: – 10.000,00 €).
  Auf der Passivseite der Bilanz vermindert sich ein Bilanzposten (VE: – 10.000,00 €).

- Die Bilanzgleichung (Aktiva 500.000,00 € = Passiva 500.000,00 €) bleibt erhalten, da sich die Aktiv- und die Passivseite um den gleichen Betrag vermindern.
- Da sich die Aktiv- und die Passivseite um den gleichen Betrag vermindern, spricht man von einer **Aktiv-Passiv-Minderung.**

ALLES KLAR?!?!?

Jeder Geschäftsfall verändert zwei Bilanzposten.
Es lassen sich vier Arten der Bilanzänderung unterscheiden:

Aktivtausch
Passivtausch
} Die Bilanzsumme ändert sich nicht.

Aktiv-Passiv-Mehrung
Aktiv-Passiv-Minderung
} Die Bilanzsumme ändert sich.

Die Bilanzgleichung (Summe der Aktiva = Summe der Passiva) bleibt immer erhalten.

Für die einzelnen Bilanzposten kannst du Abkürzungen verwenden. Die Abkürzungsvorschläge findest du im Anhang.

137

Welche der vier möglichen Bilanzänderungen liegt vor?

	Mehrung	Minderung	Mehrung	Minderung
1.	FP		VE	
2.	BK	MA		
3.		BK		LBKV
4.	LBKV	VE		
5.	MA		VE	
6.	BK		LBKV	
7.	KA	BK		
8.	LBKV		UGR	
9.	VE		BA	

138

Wie wirken sich die folgenden Geschäftsfälle auf die Bilanz aus? Verwende dazu das folgende Schema!

1. Kauf eines Lagerplatzes gegen Banküberweisung 100.000,00 €

Nr.	Welche Posten der Bilanz sind betroffen?	Handelt es sich um Aktiv- oder Passivposten?	Wie verändern sich die Beträge?	Welche Art der Änderung liegt vor?
1.	UGR BK	Aktiva Aktiva	+ 100.000,00 – 100.000,00	Aktivtausch

Bearbeite die folgenden Geschäftsfälle in der gleichen Weise.

2. Kauf eines Schreibtisches gegen Barzahlung 3.000,00 €
3. Barverkauf eines gebrauchten Lieferwagens 25.000,00 €
4. Kauf einer Bürocomputeranlage auf Ziel 5.000,00 €
5. Abhebung vom Bankkonto 2.000,00 €
6. Banküberweisung an einen Lieferer 4.000,00 €
7. Kauf eines unbebauten Grundstückes durch Banküberweisung 200.000,00 €
8. Die Bank gewährt uns ein langfristiges Darlehen, Gutschrift auf dem Bankkonto 30.000,00 €
9. Bareinzahlung auf das Bankkonto 5.000,00 €
10. Teilrückzahlung (Tilgungsrate) einer langfristigen Bankverbindlichkeit 4.000,00 €
11. Umwandlung einer kurzfristigen Bankverbindlichkeit in eine langfristige Bankverbindlichkeit 40.000,00 €

1. Erstelle aus den folgenden Beständen die Bilanz:
   EK ???, BA 29.500,00 €, LBKV 25.000,00 €, MA 56.200,00 €, KA 6.500,00 €, 139
   VE 14.200,00 €, BK 16.900,00 €.

2. Stelle nach jedem Geschäftsfall die neue Bilanz auf.
   1. Barkauf einer Bohrmaschine 1.500,00 €
   2. Banküberweisung an den Lieferer 2.000,00 €
   3. Umwandlung einer kurzfristigen Verbindlichkeit in eine langfristige Darlehensschuld 4.500,00 €
   4. Kauf eines Büroschranks gegen Barzahlung 1.800,00 €
   5. Barabhebung vom Bankkonto 3.200,00 €

Wie verändern sich die Werte in dieser Bilanzwaage durch die sechs Geschäftsfälle? 140
Übertrage die Bilanzwaage in dein Heft und fülle die jeweiligen Spalten aus.

MA	BA	BK	KA	Summe	EK	LBKV	VE
80.000,00	40.000,00	15.000,00	5.000,00	140.000,00	60.000,00	50.000,00	30.000,00

1. Eine Liefererschuld wird in eine langfristige Bankverbindlichkeit umgewandelt 20.000,00 €
2. Wir verkaufen eine gebrauchte Bandsäge gegen Barzahlung 10.000,00 €
3. Wir überweisen dem Lieferer durch die Bank 5.000,00 €
4. Wir heben vom Bankkonto ab 2.000,00 €
5. Wir kaufen einen Bürostuhl auf Ziel 1.000,00 €
6. Wir kaufen eine Hobelmaschine auf Ziel 25.000,00 €

141

Wie verändern sich die Werte in dieser Bilanzwaage durch die sechs Geschäftsfälle? Übertrage die Bilanzwaage in dein Heft und fülle die jeweiligen Spalten aus.

MA	FO	BK	KA	Summe	EK	LBKV	VE
65.000,00	16.000,00	52.500,00	6.500,00	140.000,00	100.000,00	28.550,00	11.450,00

1. Kauf einer neuen Fertigungsmaschine auf Ziel 40.000,00 €
2. Umwandlung einer Liefererschuld in eine langfristige Bankverbindlichkeit 5.000,00 €
3. Bareinzahlung auf das Bankkonto 850,00 €
4. Banküberweisung an den Lieferer 1.500,00 €
5. Tilgung einer langfristigen Bankverbindlichkeit durch Banküberweisung 20.000,00 €
6. Banküberweisung eines Kunden 4.500,00 €

142

Wie verändern sich die Werte in dieser Bilanzwaage durch die sechs Geschäftsfälle? Übertrage die Bilanzwaage in dein Heft und fülle die jeweiligen Spalten aus.

BA	FO	BK	KA	Summe	EK	LBKV	VE
6.000,00	5.000,00	9.100,00	3.900,00	24.000,00	13.000,00	9.000,00	2.000,00

1. Barabhebung vom Bankkonto 500,00 €
2. Teilrückzahlung eines Darlehens durch Banküberweisung 1.600,00 €
3. Kauf eines Schreibtisches gegen Barzahlung 900,00 €
4. Banküberweisung eines Kunden 400,00 €
5. Kauf eines Büroschrankes auf Ziel 800,00 €
6. Bareinzahlung auf das Bankkonto 1.500,00 €

143

Ermittle die fehlenden Werte:

	BA	FO	BK	KA	Summe	EK	LBKV	VE
1.	65.000,00	16.000,00	52.500,00	2.500,00	?????	?????	28.500,00	7.450,00
2.	85.000,00	?????	62.500,00	3.000,00	?????	114.100,00	35.000,00	27.450,00
3.	130.000,00	35.000,00	80.000,00	8.500,00	?????	180.000,00	50.000,00	?????
4.	125.000,00	12.500,00	?????	6.000,00	?????	142.000,00	25.500,00	8.000,00

144

1. Die Fälle 1 bis 4 haben die ursprüngliche Bilanz geändert. Welcher Geschäftsfall liegt jeweils zugrunde?
2. Wie ändert sich jeweils die Bilanzsumme?

	BA	FO	BK	KA	Summe	EK	LBKV	VE
	145.000,00	**12.500,00**	**39.500,00**	**3.000,00**	**200.000,00**	**171.600,00**	**25.000,00**	**3.400,00**
1.	145.000,00	9.800,00	42.200,00	3.000,00	?????	171.600,00	25.000,00	3.400,00
2.	145.000,00	9.800,00	32.200,00	3.000,00	?????	171.600,00	15.000,00	3.400,00
3.	175.000,00	9.800,00	32.200,00	3.000,00	?????	171.600,00	15.000,00	33.400,00
4.	175.000,00	9.800,00	32.200,00	3.000,00	?????	171.600,00	35.000,00	13.400,00

4.5 Die Geschäftsgrafik

Die Schreinerei Hans Glück hat folgende Schlussbilanz erstellt. Die Werte wurden in ein Tabellenkalkulationsprogramm*) übertragen. Herr Glück will die Aktivseite der Bilanz mit einem Schaubild (Diagramm) darstellen. Die Zahlenreihen können damit wesentlich aussagekräftiger dargestellt werden. Er erstellt folgendes Balkendiagramm:

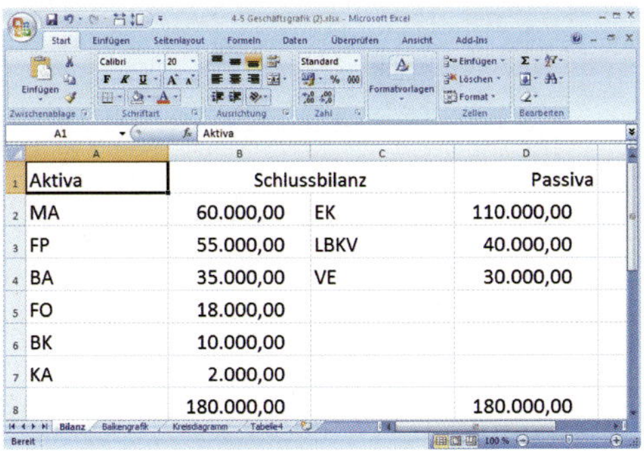

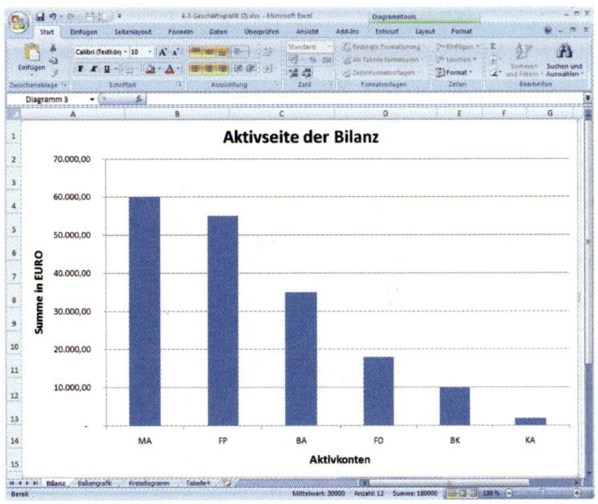

Dazu sind folgende Schritte notwendig:

1. Es wird ein leeres Arbeitsblatt gesucht, in dem die Grafik erstellt werden soll.
2. Auswahl des Diagrammtyps
   Einfügen – Säule – 2D-Säule

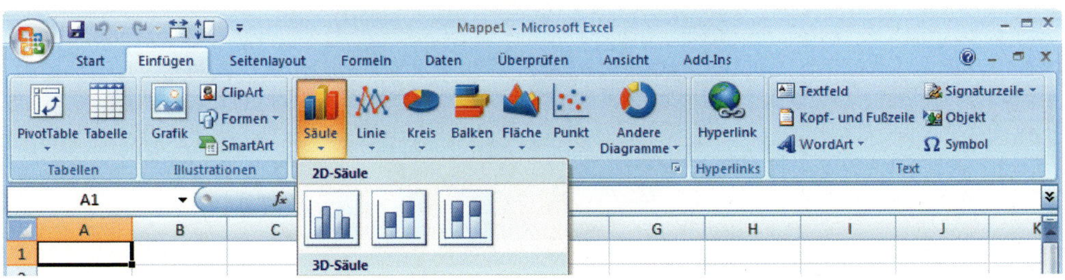

*) Es wird das Programm Microsoft Excel 2007 verwendet. Bei anderen Programmversionen bzw. anderen Tabellenkalkulationsprogrammen sind andere Schritte erforderlich.

3. Datenauswahl

Nach der Auswahl der 2D-Säule erscheint im Arbeitsblatt ein leeres Feld. Klickt man das leere Feld an, kann man die Daten auswählen. Es soll die Aktivseite der Bilanz dargestellt werden. Dazu muss in der Schlussbilanz der Bereich A2 : B7 markiert werden:

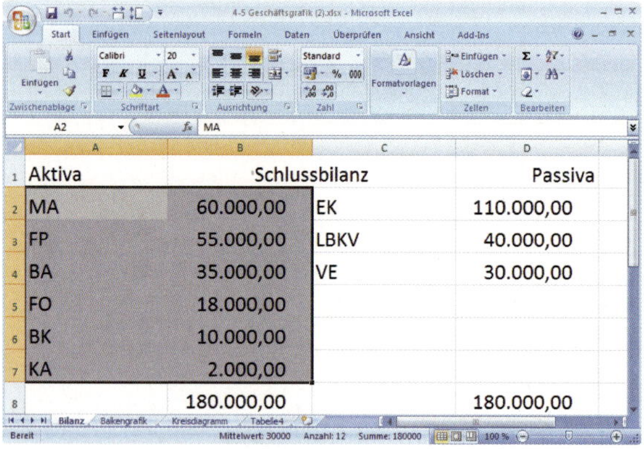

4. Diagrammtitel und Achsenbeschriftungen

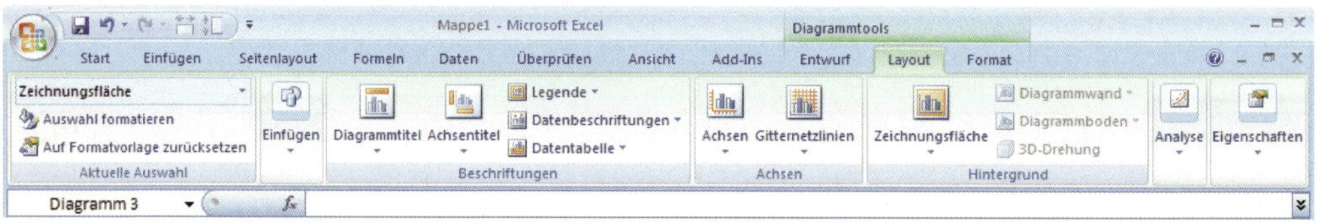

Durch Anklicken von „Diagrammtitel“ bzw. „Achsentitel“ lassen sich die Beschriftungen der Titel „Aktivseite der Bilanz“ und Achsenbeschriftungen „Summe in EURO“ sowie „Aktivkonten“ einfügen.

Selbstverständlich kann das Diagramm verändert werden. Man muss nur das Balkendiagramm anklicken und dann unter „Layout“ beispielsweise die Option „Torte“ wählen.

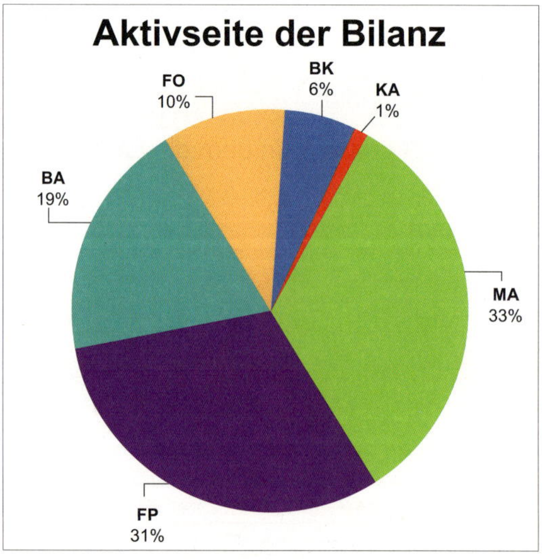

Bei „Datenbeschriftung“ wurde die Option Kategoriename, Prozentsatz und Ende außerhalb angeklickt.

1. Stelle die Passivseite der Bilanz (mithilfe einer Geschäftsgrafik) dar.
2. Verwende dazu verschiedene Diagrammtypen.
3. Entscheide, welcher Diagrammtyp sich am besten eignet.

145

4.6 Die Auflösung der Bilanz in aktive und passive Bestandskonten

Unschwer lässt sich erkennen, dass es äußerst umständlich und zeitraubend wäre, wenn man nach jedem Geschäftsfall eine neue Bilanz schreiben würde, obwohl sich nur zwei Posten ändern.

Um Veränderungen der einzelnen Bilanzposten übersichtlich und zeitsparend aufschreiben zu können, wird die Bilanz in **Bestandskonten** aufgelöst. Der Name kommt daher, weil diese Konten den aktuellen Wert (= Bestand) des betreffenden Bilanzpostens ausweisen. Für jeden Bilanzposten wird ein eigenes **Konto** eingerichtet. Die linke Kontoseite wird mit **„Soll" (S)**, die rechte mit **„Haben" (H)** bezeichnet. Die Bezeichnungen Soll und Haben stammen aus der Frühzeit der Buchführung und haben ihre Bedeutung „sollen" bzw. „haben" verloren. Gemeint war der Kunde „soll" zahlen und wir „haben" dem Lieferer zu zahlen.

Aus den Aktivposten der Bilanz werden **Aktivkonten**, die Passivposten der Bilanz werden zu **Passivkonten**. Z. B. wird aus dem Aktivposten „Maschinen und Anlagen" das Aktivkonto „Maschinen und Anlagen". Aus dem Passivposten „Eigenkapital" wird das Passivkonto „Eigenkapital".

Die Beträge der Aktivseite der Bilanz werden auf die Sollseite (= linke Seite des Kontos) des betreffenden Aktivkontos übertragen. Die Beträge der Passivseite der Bilanz überträgt man auf die Habenseite (= rechte Seite des Kontos) des betreffenden Passivkontos. Die aus der Bilanz ins aktive bzw. passive Bestandskonto übernommenen Beträge heißen **Anfangsbestand**.

S	Aktivkonto	H
Anfangsbestand		

S	Passivkonto	H
		Anfangsbestand

Um Zeit und Platz zu sparen, werden die Kontennamen abgekürzt. Das Abkürzungsverzeichnis findest du im Anhang des Buches.

Die Bilanz zur Eröffnung des Geschäftsjahres heißt **Eröffnungsbilanz**. Sie trägt das Datum, mit dem das Geschäftsjahr beginnt: „Bilanz zum 01. Januar 20..“.

Aktiva	Bilanz zum 01. 01. 20..		Passiva
Maschinen und Anlagen	300.000,00	Eigenkapital	280.000,00
Büroausstattung	80.000,00	Langfristige Bankverbindlichkeiten	120.000,00
Bankguthaben	90.000,00	Kurzfristige Bankverbindlichkeiten	50.000,00
Kassenbestand	10.000,00	Verbindlichkeiten aus Lieferungen und Leistungen	30.000,00
	480.000,00		480.000,00

S	MA		H
AB	300.000,00		

S	EK		H
		AB	280.000,00

S	BA		H
AB	80.000,00		

S	LBKV		H
		AB	120.000,00

S	BK		H
AB	90.000,00		

S	KBKV		H
		AB	50.000,00

S	KA		H
AB	10.000,00		

S	VE		H
		AB	30.000,00

ALLES KLAR?!?!?

1. Die **aktiven Bestandskonten (Aktivkonten)** werden aus den Aktivposten der Bilanz gebildet. Ihr Wert wird als **Anfangsbestand (AB)** ins **Soll** übernommen, weil er in der Bilanz auf der linken Seite steht.
2. Die **passiven Bestandskonten (Passivkonten)** werden aus den Passivposten der Bilanz gebildet. Ihr Wert wird als **Anfangsbestand (AB)** ins **Haben** übernommen, weil er in der Bilanz auf der rechten Seite steht.
3. Die Aktivkonten und die Passivkonten bezeichnet man als **Bestandskonten**, weil sie die Bestände aus der Bilanz übernehmen.

Erstelle die Eröffnungsbilanz, löse sie in Konten auf und trage die Anfangsbestände ein. Benutze dazu den T-Kontenblock bzw. das Arbeitsheft. 146

Anfangsbestände:

EK 348.300,00 €, MA 186.300,00 €, BK 117.300,00 €, FP 64.500,00 €, LBKV 56.000,00 €, KA 7.600,00 €, BA 52.500,00 €, VE 23.900,00 €.

Erstelle die Eröffnungsbilanz, löse sie in Konten auf und trage die Anfangsbestände ein. Benutze dazu den T-Kontenblock bzw. das Arbeitsheft. 147

Anfangsbestände:

FP 60.000,00 €, MA 30.000,00 €, FO 15.000,00 €, BK 25.000,00 €, KA 10.000,00 €, EK 40.000,00 €, LBKV 80.000,00 €, VE 20.000,00 €.

Erstelle die Eröffnungsbilanz, löse sie in Konten auf und trage die Anfangsbestände ein. Benutze dazu den T-Kontenblock bzw. das Arbeitsheft. 148

Anfangsbestände:

MA 40.000,00 €, BA 25.000,00 €, FO 10.000,00 €, BK 8.000,00 €, KA 2.000,00 €, EK 40.000,00 €, LBKV 30.000,00 €, VE 15.000,00 €.

Wo versteckt sich das „Schwarze Schaf“? 149

Welches Konto passt nicht? Begründe deine Entscheidung.

a) FO – BK – KA – UGR
b) MA – FP – BM – KBKV
c) KBKV – VE – FO – LBKV

4.7 Das Buchen in Bestandskonten

Die Anfangsbestände, die jetzt auf den Konten stehen, werden durch die Geschäftsfälle verändert. Jeder Geschäftsfall führt zu einer Veränderung des Bestandes bei mindestens zwei Konten. Entweder der Bestand nimmt zu oder der Bestand nimmt ab.

S	Aktivkonten	H
Anfangsbestand		Abnahme
Zunahme		

S	Passivkonten	H
Abnahme		Anfangsbestand
		Zunahme

- Eine Zunahme des Bestandes (+) vermehrt den Anfangsbestand. Man bucht deshalb den Betrag auf die Seite, auf der der Anfangsbestand steht.
- Eine Abnahme des Bestandes (–) bucht man auf die Gegenseite des Anfangsbestandes.

Als Denkhilfe kann man allen Bestandskonten zusätzliche Zeichen geben:

Aktivkonten erhalten die Bezeichnung + – Konten
Passivkonten erhalten die Bezeichnung – + Konten

Reihenfolge der Arbeiten beim Buchen eines Geschäftsfalles:

- **Geschäftsfall:**

  Banküberweisung an den Lieferer, 9.000,00 €.

- **Die vier Fragen zu jedem Geschäftsfall:**

1. Welche Konten sind betroffen?	VE	BK
2. Sind es Aktiv- oder Passivkonten?	P	A
3. Wie verändern sich die Konten?	–	–
4. Auf welcher Seite wird gebucht?	S	H

- **Die Buchungsanweisung:**

  Das Ergebnis dieser Fragen wird als Buchungsanweisung zusammengefasst, wobei immer zuerst die Sollbuchung zu nennen ist:

Buchungsanweisung			
Nr.	Sollbuchung	Habenbuchung	Betrag
1.	VE (–)	BK (–)	9.000,00 €

- **Buchung auf T-Konten:**

S (+)	Verbindlichkeiten aus LL		(–) H
1. BK	9.000,00	AB	30.000,00

S (+)	Bankguthaben		(–) H
AB	90.000,00	1. VE	9.000,00

Beim Buchen ist stets auch das Gegenkonto anzugeben.

In der Praxis wird die Buchungsanweisung mithilfe eines Stempels zusammengefasst:

Konto	Soll	Haben
VE	9.000,00	
BK		9.000,00
Gebucht:		

Diese zusammengefasste Buchungsanweisung enthält in knapper Form alle für das Buchen notwendigen Angaben:

- die Namen der benötigten Konten,
- die Angabe der Kontenseite, auf der zu buchen ist,
- die Buchungsbeträge.

ALLES KLAR?!?!?

Beachte beim Buchen:

1. Jeder Geschäftsfall wird auf **zwei Konten** gebucht.
2. Buche immer erst im Soll, dann im Haben.
   Gib jeweils das **Gegenkonto** an.
3. Soll- und Habenbuchung sind wertmäßig gleich.
4. **Keine Buchung ohne Gegenbuchung.**
5. Eine Buchungsanweisung kann zusammengefasst werden.

Doppelte Buchführung (Doppik)

Beantworte zu den folgenden Geschäftsfällen die „vier Fragen" (siehe Seite 140) und bilde dann die Buchungsanweisungen. 150

1. Ein Bankkonto wird eröffnet, Bareinzahlung	1.500,00 €
2. Verkauf eines gebrauchten Lkw gegen Banküberweisung	19.500,00 €
3. Barverkauf einer gebrauchten Fräsmaschine	1.800,00 €
4. Kauf einer neuen Maschine auf Ziel	4.500,00 €
5. Kauf einer Hobelmaschine auf Ziel	20.000,00 €
6. Umwandlung einer Liefererverbindlichkeit in eine langfristige Bankverbindlichkeit	15.000,00 €
7. Teilrückzahlung unserer langfristigen Bankverbindlichkeit, Banklastschrift	2.500,00 €
8. Barabhebung vom Bankkonto	4.000,00 €
9. Bareinzahlung auf das Bankkonto	5.000,00 €
10. Kauf eines unbebauten Grundstückes gegen Banküberweisung	80.000,00 €
11. Barverkauf einer gebrauchten Verpackungsmaschine	1.900,00 €
12. Barkauf neuer Büromöbel	3.400,00 €
13. Banküberweisung an den Lieferer	2.600,00 €

14. Abhebung vom Bankkonto 10.000,00 €
15. Aufnahme eines langfristigen Bankdarlehens, Bankgutschrift 50.000,00 €
16. Banküberweisung an einen Lieferer 600,00 €
17. Banküberweisung für Teilrückzahlung einer langfristigen Bankverbindlichkeit 1.000,00 €
18. Verkauf der alten Büroeinrichtung, Bankgutschrift 7.500,00 €
19. Barverkauf eines gebrauchten Schreibtisches 100,00 €
20. Verkauf eines unbebauten Grundstückes, Banküberweisung des Käufers 200.000,00 €

151

Bilde die Buchungsanweisungen für die folgenden Geschäftsfälle:

1. Kauf von neuen Computertischen auf Ziel 3.700,00 €
2. Kauf eines neuen Lieferwagens auf Ziel 38.000,00 €
3. Banküberweisung an den Lieferer 4.300,00 €
4. Barverkauf eines gebrauchten Pkw 12.000,00 €
5. Bareinzahlung auf das Bankkonto 10.000,00 €
6. Tilgung einer langfristigen Bankverbindlichkeit durch Banküberweisung 8.000,00 €
7. Barverkauf gebrauchter Büromöbel 4.600,00 €
8. Teilrückzahlung unserer kurzfristigen Darlehensschuld durch Barzahlung 3.500,00 €
9. Kauf einer neuen Büroeinrichtung auf Ziel 6.000,00 €

152

1. Eröffne das Konto Kassenbestand, Anfangsbestand 6.000,00 €
2. Bearbeite die sechs Geschäftsfälle und bilde die Buchungsanweisung.
3. Buche die Geschäftsfälle auf dem Konto Kassenbestand.

Geschäftsfälle:

1. Wir heben vom Bankkonto bar ab 3.000,00 €
2. Wir kaufen einen Schreibtisch, bar 1.800,00 €
3. Barzahlung an den Lieferer 4.000,00 €
4. Wir zahlen bar auf das Bankkonto ein 2.000,00 €
5. Ein Kunde zahlt bar 5.000,00 €
6. Wir kaufen eine Schreibtischlampe, bar 100,00 €

4.8 Die Belege

Was steht im § 238 Abs. 1 Satz 3 HGB? Schau im Anhang nach (Seite 219).

Fremdbelege:

Jeder Geschäftsfall ist durch ein Schriftstück zu dokumentieren. Diese Schriftstücke nennt man **Belege**. Es gibt Fremdbelege und Eigenbelege.

Fremdbelege sind alle von fremden Firmen und Behörden eingegangenen Schriftstücke, wie Eingangsrechnungen, Kontoauszüge der Banken, Quittungen für geleistete Barzahlungen usw.

Kontoauszug Kontonummer: 500 306 Auszug: 36 **A-Bank Regensburg**

IBAN DE72705950000000500306 Datum: 13. 11. 20.. Blatt: 01

BIC ABNKDEFF

Vorgang/Buchungsinformation	Buchung	Wertstellung	Umsatz in Euro
Gutschrift **Möbelhaus Huber,** **Ausgleich der Rechnung, Nr. 465**	12. 11.	12. 11.	1.000,00 +

A-Bank Regensburg · D-93059 Regensburg

Fa.
Hans Glück
Rachelstraße 6–8
93059 Regensburg

Alter Kontostand	EUR	45.000,00 H
Neuer Kontostand	EUR	46.000,00 H

Postanschrift:	Direkt-Service:	Tel.: 0180 304060	Telefax:	0941 516947	
A-Bank Regensburg	Telefon-Banking:	Tel.: 0180 304070	E-Mail:	info@a-bank.xyz	Bankleitzahl
93059 Regensburg	Erreichbarkeit:	7x24 Stunden	Internet:	http://www.a-bank.xyz	705 950 00

Ein **Kontoauszug** ist ein Schriftstück, auf welchem alle Umsätze eines Bankkontos ersichtlich sind. Kontoauszüge können täglich, wöchentlich, monatlich oder nach jeder Kontobewegung erstellt werden. Sie enthalten den Anfangsbestand und den Endbestand für den entsprechenden Zeitraum. Durch die Zustellung des Auszuges kommt die Bank ihrer Pflicht nach, den Kunden zu informieren.

Der Bankkunde hat die Möglichkeit und auch die Pflicht, alle Vorgänge auf seinem Konto anhand des Kontoauszuges zu kontrollieren. Zum Beispiel hat der Kunde in Deutschland nach den Allgemeinen Geschäftsbedingungen nur sechs Wochen nach Zugang des Rechnungsabschlusses Zeit, Lastschriften durch Einzugsermächtigung zu widersprechen. Die Information über eine solche Lastschrift erhält er auf dem Kontoauszug.

Eigenbelege:

Das sind alle im eigenen Unternehmen erstellten Kopien und Durchschriften von Ausgangsrechnungen und abgesandten Geschäftsbriefen, Materialentnahmescheine, Lohnlisten, Quittungen für Privatentnahmen usw.

QUITTUNG

Nr. -----

	Euro	Cent
Netto	1.260	50
+ 19 % USt.	239	50
Gesamtbetrag	1.500	00

Euro in Worten eintausendfünfhundert

von Studentenwerk Regensburg

für Garderobenständer

richtig erhalten zu haben, bestätigt

Ort Regensburg   Datum 31. Januar 20..

Buchungsvermerke

Stempel/Unterschrift des Empfängers Hans Glück

Eine **Quittung** ist eine Empfangsbestätigung für den Erhalt einer Leistung. Sie ermöglicht es dem Schuldner zu beweisen, dass die dazugehörige Forderung erloschen ist. Das Wort geht auf das veraltete „quitt" („ausgeglichen", z. B. jetzt sind wir quitt) zurück. Eine Quittung wird nach einem Kauf und dem Abschluss von Zahlungsvorgängen ausgestellt. Sie enthält in der Regel Aussteller sowie ggf. den Empfänger, die Art, Anzahl und Bezeichnung der Ware oder Dienstleistung, sowie Datum der Ausstellung.

Die Quittung dient dem Nachweis über die Bezahlung und damit als Beleg in der Buchführung. Der Empfänger einer Leistung (z. B. Zahlung) muss auf Verlangen ein schriftliches Empfangsbekenntnis erteilen (Quittung).

Im Unterricht kann man nicht immer mit Belegen arbeiten. Der Beleg wird dann durch die Angabe des Geschäftsfalles ersetzt.

Die Bearbeitung der Belege:

Die Belege sind die Grundlage für die Buchführung. Sie werden in mehreren Arbeitsgängen in der Buchhaltung aufbereitet:

1. Prüfung der Belege auf ihre sachliche und rechnerische Richtigkeit
Sind die auf der Rechnung angeführten Waren richtig bezeichnet? Sind die angegebenen Waren alle geliefert? Ist der Preis richtig berechnet?

2. Sortieren der Belege

Gleiche Arten von Belegen, z. B. Kontoauszüge, Eingangsrechnungen, werden zusammengefasst, nach Datum chronologisch bzw. nach Namen alphabetisch geordnet und mit fortlaufenden Nummern versehen.

3. Vorkontieren der Belege

Alle Belege, die eine Buchung auslösen, erhalten den **Buchungsstempel**.

Konto	Soll	Haben
BK	1.000,00	
FO		1.000,00
Gebucht:		

In den Buchungsstempel wird die **Buchungsanweisung** eingetragen. Man nennt diesen Vorgang **Kontierung der Belege.**

4. Buchungsvermerk

Der Buchungsvermerk (Datum der Buchung, Namenszug des Buchhalters) wird erst nach der Buchung eingetragen. Dadurch sollen Doppelbuchungen vermieden werden.

Kontoauszug Kontonummer: 500 306 Auszug: 36 **A-Bank Regensburg**

IBAN DE70595000000000500306 Datum: 13. 11. 20.. Blatt: 01

BIC ABNKDEFF

Vorgang/Buchungsinformation	Buchung	Wertstellung	Umsatz in Euro
Gutschrift Möbelhaus Huber, Ausgleich der Rechnung, Nr. 465	12. 11.	12. 11.	1.000,00 +

A-Bank Regensburg · D-93059 Regensburg

Fa.
Hans Glück
Rachelstraße 6–8
93059 Regensburg

Konto	Soll	Haben
BK	1.000,00	
FO		1.000,00
Gebucht: 15. 11. 20.. Gl		

Postanschrift: A-Bank Regensburg, 93059 Regensburg
Direkt-Service: Tel.: 0180 304060 — Telefax: 0941 516947
Telefon-Banking: Tel.: 0180 304070 — E-Mail: info@a-bank.xyz
Erreichbarkeit: 7x24 Stunden — Internet: http://www.a-bank.xyz
Bankleitzahl 705 950 00

153

1. Handelt es sich beim Beleg für Hans Glück (siehe oben) um einen Fremdbeleg oder um einen Eigenbeleg?
2. Wer bezahlt, wer erhält Geld?
3. Wofür wird bezahlt?
4. Formuliere den Geschäftsfall zu diesem Beleg.

Ablage und Aufbewahrung der Belege:

Eine sinnvolle Belegablage?

Nach dem Buchen werden die Belege in den Aktenordnern so abgelegt, dass sie bei Bedarf rasch zu finden sind. Die Abgabenordnung (§ 147 AO) und das Handelsgesetzbuch (HGB § 257) schreiben vor, dass die Belege **zehn Jahre lang aufbewahrt** werden müssen. Großbetriebe übertragen ihre Belege auf Mikrofilm oder andere Datenträger, um bei der Aufbewahrung Platz zu sparen.

154 Hans Glück hat von Tobias Klein diese Quittung erhalten:

Tobias Klein, Großdorf **Quittung**

Für den Verkauf meines gebrauchten Lieferwagens „Rapid“ (amtliches Kennzeichen: R-AS 303) habe ich vom Käufer, Herrn Hans Glück, gemäß Kaufvertrag 8.200,00 € bar erhalten.

Großdorf, 20. Jan. 20.. T. Klein

Konto	Soll	Haben
Fuhrpark	8.200,00	
Kassenbestand		8.200,00
Gebucht: 22. Januar 20.. Gl		

1. Handelt es sich um einen Fremdbeleg oder einen Eigenbeleg?
2. Auf welchem Vorgang beruht der Beleg?
3. Formuliere den Geschäftsfall zu diesem Beleg.

ALLES KLAR?!?!?

1. Belege sind Beweismittel und Informationsträger.
2. Es gibt Fremd- und Eigenbelege.
3. Belege dienen der Vorkontierung.
4. Keine Buchung ohne Beleg.
5. Belege sind geordnet aufzubewahren.

4.9 Der Buchungssatz

Soll an Haben

Die Buchungsanweisung mithilfe eines Buchungsstempels enthält in knapper Form alle notwendigen Angaben für das Buchen:

- die Namen der benötigten Konten,
- die Angabe der Kontenseite, auf der zu buchen ist,
- die Buchungsbeträge.

Konto	Soll	Haben
KA	2.200,00	
BM		2.200,00
Gebucht:		

Weiter vereinfachen lässt sich die Buchungsanweisung durch den **Buchungssatz.**

Kassenbestand an Büromaschinen 2.200,00 €

abgekürzt:

KA an **BM** 2.200,00 €

ALLES KLAR?!?!?

- Die Namen der Konten sind durch das Wort „an" miteinander verbunden.
- Das Konto vor dem „an" enthält die Sollbuchung, das Konto danach die Habenbuchung.
- Die Beträge sind bei der Sollbuchung und bei der Habenbuchung gleich.

Der einfache Buchungssatz

Bei einer Buchung, zu der zwei Konten benötigt werden, handelt es sich um einen einfachen Buchungssatz.

Beispiel 1:

- **Geschäftsfall:**
  Bareinzahlung auf das Bankkonto, 2.000,00 €.
- **Überlegungen:**
  Zur Bearbeitung des Geschäftsfalles müssen vier Fragen beantwortet werden:

  1. Welche Konten sind betroffen?
  Konto Bankguthaben (BK)
  Konto Kassenbestand (KA)

2. Sind es Aktiv- oder Passivkonten?

Konto Bankguthaben (BK) Aktivkonto

Konto Kassenbestand (KA) Aktivkonto

3. Wie verändern sich die Konten?

Aktivkonto Bankguthaben nimmt zu.

Aktivkonto Kassenbestand nimmt ab.

4. Auf welcher Seite wird gebucht?

Aktivkonten nehmen im Soll zu, daher Buchung:	Bankguthaben	Soll
Aktivkonten nehmen im Haben ab, daher Buchung:	Kassenbestand	Haben

- **Buchungssatz:**

Bankguthaben (BK)	an	**Kassenbestand (KA)**	**2.000,00 €**

- **Buchung auf T-Konten:**

S	BK		H
AB	4.300,00		
1) KA	**2.000,00**		

S	KA		H
AB	5.000,00	**1) BK**	**2.000,00**

ALLES KLAR?!?!?

Beim Buchen eines Geschäftsfalles auf Konten ist neben dem Betrag auch die laufende Nummer des Geschäftsfalles sowie das Gegenkonto (= Kontenanruf/Kontieren) anzugeben. So kann jede Buchung leicht überprüft werden, ob sie vollständig und richtig ist.

155 Bilde die Buchungssätze zu den folgenden Geschäftsfällen.

1.	Bareinzahlung auf das Bankkonto	2.500,00 €
2.	Banküberweisung an den Lieferer	1.720,00 €
3.	Barabhebung vom Bankkonto	500,00 €
4.	Rückzahlung einer langfristigen Darlehensschuld durch Banküberweisung	15.000,00 €
5.	Verkauf eines gebrauchten Lieferwagens, Bankgutschrift	2.300,00 €
6.	Barzahlung an einen Lieferer	1.150,00 €
7.	Kauf eines neuen Gabelstaplers auf Ziel	42.000,00 €
8.	Wir richten ein Bankkonto ein, Bareinzahlung	1.000,00 €
9.	Barkauf von neuen Bürostühlen	4.750,00 €
10.	Banküberweisung eines Kunden	1.880,00 €
11.	Kauf eines Kopiergerätes auf Ziel	6.360,00 €
12.	Banküberweisung an einen Lieferer	1.420,00 €

13.	Barverkauf eines gebrauchten Schreibtisches	240,00 €
14.	Wir nehmen bei der Sparkasse ein Darlehen für 2 Monate auf, der Betrag wird unserem Konto gutgeschrieben	45.000,00 €
15.	Kauf einer neuen Registrierkasse gegen Barzahlung	2.970,00 €
16.	Verkauf einer gebrauchten Sortiermaschine, Bankgutschrift	1.580,00 €
17.	Barkauf eines PC-Servers	2.100,00 €
18.	Kauf eines unbebauten Grundstückes gegen Banküberweisung	72.000,00 €
19.	Kauf eines neuen Lieferwagens auf Ziel	52.300,00 €
20.	Bareinzahlung auf das Bankkonto	3.500,00 €

Der zusammengesetzte Buchungssatz

Sind bei einem Geschäftsfall mehr als zwei Konten betroffen, so ergibt sich ein zusammengesetzter Buchungssatz. Beim zusammengesetzten Buchungssatz stehen einer oder mehreren Buchungen auf der Sollseite eine oder mehrere Buchungen auf der Habenseite gegenüber.

Beispiel 2:

- **Geschäftsfall:**

  Zahlung an den Lieferer durch Banküberweisung 1.000,00 € und durch Barzahlung 600,00 €.

- **Überlegungen:**

  Zur Bearbeitung des Geschäftsfalles müssen wieder die vier Fragen beantwortet werden:

  1. Welche Konten sind betroffen?

  Konto Verbindlichkeiten aus Lieferungen und Leistungen (VE)

  Konto Bankguthaben (BK)

  Konto Kassenbestand (KA)

  2. Sind es Aktiv- oder Passivkonten?

Konto Verbindlichkeiten aus Lieferungen und Leistungen (VE)	Passivkonto
Konto Bankguthaben (BK)	Aktivkonto
Konto Kassenbestand (KA)	Aktivkonto

  3. Wie verändern sich die Konten?

  Passivkonto Verbindlichkeiten aus Lieferungen und Leistungen (VE) nimmt ab.

  Aktivkonto Bankguthaben (BK) nimmt ab.

  Aktivkonto Kassenbestand (KA) nimmt ab.

4. **Auf welcher Seite wird gebucht?**

Passivkonten nehmen im Soll ab, daher Buchung: Verbindlichkeiten aus Lieferungen und Leistungen im Soll

Aktivkonten nehmen im Haben ab, daher Buchung: Bankguthaben im Haben

Aktivkonten nehmen im Haben ab, daher Buchung: Kassenbestand im Haben

- **Buchungssatz:**

Verbindlichkeiten aus LL (VE)	**1.600,00 €**	an	**Bankguthaben (BK)**	**1.000,00 €**
			Kassenbestand (KA)	**600,00 €**

- **Buchung auf T-Konten:**

S	VE		H
2) BK, KA	**1.600,00**	AB	6.000,00

S	BK		H
AB	5.000,00	**2) VE**	**1.000,00**

S	KA		H
AB	2.000,00	**2) VE**	**600,00**

Beispiel 3:

- **Geschäftsfall:**

Verkauf einer gebrauchten Computeranlage gegen Banküberweisung 2.500,00 € und gegen Barzahlung 500,00 €.

- **Überlegungen:**

Zur Bearbeitung des Geschäftsfalles müssen wieder die vier Fragen beantwortet werden:

1. **Welche Konten sind betroffen?**

Konto Bankguthaben (BK)

Konto Kassenbestand (KA)

Konto Büromaschinen (BM)

2. **Sind es Aktiv- oder Passivkonten?**

Konto Bankguthaben (BK)	Aktivkonto
Konto Kassenbestand (KA)	Aktivkonto
Konto Büromaschinen (BM)	Aktivkonto

3. **Wie verändern sich die Konten?**

Aktivkonto Bankguthaben (BK) nimmt zu.

Aktivkonto Kassenbestand (KA) nimmt zu.

Aktivkonto Büromaschinen (BM) nimmt ab.

4. Auf welcher Seite wird gebucht?

Aktivkonten nehmen im Soll zu, daher Buchung: Bankguthaben (BK) im Soll
Aktivkonten nehmen im Soll zu, daher Buchung: Kassenbestand (KA) im Soll
Aktivkonten nehmen im Haben ab, daher Buchung: Büromaschinen (BM) im Haben

- **Buchungssatz:**

Bankguthaben (BK)	**2.500,00 €**			
Kassenbestand (KA)	**500,00 €**	an	**Büromaschinen (BM)**	**3.000,00 €**

- **Buchung auf T-Konten:**

S	BK		H
AB	8.600,00		
3) BM	**2.500,00**		

S	BM		H
AB	5.000,00	**3) BK, KA**	**3.000,00**

S	KA		H
AB	5.000,00		
3) BM	**500,00**		

ALLES KLAR?!?!?

1. Der Buchungssatz ist eine Buchungsanweisung in Kurzform.
2. Das Sollkonto wird zuerst aufgerufen.
3. Soll- und Habenkonten sind durch „an“ verknüpft. „an“ bedeutet, dass beim nachfolgenden Konto im Haben gebucht werden muss:

z. B.

UGR	an	BK LBKV
↓	Buchung im	↓
Soll		Haben

4. Die Summe der Sollposten muss gleich der Summe der Habenposten sein.
5. Erst werden die Sollposten, dann die Habenposten gebucht:
   Erst Soll, dann Haben.

Wie lauten die Buchungssätze für die folgenden Geschäftsfälle?

1. Kauf eines Kopiergerätes 156
   durch Barzahlung 1.000,00 €
   auf Ziel 6.200,00 €
2. Ausgleich einer Liefererrechnung
   durch Barzahlung 3.500,00 €
   durch Banküberweisung 4.900,00 €

3. Kauf eines unbebauten Grundstückes	180.000,00 €
durch Banküberweisung	? €
durch Aufnahme eines langfristigen Darlehens	80.000,00 €
4. Tilgung unserer Darlehensschuld	30.000,00 €
durch Barzahlung	15.000,00 €
durch Banküberweisung	15.000,00 €
5. Kauf eines Betriebsgebäudes	
gegen Barzahlung	2.500,00 €
gegen Aufnahme eines langfristigen Bankdarlehens	200.000,00 €
6. Bezahlung einer Liefererrechnung	
Banklastschrift	3.300,00 €
und durch Barzahlung	2.200,00 €
7. Verkauf eines unbebauten Grundstückes	150.000,00 €
gegen Barzahlung	15.000,00 €
und Bankgutschrift	? €
8. Kauf einer neuen Büroeinrichtung	9.800,00 €
gegen Barzahlung	6.000,00 €
Rest auf Ziel	? €
9. Verkauf eines gebrauchten Lkw	
auf Ziel	40.000,00 €
gegen Barzahlung	5.000,00 €
10. Kauf einer neuen Verpackungsmaschine	21.000,00 €
auf Ziel	? €
gegen Barzahlung	7.000,00 €

4.10 Buchungslesen

Eine Buchführung ist für viele ein Buch mit sieben Siegeln. Wer sich bemüht, dem lüftet sie aber ihre Geheimnisse. Man kann aus dem Buchungssatz und ebenso aus den Buchungen in den Konten den zugrunde liegenden Geschäftsfall erkennen.

Wir beantworten wieder die vier bekannten Fragen, nur dass wir zuerst die Frage nach der Kontenseite klären müssen. Dann erst können wir feststellen, ob eine Zu- oder Abnahme vorliegt:

1. Welche Konten sind betroffen?
2. Sind es Aktiv- oder Passivkonten?
3. Auf welcher Seite wird gebucht?
4. Wie verändern sich die Konten?

Beispiel 1:

Aus welchem Vorgang stammt der folgende Buchungssatz?

Verbindlichkeiten LL (VE) an **Bankguthaben (BK) 4.800,00 €**

- **Überlegung:**
  Konto VE (Passivkonto) steht im Soll und nimmt ab (–)
  Konto BK (Aktivkonto) steht im Haben und nimmt ab (–)
- **Geschäftsfall:**
  Eine Liefererrechnung wird durch Banküberweisung bezahlt 4.800,00 €

Beispiel 2:

Auf welchem Geschäftsfall beruht der Eintrag 1. auf dem Konto KA?

S	KA		H
AB	4.000,00		
1. BK	3.000,00		

- **Buchungssatz:**
  Kassenbestand (KA) an **Bankguthaben (BK) 3.000,00 €**
- **Überlegung:**
  Konto KA (Aktivkonto) steht im Soll und nimmt zu (+)
  Konto BK (Aktivkonto) steht im Haben und nimmt ab (–)
- **Geschäftsfall:**
  Barabhebung vom Bankkonto 3.000,00 €

Beispiel 3:

Deute den folgenden Buchungssatz:

Fuhrpark (FP) 50.000,00 € an **Kassenbestand (KA) 10.000,00 €**
Verbindlichk. LL (VE) 40.000,00 €

- **Überlegung:**
  Konto FP (Aktivkonto) steht im Soll und nimmt um 50.000,00 € zu (+)
  Konto KA (Aktivkonto) steht im Haben und nimmt um 10.000,00 € ab (–)
  Konto VE (Passivkonto) steht im Haben und nimmt um 40.000,00 € zu (+)
- **Geschäftsfall:**
  Kauf eines Lieferwagens, Anschaffungskosten 50.000,00 €. Wir zahlen 10.000,00 € bar, den Rest zahlen wir später.

ALLES KLAR?!?!?

Beim Deuten von Konteneinträgen und Buchungssätzen (Buchungslesen) kommt es auf eine klare und genaue Formulierung an.

157 Wie heißen die Geschäftsfälle bei folgenden Buchungssätzen?

1.	KA	an	BK	450,00 €
2.	FO	an	BM	310,00 €
3.	VE	an	BK	2.160,00 €
4.	MA	an	VE	4.480,00 €
5.	BA	an	VE	3.300,00 €
6.	FP	an	VE	55.000,00 €
7.	KA	an	BK	2.000,00 €
8.	BM	an	KA	3.720,00 €
9.	FO	an	MA	2.500,00 €
10.	BK	an	KA	1.000,00 €
11.	LBKV	an	BK	30.000,00 €
12.	VE	an	LBKV	18.000,00 €
13.	FP	an	VE	40.000,00 €
14.	VE	an	KA	600,00 €
15.	BK	an	LBKV	75.000,00 €

158 Das Bankkonto weist die nachfolgenden Eintragungen aus. Gib die entsprechenden Geschäftsfälle an.

Soll	Bankguthaben (BK)		Haben
Anfangsbestand	36.000,00	3. Verbindl. aus LL (VE)	6.400,00
1. Ford. LL (FO)	8.500,00	5. Kassenbestand (KA)	3.000,00
2. Kurzfr. Bankv. (KBKV)	4.000,00	6. Langfr. Bankverb. (LBKV)	10.000,00
4. Kassenbestand (KA)	2.500,00	7. Kurzfr. Bankverb. (KBKV)	10.000,00

159 Wie heißen die zugrunde liegenden Geschäftsfälle?

1.	KA	1.000,00 €			
	BK	4.000,00 €	an	BM	5.000,00 €
2.	VE	3.800,00 €	an	BK	3.300,00 €
				KA	500,00 €
3.	BM	4.550,00 €	an	KA	1.550,00 €
				VE	3.000,00 €
4.	LBKV	10.000,00 €	an	BK	8.000,00 €
				KA	2.000,00 €

5.	BGR	960.000,00 €	an	BK	710.000,00 €
				LBKV	250.000,00 €
6.	MA	6.500,00 €	an	VE	4.000,00 €
				KA	2.500,00 €
7.	KA	2.500,00 €			
	FO	7.000,00 €	an	FP	9.500,00 €
8.	KA	5.000,00 €			
	BK	115.000,00 €	an	LBKV	120.000,00 €

Zusammenfassende Aufgaben:

Bearbeite die Aufgaben 160 – 163 wie folgt:

1. Erstelle die Bilanz zum 01. Januar 20..
2. Eröffne die Bestandskonten.
3. Bilde die Buchungssätze für die Geschäftsfälle.
4. Buche auf T-Konten.

Anfangsbestände: 160

Maschinen und Anlagen	53.200,00 €
Fuhrpark	92.000,00 €
Büroausstattung	48.500,00 €
Kassenbestand	6.200,00 €
Bankguthaben	71.400,00 €
Eigenkapital	182.700,00 €
Langfristige Bankverb.	66.000,00 €
Verbindlichkeiten aus LL	22.600,00 €

Geschäftsfälle:

1. Kauf eines Kleintransporters auf Ziel	34.130,00 €
2. Banküberweisung an den Lieferer	3.630,00 €
3. Barabhebung vom Bankkonto	1.500,00 €
4. Banküberweisung an einen Lieferer	7.680,00 €
5. Kauf einer neuen Büroeinrichtung	
gegen Barzahlung	4.500,00 €
auf Ziel	5.940,00 €
6. Verkauf eines gebrauchten Pkw-Kombi auf Ziel	2.000,00 €
7. Teilrückzahlung unseres Darlehens durch Banküberweisung	8.000,00 €
8. Kauf einer neuen Motorsäge gegen Barzahlung	500,00 €

161

Anfangsbestände:

Maschinen und Anlagen	36.200,00 €
Büroausstattung	42.600,00 €
Kassenbestand	3.180,00 €
Bankguthaben	28.840,00 €
Eigenkapital	79.620,00 €
Kurzfristige Bankverb.	22.000,00 €
Verbindlichkeiten aus LL	9.200,00 €

Geschäftsfälle:

1. Barzahlung an einen Lieferer	740,00 €
2. Teilrückzahlung unseres kurzfristigen Darlehens durch Banküberweisung	3.000,00 €
3. Einkauf einer neuen Maschine	
gegen Barzahlung	2.000,00 €
auf Ziel	5.340,00 €
4. Barabhebung vom Bankkonto	2.500,00 €
5. Barverkauf alter Büroschränke	520,00 €
6. Verkauf eines alten Tresors gegen Barzahlung	450,00 €
7. Banküberweisung an einen Lieferer	980,00 €
8. Kauf eines neuen Stahlschrankes	
gegen Barzahlung	530,00 €
auf Ziel	2.020,00 €
9. Kauf eines neuen Schreibtisches	2.750,00 €
Anzahlung bar	800,00 €
Rest auf Ziel	? €

162

Anfangsbestände:

Maschinen und Anlagen	47.380,00 €
Fuhrpark	104.000,00 €
Büroausstattung	56.500,00 €
Kassenbestand	7.620,00 €
Bankguthaben	80.800,00 €
Eigenkapital	? €
Langfristige Bankverb.	32.000,00 €
Verbindlichkeiten aus LL	25.860,00 €

Geschäftsfälle:

1. Verkauf gebrauchter Garderobenschränke auf Ziel	1.240,00 €
2. Teilrückzahlung des langfristigen Darlehens, Abbuchung vom Bankkonto	4.930,00 €

3. Banküberweisung an einen Lieferer	3.810,00 €
4. Aufnahme eines langfristigen Bankdarlehens, Gutschrift auf das Bankkonto	38.000,00 €
5. Kauf eines unbebauten Grundstückes durch Banküberweisung	38.000,00 €
6. Kauf neuer Ausstellungsschränke	
gegen Barzahlung	3.000,00 €
auf Ziel	9.180,00 €
7. Verkauf eines gebrauchten Lieferwagens	4.500,00 €
gegen Barzahlung	1.500,00 €
auf Ziel	? €
8. Kauf eines neuen Schreibtisches gegen Barzahlung	1.150,00 €
9. Bareinzahlung auf das Bankkonto	4.000,00 €

Anfangsbestände: 163

Maschinen und Anlagen	46.300,00 €
Fuhrpark	85.000,00 €
Büroausstattung	34.800,00 €
Kassenbestand	12.890,00 €
Bankguthaben	16.310,00 €
Eigenkapital	156.250,00 €
Verbindlichkeiten aus LL	12.640,00 €
Langfristige Bankverb.	26.410,00 €

Geschäftsfälle:

1. Banküberweisung an einen Lieferer	1.920,00 €
2. Kauf neuer Büroschränke	
gegen Barzahlung	1.200,00 €
auf Ziel	2.370,00 €
3. Bareinzahlung auf das Bankkonto	2.500,00 €
4. Barabhebung vom Bankkonto	670,00 €
5. Verkauf eines alten Aktenschrankes auf Ziel	600,00 €
6. Barzahlung an einen Lieferer	420,00 €
7. Kauf einer Maschine auf Ziel	3.480,00 €
8. Verkauf eines gebrauchten Pkw gegen Barzahlung	3.800,00 €
9. Bareinzahlung auf das Bankkonto	3.000,00 €

4.11 Grundsätze ordnungsmäßiger Buchführung (GoB)

§ 238 HGB

(1) Jeder Kaufmann ist verpflichtet, Bücher zu führen und in diesen seine Handelsgeschäfte und die Lage seines Vermögens nach den

⟹ **Grundsätzen ordnungsmäßiger Buchführung**

ersichtlich zu machen. Die Buchführung muss so beschaffen sein, dass sie einem sachverständigen Dritten innerhalb angemessener Zeit einen Überblick über die Geschäftsvorfälle und über die Lage des Unternehmens vermitteln kann. Die Geschäftsvorfälle müssen sich in ihrer Entstehung und Abwicklung verfolgen lassen.

Herr Glück hat sich bereits eine Liste mit wichtigen Grundsätzen ordnungsmäßiger Buchführung zusammengestellt:

- Die Buchführung muss klar, verständlich und übersichtlich sein, damit es nicht nur dem Kaufmann, sondern auch einem sachverständigen Dritten (Betriebsprüfer, Steuerberater) ohne größere Mühe möglich ist, sich einen Überblick über die Geschäftsfälle, über den Vermögens- und Schuldenstand und die Ertragslage des Unternehmens zu verschaffen.
- Vollständige, richtige und fortlaufende Aufzeichnung aller Geschäftsfälle.
- Keine Buchung ohne Beleg. Die Belege sind geordnet aufzubewahren.
- Der ursprüngliche Inhalt einer Buchung darf nicht durch Radieren oder Überschreiben unkenntlich gemacht werden.
- Eintragungen in die Bücher müssen dokumentenecht sein. Ein Bleistift darf also nicht verwendet werden.
- Handelsbücher, Inventarverzeichnisse und Bilanzen sind 10 Jahre aufzubewahren.
- Rechnungen und Belege müssen ebenfalls 10 Jahre aufbewahrt werden.
- Kasseneinnahmen und -ausgaben sind täglich aufzuzeichnen.
- Die Buchführung darf keine Konten enthalten, die auf falsche oder erdichtete Namen lauten (fingierte Konten).

- Die Bedeutung von Abkürzungen oder Symbolen muss einwandfrei feststehen.
- Wird die Buchführung mit einem Computerprogramm erstellt, so müssen alle Daten gesichert werden. Die Datenträger sind ebenfalls 10 Jahre aufzubewahren.

Welche der folgenden Aussagen verstoßen gegen die Grundsätze ordnungsmäßiger Buchführung? **164**

1. Hans Glück vernichtet seine Bilanzen der Jahre 2008 und 2009 am Ende des Jahres 2011.
2. Im Jahre 2011 vernichtet Hans Glück die Belege aus dem Jahre 2007.
3. Zur Buchung verwendet Hans Glück einen Füller.
4. Hans Glück zeichnet seine Kasseneinnahmen wöchentlich auf.
5. Fehler korrigiert Hans Glück grundsätzlich mit einem Tintenkiller.
6. Die Aufzeichnungen werden in „Deutscher Einheitskurzschrift“ geschrieben.
7. Herr Glück löscht nach 3 Jahren die Dateien seines Buchhaltungsprogramms.

Prüfe, ob die Handlungsweise eines Geschäftsmannes den gesetzlichen Bestimmungen zur Buchführung entspricht. **165**

1. Die Geschäftsfälle werden erst in den letzten Tagen des jeweiligen Monates gebucht.
2. Geschäftsfälle, für die kein Beleg vorliegt, werden nicht gebucht.
3. Belege werden in einer Schachtel aufbewahrt, damit sie nicht verloren gehen.
4. Falschbuchungen werden zunächst mit einem Korrekturstift gelöscht und anschließend neu geschrieben.
5. Der Buchhalter unterschreibt das Inventar, weil er es erstellt hat.
6. Der Geschäftsmann führt seine Bücher in englischer Sprache und erstellt seine Bilanzen (Jahresabschlüsse) in französischer Sprache.
7. Der Geschäftsmann gliedert das Inventar in Vermögen und Kapital.
8. Die Konten der Buchführung kürzt er unterschiedlich ab. Beispielsweise bedeutet K einmal Kasse, ein anderes Mal Kapital.

5 Beschaffung und Einsatz von Werkstoffen

5.1 Werkstoffe

Hans Glück stellt auch Fensterelemente her. Diese werden in einer eigenen Fabrikhalle aus Holz, Kunststoff, Aluminium und Stahl in verschiedenen Ausführungen nach Wünschen der Kunden gefertigt. Sie werden in Schulen und Krankenhäusern, aber auch in Eigenheimen und Eigentumswohnungen eingebaut.

Zur Herstellung dieser Fenster benötigt die Abteilung Fensterbau Arbeitskräfte, Maschinen und Werkstoffe. Das fertige Erzeugnis (Fenster) entsteht durch die Verbindung der Produktionsfaktoren **Arbeit, Betriebsmittel, Werkstoffe** und **Wissen.**

Werkstoffe sind alle Güter, die bei der Herstellung der Produkte verbraucht werden. Wir unterscheiden Rohstoffe, Fremdbauteile, Hilfsstoffe und Betriebsstoffe.

- Der **Rohstoff,** z. B. das Holz, wird wesentlicher Bestandteil des Fertigproduktes.
- **Fremdbauteile,** z. B. die Beschläge für die Fenster, stellt die Schreinerei Glück nicht selbst her. Diese bereits fertigen Elemente werden von anderen Betrieben hergestellt. Die Firma Glück kauft diese bei Metallbaufirmen und baut sie im Laufe der Produktion ein.
- Die **Hilfsstoffe,** z. B. Schrauben, Holzschutzmittel, Dichtungsstoffe, gehen auch in das Produkt mit ein, sind aber nur Nebenbestandteile.
- **Betriebsstoffe,** z. B. Strom, Öl, Wasser, Reinigungsmittel, gehen **nicht** in das fertige Produkt ein, werden aber während der Produktion verbraucht.

Industriebetrieb		
Einkauf **Beschaffung**	Fertigung **Produktion**	Verkauf **Absatz**
Werkstoffe → • Rohstoffe • Fremdbauteile • Hilfsstoffe • Betriebsstoffe	Verbrauch →	Fertigerzeugnis

166 Nenne je drei konkrete Werkstoffe, die in folgenden Unternehmen benötigt werden:

1. In einem Autowerk,
2. in einer Textilfabrik zur Herstellung von Hosen,
3. in einem Betrieb zur Fliesenherstellung.

5.2 Die Einkaufskalkulation

Hans Glück hat einen Auftrag für Fenster eines Einfamilienhauses erhalten.
Er vergleicht zwei Preislisten:

Holzhandel Kern, Brannenburg

Holzpreisliste
gültig ab 1. Januar 20..

Nr.	Holzart	Preis je lfm
140	Kiefer	10,00 €
150	Fichte	9,30 €
160	Lärche	13,80 €
170	Eiche	24,00 €
180	Fichte/Kiefer	10,50 €

Die Preise gelten ab Werk.
Bei Abnahme ab 600 lfm gewähren wir 8,5% Rabatt.
Zahlungsziel: 30 Tage netto, bei Zahlung innerhalb von 8 Tagen 2% Skonto.

Holzhandel Spur, Würzburg

Holzpreisliste
gültig ab 1. Januar 20..

Art.	Holzart	Preis je lfm
300	Kiefer	10,20 €
400	Fichte	9,20 €
500	Lärche	14,00 €
600	Eiche	23,80 €
700	Fichte/Kiefer	10,00 €

Die Preise gelten ab Werk.
Bei Abnahme ab 800 lfm gewähren wir 10% Rabatt.
Zahlungsziel: 30 Tage netto, bei Zahlung innerhalb von 10 Tagen 2,5% Skonto.

Hans Glück benötigt für die Fenster des Einfamilienhauses 1 000 lfm Kiefernholz. Vergleiche die Preislisten der Holzhändler Kern und Spur. Wo findest du Unterschiede? Bei welchem Holzhändler wird er einkaufen?

Vergleich	Holzhändler Kern	Holzhändler Spur	Ergebnis
Preis/lfm	10,00 €	10,20 €	Kern ist billiger
Rabatt	8,5%	10%	Spur ist günstiger
Skonto	2%	2,5%	Spur gewährt mehr
Für ein endgültiges Ergebnis rechnen wir genau, wir kalkulieren.			

Liefererrabatt

Ab einer bestimmten Menge gewähren die beiden Lieferer einen **Mengenrabatt**.
Holzhändler Kern ab 600 lfm 8,5%, Holzhändler Spur ab 800 lfm 10%.

Dieser Preisabzug verbilligt den Einkauf. Weitere Gründe für Rabatte könnten langjährige Geschäftsbeziehungen **(Treuerabatt)** oder ein Firmenjubiläum **(Sonderrabatt)** sein.

Die Einkaufssachbearbeiterin der Firma Glück, Anette Turner, rechnet und vergleicht die Preise beim Einkauf von 1 000 lfm Kiefernholz, wenn sie den Rabatt abzieht. Sie stellt dazu ein **Kalkulationsschema** auf.

Kalkulationsschema

1 000 lfm Kiefer	Fa. Kern		Fa. Spur	
Listeneinkaufspreis	10.000,00 €	100,00%	10.200,00 €	100,00%
– Liefererrabatt	850,00 €	8,50%	1.020,00 €	10,00%
Zieleinkaufspreis	9.150,00 €	91,50%	9.180,00 €	90,00%
Ergebnis	Beim Zieleinkaufspreis ist Kern um 30,00 € günstiger als Spur.			

167 Berechne und vergleiche die Zieleinkaufspreise laut obiger Preislisten der Holzhändler Kern und Spur für folgende Holzarten und Mengen:

1.	800 lfm Kiefer	3.	900 lfm Eiche
2.	1 200 lfm Fichte	4.	700 lfm Fichte/Kiefer

i

Liefererskonto

Wir haben bei der Kalkulation den Rabatt berücksichtigt. In den Preislisten ist aber noch ein zweiter Preisnachlass angegeben, der oder das Skonto.

Wenn der Rechnungsbetrag innerhalb einer angegebenen Frist bezahlt wird, gewähren die Lieferer einen Preisnachlass, den wir Skonto nennen:

Holzhändler Kern gewährt bei Zahlung innerhalb von 8 Tagen 2% Skonto.
Holzhändler Spur gewährt bei Zahlung innerhalb von 10 Tagen 2,5% Skonto.

Vorteile:

- **Skonto verbilligt den Einkauf für den Kunden.**
- **Skonto veranlasst den Kunden früher zu bezahlen; der Lieferer erhält früher sein Geld.**

Die Schreinerei Hans Glück könnte die Holzrechnung innerhalb von 8 Tagen bezahlen. Die Sachbearbeiterin, Frau Turner, erweitert daher ihr Kalkulationsschema. Sie ermittelt und vergleicht die Bareinkaufspreise.

Kalkulationsschema

1 000 lfm Kiefer	Fa. Kern			Fa. Spur		
Listeneinkaufspreis	10.000,00 €	100,00%		10.200,00 €	100,00%	
– Liefererrabatt	850,00 €	8,50%		1.020,00 €	10,00%	
Zieleinkaufspreis	9.150,00 €	91,50%	100,00%	9.180,00 €	90,00%	100,00%
– Liefererskonto	183,00 €		2,00%	229,50 €		2,50%
Bareinkaufspreis	8.967,00 €		98,00%	8.950,50 €		97,50%
Ergebnis	Beim Bareinkaufspreis ist Spur um 16,50 € günstiger als Kern.					

Berechne und vergleiche die Bareinkaufspreise für folgende Holzarten und Mengen laut Preisliste der Holzhändler Kern und Spur: 168

1. Kauf von 900 lfm Eiche. Die Zahlung erfolgt nach 8 Tagen.
2. Kauf von 1 600 lfm Fichte/Kiefer. Die Zahlung erfolgt nach 30 Tagen.
3. Kauf von 600 lfm Fichte. Die Zahlung erfolgt innerhalb 1 Woche.

5.3 Bezugskosten

Die Preislisten der Holzhändler Kern und Spur enthalten nicht nur Preise und die Bedingungen für Preisnachlässe (Rabatt, Skonto), sondern auch Lieferungsbedingungen. In beiden Fällen lauten sie **„ab Werk".**

Warenschulden sind regelmäßig Holschulden. Die Schreinerei Glück muss die Ware also entweder abholen oder die Kosten für den Bezug selbst bezahlen. Wir nennen diese Aufwendungen **Bezugskosten,** sie verteuern den Einkauf.

Vertragsmäßig können sich Verkäufer und Käufer diese Kosten auch teilen, oder der Verkäufer übernimmt sie sogar komplett (**„frei Haus"**).

Verkäufer

ab Werk

Käufer trägt die gesamten Lieferkosten

Käufer

frei Haus

Verkäufer trägt die gesamten Transportkosten

Käufer

Bezugskosten sind		
	**Rollgeld des Spediteurs**	für die Abholung und Zustellung von Gütern zwischen Bahn und Empfänger
	**Fracht der Bahn**	für den Transport von Gütern
	**Transportversicherung**	um das Risiko bei Verlust bzw. Beschädigung abzusichern
	**Verpackung**	für den Schutz der Güter
	**Zoll**	für die Einfuhr von Gütern aus dem Ausland

Kalkulationsschema

Frau Turner berücksichtigt bei ihrer Kalkulation auch noch die Bezugskosten. Die Frachtkosten betragen 233,00 € bei Kern und 300,00 € bei Spur.

1 000 lfm Kiefer	Fa. Kern			Fa. Spur		
Listeneinkaufspreis	10.000,00 €	100,00%		10.200,00 €	100,00%	
– Liefererrabatt	850,00 €	8,50%		1.020,00 €	10,00%	
Zieleinkaufspreis	9.150,00 €	91,50%	100,00%	9.180,00 €	90,00%	100,00%
– Liefererskonto	183,00 €		2,00%	229,50 €		2,50%
Bareinkaufspreis	8.967,00 €		98,00%	8.950,50 €		97,50%
+ Bezugskosten	233,00 €			300,00 €		
Einstandspreis	9.200,00 €			9.250,50 €		
Ergebnis	Beim Einstandspreis ist Kern um 50,50 € günstiger als Spur.					

Ergebnis der Kalkulation

- Listeneinkaufspreis: Kern ist billiger als Spur
- Zieleinkaufspreis: Kern ist billiger als Spur
- Bareinkaufspreis: Kern ist teurer als Spur
- Einstandspreis: Kern ist billiger als Spur

Herr Glück entscheidet sich für Holzhändler Kern, weil er mit der Qualität bisher immer sehr zufrieden war und der Transport von Brannenburg nach Regensburg billiger ist.

Neben dem Preis können noch andere Gründe bei der Wahl des Lieferanten eine Rolle spielen: z. B. Qualität, langjährige Geschäftsverbindungen, Service oder Zuverlässigkeit.

169 Berechne den Einstandspreis:

Kalkulation	1.	2.	3.	4.
Listeneinkaufspreis	5.400,00 €	8.100,00 €	1.600,00 €	14.400,00 €
Rabatt	12,5%	$16\frac{2}{3}$%	20%	25%
Skonto	2%	2%	2,5%	3%
Bezugskosten	125,00 €	frei Haus	40,60 €	216,00 €

170 Berechne die fehlenden Größen:

Nr.	Listeneinkaufspreis	Rabatt	Skonto	Bareinkaufspreis	Bezugskosten	Einstandspreis
1.	1.200,00 €	25%	2%	????? €	47,00 €	????? €
2.	5.000,00 €	?????%	–	4.000,00 €	280,00 €	????? €
3.	6.000,00 €	?????%	2,5%	5.118,75 €	–	????? €
4.	7.400,00 €	18%	–	????? €	????? €	6.210,00 €
5.	9.000,00 €	12%	2%	????? €	–	????? €
6.	33.600,00 €	–	3%	????? €	????? €	32.650,00 €
7.	24.000,00 €	22%	?????%	18.345,60 €	–	????? €

ALLES KLAR?!?!?

1. Für die Produktion benötigt ein Fertigungsunternehmen Werkstoffe. Sie werden in Rohstoffe, Fremdbauteile, Hilfsstoffe und Betriebsstoffe unterteilt.

2. Mithilfe eines Kalkulationsschemas vergleicht der Unternehmer die Angebote der verschiedenen Lieferer. Diese Berechnungen helfen ihm bei der Entscheidung, bei welchem Lieferer er seine Werkstoffe einkauft.

3. Das Schema der Einkaufskalkulation:

Listeneinkaufspreis:	Er entstammt der Preisliste des Anbieters.
– Liefererrabatt:	Der Einkäufer kann Preisnachlässe aushandeln.
= Zieleinkaufspreis:	Er wird als Verbindlichkeit aus Lieferungen und Leistungen gebucht.
– Liefererskonto:	Preisnachlass bei Zahlung innerhalb einer bestimmten Frist.
= Bareinkaufspreis:	So viel kostet der Werkstoff nach Skontoabzug.
+ Bezugskosten:	Sie verteuern den Einkauf.
= Einstandspreis:	So viel muss insgesamt für den eingekauften Werkstoff bezahlt werden.

5.4 Buchungen beim Stoffeverbrauch

„Wo ist das Holz geblieben?"

5.4.1 Betrieblicher Werteverzehr

Werkstoffe (Roh-, Hilfs- und Betriebsstoffe, Fremdbauteile) sind für den laufenden Verbrauch in der Produktion bestimmt, ihr Wert wird „verzehrt". Diesen Werteverzehr nennen wir **Aufwand.** Durch den Aufwand kann das Unternehmen erst seine Leistung erbringen: Mit dem Verkauf der hergestellten Fertigerzeugnisse (z. B. Fenster) erwirtschaftet es einen **Ertrag.** Hans Glück wirtschaftet dann erfolgreich, wenn es ihm gelingt, höhere Erträge zu erzielen, als er Aufwendungen hatte **(Gewinn).**

5.4.2 Vorsteuer

Herr Glück hat Eichenbretter gekauft und diese Rechnung erhalten:

Holzhandel Kern GmbH

Tatzelwurm 100 • 83098 Brannenburg ②
E-Mail: kern@x-online.xyz
Telefon: 08034 3040 • Fax: 08034 3050

Holzhandel Kern

Holzhandel Kern GmbH • Tatzelwurm 100 • 83098 Brannenburg

Firma
Hans Glück ①
Rachelstraße 6–8
93059 Regensburg

RECHNUNG ③

Rechnungsnummer:	1085436
Datum:	20. September 20..
Lieferdatum:	20. September 20..
Kundennummer:	539254
Bestellung:	12. September 20.. (laut E-Mail)
Sachbearbeiterin:	Frau Oberauer

Art.-Nr.	Menge	Bezeichnung	Einzelpreis (EURO)	Gesamtpreis (EURO)
1	100 lfm	Eichenbretter ④	24,00	⑤ 2.400,00
			Warenwert	2.400,00
			19% Umsatzsteuer	⑥ 456,00
			Rechnungsbetrag	⑦ 2.856,00

Zahlbar ohne Abzug innerhalb 30 Tagen. ⑧
Die Ware bleibt bis zur Bezahlung Eigentum des Lieferanten.
Bankverbindung: Genossenschaftsbank Brannenburg • BLZ 720 560 10 • Kontonummer: 223040
Sitz der Gesellschaft: 83098 Brannenburg • Rosenheim HRB 10429
Steuer-Nr. 9156/160/13175 • USt-IdNr. DE146064688

Die Rechnung enthält wichtige Informationen:

❶ Sie ist an die Schreinerei Glück adressiert. Es liegt also eine **Eingangsrechnung** vor.

❷ Der Name des Lieferers, Holzhändler Kern, lässt sich dem Absenderfeld entnehmen.

❸ Das Rechnungsdatum ist der 20. Sept. 20.., unterscheide es vom Bestell- und Lieferdatum.

❹ Aus der Beschreibung der eingekauften Ware (Eichenbretter) weißt du, dass Rohstoffe geliefert wurden.

❺ Der Warenwert (bzw. Einkaufspreis, Listeneinkaufspreis) beträgt 2.400,00 €. Es ist ein Wert/Preis ohne Umsatzsteuer (netto).

❻ In der Rechnung ist zusätzlich zum Warenwert ein eigener Posten **Umsatzsteuer** enthalten. Sie wird vom Nettopreis berechnet und beträgt zurzeit in der Regel 19%. Die in der **Eingangsrechnung** ausgewiesene Umsatzsteuer heißt **Vorsteuer.**

Nettoeinkaufspreis (Listenpreis)	2.400,00 €	100%
+ 19% Umsatzsteuer	456,00 €	19%
Bruttoeinkaufspreis	2.856,00 €	119%

❼ Das ist der Betrag einschließlich Umsatzsteuer (brutto).

❽ Auf dieses Konto muss Glück den Rechnungsbetrag überweisen.

171

Berechne die Vorsteuer in €.

1.	Listenpreis	38.000,00 €	Umsatzsteuer	19%
2.	Nettoeinkaufspreis	145.000,00 €	Umsatzsteuer	19%
3.	Listenpreis	820,00 €	Umsatzsteuer	19%
4.	Nettoeinkaufspreis	17.500,00 €	Umsatzsteuer	19%

172

Berechne den Nettoeinkaufspreis.

1.	Nettoeinkaufspreis	????? €	Umsatzsteuer 19%	14.250,00 €
2.	Nettoeinkaufspreis	????? €	Umsatzsteuer 19%	48.070,00 €
3.	Nettoeinkaufspreis	????? €	Umsatzsteuer 19%	68,40 €
4.	Nettoeinkaufspreis	????? €	Umsatzsteuer 19%	1.995,00 €

5.4.3 Buchung beim Einkauf der Werkstoffe

Rohstoffe

Holz ist z. B. ein Rohstoff, der bei der Herstellung von Möbel, Fenster, Türen usw. verwendet wird.

Der Einkauf ist ein wirtschaftlicher Vorgang. Er ist durch einen Beleg (die Rechnung Nr. 1085436) dokumentiert. Der Inhalt des Belegs lässt sich als Geschäftsfall formulieren.

Geschäftsfall:

Einkauf von Rohstoffen auf Ziel, Warenwert netto 2.400,00 € zuzüglich 19% Umsatzsteuer 456,00 €, brutto 2.856,00 €.

Dann werden die notwendigen Konten benannt:

Benötigte Konten:

Aufwendungen für Rohstoffe (AWR):	Aufwandskonto
Vorsteuer (VORST):	aktives Bestandskonto
Verbindlichkeiten aus LL (VE):	passives Bestandskonto

Als Nächstes wird der Buchungssatz gebildet:

Buchungssatz:

Aufwendungen für Rohstoffe (AWR)	**2.400,00** €			
Vorsteuer (VORST)	**456,00** €	an	**Verbindlichkeiten aus LL (VE)**	**2.856,00** €

Schließlich wird der Buchungssatz auf den Konten gebucht:

Buchung auf T-Konten:

S	Aufwendungen für Rohstoffe (AWR)		H
VE	2.400,00		

S	Verbindlichkeiten aus LL (VE)		H
		AWR, VORST	2.856,00

S	Vorsteuer (VORST)		H
VE	456,00		

Fremdbauteile

Auszug aus der Rechnung Nr. 789

Art.-Nr.	Menge	Bezeichnung	Einzelpreis €	Gesamtpreis €
345	100	Beschläge l	3,00	300,00
150	100	Beschläge r	3,00	300,00
		Netto		600,00
		19% Umsatzst.		114,00
		Rechnungsbetrag		**714,00**

Aus dieser Rechnung ergibt sich folgender

Geschäftsfall:

Eingangsrechnung für Beschläge, Warenwert 600,00 €, USt. 19%

Benötigte Konten:

Aufwendungen für Fremdbauteile (AWF):	Aufwandskonto
Vorsteuer (VORST):	aktives Bestandskonto
Verbindlichkeiten aus LL (VE):	passives Bestandskonto

Buchungssatz:

Aufwendungen für Fremdbauteile (AWF)	**600,00** €			
Vorsteuer (VORST)	**114,00** €	an	**Verbindlichkeiten aus LL (VE)**	**714,00** €

Buchung auf T-Konten:

S	Aufwendungen für Fremdbauteile (AWF)		H
VE	600,00		

S	Verbindlichkeiten aus LL (VE)		H
		AWF, VORST	714,00

S	Vorsteuer (VORST)		H
VE	114,00		

Hilfsstoffe

Auszug aus der Rechnung Nr. 1007

Art.-Nr.	Menge	Bezeichnung	Einzelpreis €	Gesamtpreis €
205	4 Kartons	Schrauben E	30,00	120,00
207	2 Kartons	Schrauben G	40,00	80,00
		Netto		200,00
		19% Umsatzst.		38,00
		Rechnungsbetrag		**238,00**

Aus dieser Rechnung ergibt sich folgender
Geschäftsfall:

Eingangsrechnung Schrauben, Warenwert 200,00 €, USt. 19%

Benötigte Konten:

Aufwendungen für Hilfsstoffe (AWH):	Aufwandskonto
Vorsteuer (VORST):	aktives Bestandskonto
Verbindlichkeiten aus LL (VE):	passives Bestandskonto

Buchungssatz:

Aufwendungen für Hilfsstoffe (AWH)	**200,00 €**			
Vorsteuer (VORST)	**38,00 €**	an	**Verbindlichkeiten aus LL (VE)**	**238,00 €**

Buchung auf T-Konten:

S	Aufwendungen für Hilfsstoffe (AWH)		H
VE	200,00		

S	Verbindlichkeiten aus LL (VE)		H
		AWH, VORST	238,00

S	Vorsteuer (VORST)		H
VE	38,00		

Betriebsstoffe

Es wird dir keine Schwierigkeiten bereiten, die Betriebsstoffe zu buchen.

Geschäftsfall:

Eingangsrechnung für Reinigungsmittel netto 500,00 €, USt. 19%

Benötigte Konten:

Aufwendungen für Betriebsstoffe (AWB):	Aufwandskonto
Vorsteuer (VORST):	aktives Bestandskonto
Verbindlichkeiten aus LL (VE):	passives Bestandskonto

Buchungssatz:

Aufwendungen für Betriebsstoffe (AWB)	**500,00 €**			
Vorsteuer (VORST)	**95,00 €**	an	**Verbindlichkeiten aus LL (VE)**	**595,00 €**

Buchung auf T-Konten:

S	Aufwendungen für Betriebsstoffe (AWB)		H
VE	500,00		

S	Verbindlichkeiten aus LL (VE)		H
		AWB, VORST	595,00

S	Vorsteuer (VORST)		H
VE	95,00		

173 Bilde die Buchungssätze zu folgenden Eingangsrechnungen:

Holzgroßhandlung
Michael Wurm
Allgäuer Straße 17 • 86199 Augsburg
E-Mail: wurm@x-online.xyz
Telefon: 0821 703010 • Fax: 0821 703015

Holzhandlung Michael Wurm • Allgäuer Straße 17 • 86199 Augsburg

Schreinerei
Hans Glück
Rachelstraße 6–8
93059 Regensburg

RECHNUNG

Rechnungsnummer:	07/1162
Datum:	08. November 20..
Lieferdatum:	08. November 20..
Kundennummer:	007524
Bestellung:	05. November 20.. laut Fax

Wir lieferten Ihnen „Frei Haus“:

Menge	Artikel	Einzelpreis (EURO)	Gesamtpreis (EURO)
720 lfm	Kiefer	10,00	7.200,00
1 000 lfm	Fichte	9,30	9.300,00
500 lfm	Eiche	24,00	12.000,00
		Nettobetrag	28.500,00
		+ 19% Umsatzsteuer	5.415,00
		Rechnungsbetrag	**33.915,00**

Zahlbar ohne Abzug innerhalb 30 Tagen, rein netto.
Die gelieferte Ware bleibt bis zur vollständigen Bezahlung unser Eigentum.
Bankverbindung: Fuggerbank Augsburg • BLZ 700 205 17 • Kontonummer: 70401063
Michael Wurm, e. Kfm. • Augsburg HRA 5036 • USt-IdNr. DE832090200 • St.-Nr. 9103/260/50600

NAAB-REGENWERKE AG
Hauptverwaltung
Prüfeninger Straße 33 • 93059 Regensburg
Telefon: Allgemein: 0941 5309-0 • Rechnung: 0941 5309-5555
Telefax: 0941 5309-5213 • E-Mail: info@nr.xyz
Geschäftszeit: Montag bis Freitag 8–16 Uhr

032//0013086//29//93059

NAAB-REGENWERKE AG • Prüfeninger Straße 33 • 93059 Regensburg

Schreinerei
Hans Glück
Rachelstraße 6–8
93059 Regensburg

Datum
02. April 20..

GAS- UND STROMRECHNUNG

Kundennummer 4567 (bitte bei Rückfragen und Überweisung angeben)
Rechnung Nr. 34502

Abnahmestelle: Schreinerei Hans Glück, Rachelstraße 6–8, 93059 Regensburg

Sehr geehrte Damen und Herren,
für unsere Gas- und Stromlieferung in der Zeit vom 01. Januar 20.. bis 31. März 20.. (Leistungszeitraum) berechnen wir:

(1)	Gaskosten nach Allgemeinem Tarif	3.800,00 EUR
(2)	Stromkosten nach Allgemeinem Tarif (Zähler-Nr. 1442174)	4.200,00 EUR
	Netto	8.000,00 EUR
	Umsatzsteuer 19%	1.520,00 EUR
	Rechnungsbetrag	**9.520,00 EUR**

Den Rechnungsbetrag werden wir am 15. April 20.. zur Abbuchung vom Konto 500306, BLZ 750 950 00, einreichen.
Einzelheiten über die Abrechnung des Gas- und Stromverbrauchs können Sie den nachfolgenden Seiten entnehmen.

Mit freundlichen Grüßen

NAAB-REGENWERKE AKTIENGESELLSCHAFT

Fachbereich Abrechnung Gewerbekunden

Johann Stark

Vorstand:
Dr. Stephan Lankes (Vorsitzender)
Dipl.-Ing. Peter Baumgartner
Dr. Richard Kellner
Vorsitzender des Aufsichtsrats:
Dr. Bernhard Biedermann
Sitz der Gesellschaft und Registergericht:
Regensburg HRB 71430
Bankverbindung:
Bayer. Zentralbank
BLZ 700 400 00 • Konto-Nr. 35243
Steuer-Nr. 9244/105/00479
USt-IdNr. DE129102000

KUNTERBUNT KG
Oberländerstraße 56 • 84028 Landshut
Telefon: 0871 502120 • Fax: 0871 503210
Internet: http://www.kunterbunt.xyz
E-Mail: service@kunterbunt.xyz

KUNTERBUNT KG • Oberländerstraße 56 • 84028 Landshut

Möbelfabrik
Hans Glück
Rachelstraße 6–8
93059 Regensburg

RECHNUNG

Rechnungsnummer:	04079
Datum:	29. November 20..
Lieferdatum:	29. November 20..
Kundennummer:	06075
Bestellung:	28. November 20.. (E-Mail)

RECHNUNG Nr.: 04079

ARTIKEL	MENGE	EINZELPREIS (EUR)	GESAMTPREIS (EUR)
Holzschutzmittel	200 Kanister	35,00	7.000,00
Dichtungsprofil	1 000 Rollen	4,80	4.800,00
		Warenwert, netto	11.800,00
		+ 19% Umsatzsteuer	2.242,00
		Rechnungsbetrag	**14.042,00**

Die Lieferung erfolgt frei Haus.

Zahlungsbedingungen: 30 Tage rein netto.
Die Ware bleibt bis zur vollständigen Bezahlung Eigentum des Lieferanten.
Bankverbindung: Handelsbank Landshut • BLZ 754 720 20 • Kontonummer: 50615942
KUNTERBUNT KG • Amtsgericht Landshut HRA 6482 • USt-IdNr. DE406134545 • St.-Nr. 9132/137/20090
Geschäftsführer: Andreas Noll

Holzgroßhandlung Michael Wurm
Allgäuer Straße 17 • 86199 Augsburg
E-Mail: wurm@x-online.xyz
Telefon: 0821 703010 • Fax: 0821 703015

Holzhandlung Michael Wurm • Allgäuer Straße 17 • 86199 Augsburg

Schreinerei
Hans Glück
Rachelstraße 6–8
93059 Regensburg

RECHNUNG

Rechnungsnummer:	07/1192
Datum:	12. November 20..
Lieferdatum:	12. November 20..
Kundennummer:	007524
Bestellung:	09. November 20.. laut Fax

Wir lieferten Ihnen „Frei Haus“:

Menge	Artikel	Einzelpreis (EURO)	Gesamtpreis (EURO)
220 lfm	Kiefer	10,00	2.200,00
100 lfm	Fichte	24,00	2.400,00
		Nettobetrag	4.600,00
		+ 19% Umsatzsteuer	874,00
		Rechnungsbetrag	**5.474,00**

Zahlbar ohne Abzug innerhalb 30 Tagen, rein netto.
Die gelieferte Ware bleibt bis zur vollständigen Bezahlung unser Eigentum.
Bankverbindung: Fuggerbank Augsburg • BLZ 700 205 17 • Kontonummer: 70401063
Michael Wurm, e. Kfm. • Augsburg HRA 5036 • USt-IdNr. DE832090200 • St.-Nr. 9103/260/50600

5.4.4 Sofortrabatte des Lieferers

Die Firma Glück erhält folgende Eingangsrechnung:

Fa. E. Nagel

Blechstraße 12 • 86332 Mühldorf/Lech
Telefon: 08271 881-0
Telefax: 08271 881-224
E-Mail: Nagel@x-online.xyz

Fa. E. Nagel, e. Kfm. • Blechstraße 12 • 86332 Mühldorf/Lech

Firma
Hans Glück
Rachelstraße 6–8
93059 Regensburg

Mühldorf, 18. Dezember 20..

RECHNUNG

Ihre Bestellung: 13. Dezember 20..
Lieferdatum: 16. Dezember 20..

Kundennummer: 4420789
Rechnungsnummer: 1085436

Ansprechpartner: Frau Ehrlich (Telefon: 08271 881-327)

Art.-Nr.	Menge	Bezeichnung	Einzelpreis (EURO)	Gesamtpreis (EURO)
2060	50 Pck.	Schrauben S 0450 V verzinkt	24,00	1.200,00
2030	40 Pck.	Nägel N 1063 K	5,50	220,00
		Summe		1.420,00
		– Rabatt 5%		71,00
		Warenwert, netto		1.349,00
		+ 19% Umsatzsteuer		256,31
		Rechnungsbetrag		**1.605,31**

Vielen Dank für Ihren Auftrag.

Lieferung: Ab Werk unbeladen.
Zahlbar sofort nach Erhalt der Rechnung ohne Abzug.

Verkauf und Lieferung erfolgt ausschließlich nach unseren Verkaufs- und Lieferbedingungen.

Bankverbindung: Bankhaus Mühldorf/Lech • BLZ 760 600 30 • Kontonummer: 2629100
Firmensitz: Mühldorf/Lech • Handelsregister Mühldorf/Lech HRA 7684
USt-IdNr. DE812843350 • St.-Nr. 9244/211/50320

Folgender Teil des **Kalkulationsschemas** ist anzuwenden:

Listeneinkaufspreis	1.420,00 €	100%
– Liefererrabatt 5%	71,00 €	5%
Zieleinkaufspreis	1.349,00 €	95%

Die Umsatzsteuer wird vom Zieleinkaufspreis berechnet:

Zieleinkaufspreis	1.349,00 €	100%
+ Umsatzsteuer 19%	256,31 €	19%
Bruttowarenwert	1.605,31 €	119%

Geschäftsfall:

Eingangsrechnung für Hilfsstoffe 1.420,00 € abzüglich 5% Rabatt zuzüglich 19% USt.

Buchungssatz für den Zieleinkauf:

Aufwendungen für Hilfsstoffe (AWH)	**1.349,00** €			
Vorsteuer (VORST)	**256,31** €	an	**Verbindlichkeiten aus LL (VE)**	**1.605,31** €

Bilde den Buchungssatz für folgende Eingangsrechnung: 174

Holzgroßhandlung
Michael Wurm

Allgäuer Straße 17 · 86199 Augsburg
E-Mail: wurm@x-online.xyz
Telefon: 0821 703010 · Fax: 0821 703015

Michael Wurm

Holzhandlung Michael Wurm · Allgäuer Straße 17 · 86199 Augsburg

Schreinerei
Hans Glück
Rachelstraße 6–8
93059 Regensburg

RECHNUNG

Rechnungsnummer:	07/0531
Datum:	11. Mai 20..
Lieferdatum:	10. Mai 20..
Kundennummer:	007524
Bestellung:	05. Mai 20.. laut Fax

Wir lieferten Ihnen „Frei Haus“:

Menge	Artikel	Einzelpreis (EURO)	Gesamtpreis (EURO)
1 000 lfm	Eiche	24,00	24.000,00
		– 9% Rabatt	2.160,00
		Warenwert, netto	21.840,00
		+ 19% Umsatzsteuer	4.149,60
		Rechnungsbetrag	**25.989,60**

Zahlbar ohne Abzug innerhalb 30 Tagen, rein netto.
Die gelieferte Ware bleibt bis zur vollständigen Bezahlung unser Eigentum.
Bankverbindung: Fuggerbank Augsburg · BLZ 700 205 17 · Kontonummer: 70401063
Michael Wurm, e. Kfm. · Augsburg HRA 5036 · USt-IdNr. DE832090200 · St.-Nr. 9103/260/50600

5.4.5 Buchung der Bezugskosten

Der Firma Glück liegt folgende Eingangsrechnung vor:

Otto Zahn GmbH Holzhandel

Waldstraße 8 • 93413 Cham
Telefon: 09971 2525 • Fax: 09971 5252
E-Mail: zahn@x-online.xyz

Otto Zahn GmbH Holzhandel • Waldstraße 8 • 93413 Cham

Schreinerei
Hans Glück
Rachelstraße 6–8
93059 Regensburg

RECHNUNG

Rechnungsnummer:	04726
Datum:	27. April 20..
Lieferdatum:	27. April 20..
Kundennummer:	0270
Bestellung:	24. April 20..

Wir lieferten Ihnen:

Pos.	Artikel/Bezeichnung	Menge	Einzelpreis (EURO)	Gesamtpreis (EURO)
1	Eichenholz	1 400 lfm	25,00	35.000,00
			– 10% Rabatt	3.500,00
			Warenwert, netto	31.500,00
			zuzüglich Frachtkosten	500,00
			Nettobetrag	32.000,00
			+ Umsatzsteuer 19%	6.080,00
			Rechnungsbetrag	**38.080,00**

Wir danken für Ihren Auftrag.

Zahlungsbedingungen: Zahlbar innerhalb von 30 Tagen netto.
Bankverbindung: Handelsbank Cham • BLZ 750 500 30 • Kontonummer: 780031
USt-IdNr. DE146075900 • St.-Nr. 9211/233/50671 • Amtsgericht Cham HRB 5217

Aus der Kalkulation kennst du Bezugskosten wie:
Fracht der Bahn, Rollgeld des Spediteurs, Transportversicherung, Zoll

Es ist wie folgt zu **kalkulieren:**

Listeneinkaufspreis	35.000,00 €	100%
– Liefererrabatt 10%	3.500,00 €	10%
Zieleinkaufspreis	31.500,00 €	90%
+ Bezugskosten	500,00 €	
Einstandspreis	32.000,00 €	

Die Umsatzsteuer wird vom Einstandspreis berechnet:

Einstandspreis	32.000,00 €	100%
+ Umsatzsteuer 19%	6.080,00 €	19%
Bruttowarenwert	38.080,00 €	119%

Geschäftsfall:

Eingangsrechnung für Rohstoffe, netto 35.000,00 € abzüglich 10% Rabatt + Bezugskosten 500,00 €. Umsatzsteuer 19%.

Benötigtes Konto:

Bezugskosten Rohstoffe (BZKR)

Dieses Konto dient dazu, die Aussagekraft der Buchführung zu erhöhen. Die Unternehmensleitung kann rasch erkennen, welche Bedeutung die Bezugskosten bei der Beschaffung von Rohstoffen haben. Sie werden daher auf einem so genannten **Unterkonto** gesammelt.

Buchungssatz für den Zieleinkauf:

Aufwendungen für Rohstoffe (AWR)	**31.500,00** €			
Bezugskosten Rohstoffe (BZKR)	**500,00** €			
Vorsteuer (VORST)	**6.080,00** €	an	**Verbindlichkeiten aus LL (VE)**	**38.080,00** €

Buchung auf T-Konten:

S	Aufwendungen für Rohstoffe (AWR)		H
VE	31.500,00		

S	Bezugskosten Rohstoffe (BZKR)		H
VE	500,00		

S	Vorsteuer (VORST)		H
VE	6.080,00		

S	Verbindlichkeiten aus LL (VE)		H
		AWR, BZKR, VORST	38.080,00

In gleicher Weise werden auch die Bezugskosten für Fremdbauteile, Hilfs- und Betriebsstoffe gebucht. Die entsprechenden Aufwandskonten sind:

Bezugskosten Fremdbauteile (BZKF),

Bezugskosten Hilfsstoffe (BZKH),

Bezugskosten Betriebsstoffe (BZKB).

Bilde die Buchungssätze (Einkaufsrechnungen Rohstoffe, USt. 19%): 175

	Listeneinkaufspreis	Liefererrabatt	Bezugskosten	Einstandspreis	Umsatzsteuer	Bruttowarenwert
1.	1.200,00 €	25%	47,00 €	????? €	????? €	????? €
2.	33.600,00 €	16%	3% vom LEP	????? €	????? €	????? €
3.	24.000,00 €	22%	????? €	19.562,40 €	????? €	????? €

176 Der Einkaufsabteilung liegen von drei Holzhändlern die Angebote für die Lieferung von Fichtenholz vor:

Holzhändler:	A	B	C
Listenpreis je lfm	10,00 €	9,90 €	9,80 €
Rabatt			
unter 800 lfm	7,5%	4%	–
ab 800 lfm	10%	8%	–
Transportkosten:	1,5% vom Listenpreis	Frei Haus	2% vom Listenpreis

1. Welcher Holzhändler hat das günstigste Angebot, wenn
   1.1 700 lfm
   1.2 1 000 lfm
   Fichtenholz beschafft werden sollen?
2. Bilde den Buchungssatz für den Zielkauf beim jeweils günstigsten Anbieter (USt. 19%).

ALLES KLAR?!?!?

1. Bezieht der Unternehmer Werkstoffe, so erhält er eine **Eingangsrechnung.**
2. Die Werkstoffe werden bei der Produktion verbraucht; dieser Werteverzehr wird als Aufwand bezeichnet.
3. Der Wert der eingekauften Werkstoffe wird auf **Aufwandskonten** gebucht:
   Aufwendungen für Rohstoffe (AWR)
   Aufwendungen für Fremdbauteile (AWF)
   Aufwendungen für Hilfsstoffe (AWH)
   Aufwendungen für Betriebsstoffe (AWB)
4. Die in der Eingangsrechnung ausgewiesene Umsatzsteuer ist als **Vorsteuer** auf dem aktiven Bestandskonto „Vorsteuer“ (VORST) zu buchen.
5. **Rabatte** des Lieferers **werden** vom Listeneinkaufspreis abgezogen und **nicht gebucht.** (Sofortrabatte)
6. **Bezugskosten** verteuern den Einkauf. Sie werden auf eigene Unterkonten gebucht:
   - Bezugskosten Rohstoffe (BZKR)
   - Bezugskosten Fremdbauteile (BZKF)
   - Bezugskosten Hilfsstoffe (BZKH)
   - Bezugskosten Betriebsstoffe (BZKB)
7. **Rechnen** und **Buchen** sind Grundelemente des Rechnungswesens.

6 Verkauf von Fertigerzeugnissen

6.1 Die Auswertung einer Ausgangsrechnung

Als Mitarbeiter von Hans Glück liegt dir folgender Beleg vor:

Schreinerei Hans Glück

Rachelstraße 6–8 • 93059 Regensburg
Telefon: 0941 150250 • Fax: 0941 150260
E-Mail: HGlueck@hans-glueck.xyz
Internet: http://www.hans-glueck.xyz

Hans Glück • Rachelstraße 6–8 • 93059 Regensburg

Herrn
Tobias Schreiner
Haydnstraße 26
93059 Regensburg

Rechnung

Rechnungsnummer:	8976
Datum:	06. August 20..
Kundennummer:	270100
Bestellung:	24. Juli 20..

Wir lieferten Ihnen frei Haus am 04. August 20..:

Pos.	Artikel/Bezeichnung	Menge	Einzelpreis EUR	Gesamtpreis EUR
1	Schreibtische	5	780,00	3.900,00
			Warenwert	3.900,00
			+ 19% Umsatzsteuer	741,00
			Rechnungsbetrag	4.641,00

Wir danken für Ihren Auftrag.

Zahlungsbedingungen: Zahlbar innerhalb von 30 Tagen.
Die gelieferte Ware bleibt bis zur vollständigen Bezahlung unser Eigentum.
Bankverbindung: A-Bank Regensburg • BLZ 705 950 00 • Kontonummer: 500306
Hans Glück, e. Kfm. • Amtsgericht Regensburg HRA 4999
USt-IdNr. DE298145299 • Steuer-Nr. 9244/211/50550

Wer hat diesen Beleg ausgestellt und für wen wurde er angefertigt?

Hans Glück ist Hersteller oder Produzent. Unter Einsatz von menschlicher Arbeit, Maschinen, Werkstoffen und Wissen stellt er u. a. Türen, Fenster und Möbel her, um sie an seine Kunden zu verkaufen.

Hans Glück hat fünf Schreibtische an Tobias Schreiner verkauft. Dafür wurde als Beleg eine **Ausgangsrechnung** erstellt.

Der Kunde erhält das Original der Ausgangsrechnung; eine Kopie (in der Regel eine elektronische) bleibt in der Firma Hans Glück. Für diese Rechnungskopie interessiert sich insbesondere die Abteilung Rechnungswesen.

Erst der Verkauf einer Ware (Absatz) bringt den Gewinn für das Unternehmen.

Wie der Lohn das Einkommen eines Arbeiters darstellt, so ist der Gewinn das Einkommen eines Unternehmers.

So einfach war es für Hans Glück gar nicht, den Verkauf unter Dach und Fach zu bringen. Kunde Schreiner willigte erst in den Kauf ein, als für ihn der Preis „stimmte" und dies war bei 780,00 € je Schreibtisch.

Hans Glück hat diesen Preis nicht – wie man vielleicht annehmen könnte – „über den Daumen" festgesetzt, sondern sehr wohl exakt berechnet oder kalkuliert, wie man unter Kaufleuten sagt.

Dazu ist er von folgender Überlegung ausgegangen:

Die Herstellung der Schreibtische verursachte **Aufwendungen** für:
- Rohstoffe (Holz)
- Fremdbauteile (Beschläge)
- Hilfsstoffe (Schrauben, Leim)
- Betriebsstoffe (Strom für die Maschinen)
- Löhne und Gehälter für die Arbeiter und Angestellten

Ermittlung der Aufwendungen für einen Schreibtisch

Bretter und Holzprofile	**210,00 €**
Beschläge und Schrauben	**70,00 €**
Strom und Betriebskosten	**80,00 €**
Arbeitskosten	**290,00 €**
gesamte Aufwendungen	**650,00 €**

Diese gesamten Aufwendungen heißen **Selbstkosten** (**auch Selbstkostenpreis** genannt).

Aber:
Ein Verkauf der Ware zum Selbstkostenpreis ist wirtschaftlich nicht vernünftig.
Ein Unternehmer sollte doch einen Gewinn erzielen.
Ohne Gewinne kann ein Unternehmen auf Dauer nicht existieren.

Somit muss gelten:
Der Verkaufspreis einer Ware muss unbedingt die Selbstkosten und den Gewinn des Unternehmers abdecken.

Dies trifft für diesen Fall zu:

Selbstkosten je Schreibtisch:	650,00 €	100%
Gewinn:	130,00 €	x%
Verkaufspreis	780,00 €	

Vielfach wird der Gewinn auch in Prozenten angegeben.

Lösung: 650,00 € ≙ 100%
130,00 € ≙ x%

$$x = \frac{100 \cdot 130,00}{650,00} = 20$$

Hans Glück erzielt einen Gewinn in Höhe von 20%.

Gewinne sind:

- der Lohn oder das Einkommen für die Arbeit des Unternehmers;
- die Grundlage für künftige Neuanschaffungen im Betrieb;
- das finanzielle Polster für wirtschaftlich schwierige Zeiten.

Betrachte nochmals die Ausgangsrechnung von Seite 179. Die Mitarbeiter von Hans Glück haben für die fünf Schreibtische einen Verkaufspreis von 3.900,00 € ermittelt, doch dem Kunden Schreiner werden 4.641,00 € in Rechnung gestellt.

Wie ist diese Verteuerung zu erklären?

Der Aufschlag von 741,00 € geht auf die Umsatzsteuer zurück, die bei jedem Verkauf von Gütern und Dienstleistungen (z. B. Reparaturen) dem Kunden in Rechnung zu stellen ist.

Vom Wirtschaftskreislauf her weißt du, dass der Staat über die Finanzämter Steuern erhebt und dazu gehört die für ihn so wichtige **Umsatzsteuer.**

1. Bildet Gruppen und betreibt ein Unternehmen, das einfache Produkte wie z. B. Glückwunschkarten oder bedruckte T-Shirts oder Baumwoll-Taschen herstellt und verkauft. Für jeden Verkauf an verschiedene Kunden mit unterschiedlichen Stückzahlen und Preisen sollt ihr Ausgangsrechnungen erstellen. Der Umsatzsteuersatz beträgt 19%. 177

2. Welche **vier** wichtigen Angaben fehlen auf nachstehender Rechnung?

Christa Bauer, e. Kfr.

Hochwertige Holzspielwaren

Lederergasse 20 • 90403 Nürnberg
Telefon: 0911 46582-0 • Fax: 0911 46582-20
E-Mail: service@bauerspiel.xyz • Internet: www.bauerspiel.xyz

Christa Bauer • Lederergasse 20 • 90403 Nürnberg

Fa.
Karl Huber
Toys and Games
Erlenweg 15

RECHNUNG

Rechnungsnummer:	08/5301
Datum:	20. August 20..
Lieferdatum:	20. August 20..
Kundennummer:	34510
Bestellung:	09. August 20.. (E-Mail)

Rechnung

Nürnberg 20. August 20..

Aufgrund Ihrer Bestellung lieferten wir Ihnen am 20. August 20..:

Pos.	Artikel/Bezeichnung	Menge	Einzelpreis (EURO)	Gesamtpreis (EURO)
1	Holzzug „Orient-Express“	25	75,00	1.875,00
			Warenwert	1.875,00
			Umsatzsteuer	356,25
			Rechnungsbetrag	

Wir danken für Ihren Auftrag.

Zahlungsbedingungen: 10 Tage 2% Skonto / 30 Tage rein netto.
Christa Bauer, e. Kfr. • Amtsgericht Nürnberg HRA 7214
USt-IdNr. DE170864967 • St.-Nr. 7155/150/23215

6.2 Die Umsatzsteuer

6.2.1 Grundsätzliche Informationen

Eines Tages findest du als Mitarbeiter/-in in der Abteilung Rechnungswesen von Hans Glück folgende Rechnungen auf deinem Schreibtisch:

SÄGEWERK FLORIAN HINTERDOBLER

Forststraße 1 • 81456 Neumühle
E-Mail: hinterdobler@x-online.xyz
Telefon: 09971 1462 • Fax: 09971 4208

SÄGEWERK FLORIAN HINTERDOBLER • Forststraße 1 • 81456 Neumühle

Firma
Hans Glück
Rachelstraße 6–8
93059 Regensburg

RECHNUNG

Seite:	1
Rechnungsnummer:	08945
Datum:	06. Mai 20..
Lieferdatum:	06. Mai 20..
Kundennummer:	0238
Bestellung:	02. Mai 20.. lt. E-Mail

MENGE	ARTIKEL	EINZELPREIS EUR	GESAMTPREIS EUR
100 Stück	Fichtenholzpaletten, geleimt	10,00	1.000,00
		Warenwert, netto	1.000,00
		+ 19% Umsatzsteuer	190,00
		Rechnungsbetrag	**1.190,00**

Lieferung: Frei Haus
Zahlung: Zahlbar bis 06. Juni 20.., rein netto

Die gelieferte Ware bleibt bis zur vollständigen Bezahlung unser Eigentum.
Bankverbindung: Handelsbank Neumühle • BLZ 789 567 00 • Kontonummer: 76503
Florian Hinterdobler, e. Kfm. • Handelregister Neumühle HRA 1873
USt-IdNr. DE369458579 • St.-Nr. 6218/261/36732

Schreinerei Hans Glück

Rachelstraße 6–8 • 93059 Regensburg
Telefon: 0941 150250 • Fax: 0941 150260
E-Mail: HGlueck@hans-glueck.xyz
Internet: http://www.hans-glueck.xyz

Hans Glück • Rachelstraße 6–8 • 93059 Regensburg

Firma
Xaver Wurm
Bürocenter Wurm
Friedrichstraße 20
97082 Würzburg

Rechnung

Rechnungsnummer:	2345
Datum:	30. Mai 20..
Kundennummer:	W 2790
Bestellung:	9781

Wir lieferten Ihnen frei Haus am 30. Mai 20..:

Pos.	Artikel/Bezeichnung	Menge	Einzelpreis EUR	Gesamtpreis EUR
1	PC-Tische, natur	10	180,00	1.800,00
			Warenwert	1.800,00
			+ 19% Umsatzsteuer	342,00
	Wir danken für Ihren Auftrag.		Rechnungsbetrag	2.142,00

Zahlungsbedingungen: Zahlbar innerhalb von 30 Tagen.
Die gelieferte Ware bleibt bis zur vollständigen Bezahlung unser Eigentum.
Bankverbindung: A-Bank Regensburg • BLZ 705 950 00 • Kontonummer: 500306
Hans Glück, e. Kfm. • Amtsgericht Regensburg HRA 4999
USt-IdNr. DE298145299 • Steuer-Nr. 9244/211/50550

Es ist nicht schwer zu erkennen:

In beiden Rechnungen – eine Eingangsrechnung und eine Ausgangsrechnung – findest du die gesondert ausgewiesene Umsatzsteuer.

Betrachten wir diese Steuer etwas genauer.

Bei allen Käufen und bei allen Rechnungen, die wir als Verbraucher begleichen, müssen wir gleichzeitig auch immer die Umsatzsteuer bezahlen. Oftmals wird uns das überhaupt nicht bewusst. Oder hast du schon daran gedacht, dass du beim Kauf von Lebensmitteln oder Schulsachen Steuern bezahlst?

i

Damit müssen wir als Kunden und Verbraucher leben: Die Umsatzsteuer verteuert Waren und Dienstleistungen.

Um diese Steuer besser verstehen zu können, müssen wir uns mit folgenden Fragen befassen:

Was ist die Umsatzsteuer?

Sie ist einmal eine **Verkehrssteuer,** weil sie Käufe und Verkäufe, also den gesamten Waren- und Dienstleistungsverkehr, besteuert.

Sie ist aber auch eine **Verbrauchssteuer,** da sie in der Regel der Endverbraucher zu bezahlen hat.

Welches ist die rechtliche Grundlage für diese Steuer?

Eine Steuer kann nur dann vom Staat erhoben werden, wenn es ein **Gesetz** dafür gibt. Und dieses ist das Umsatzsteuergesetz (UStG).

Von welchem Betrag wird die Umsatzsteuer berechnet?

Betrachte die Ausgangsrechnung der Fa. Hans Glück an das Bürocenter Wurm. Es wird der Nettobetrag in Höhe von 1.800,00 € besteuert. Man spricht auch von Nettoentgelt oder Nettoverkaufspreis (auch Nettowarenwert). Wäre es da nicht einfacher in der Rechnung gleich den End- oder Bruttobetrag anzugeben?

Die Antwort gibt wieder das Umsatzsteuergesetz: Der Unternehmer ist verpflichtet Rechnungen auszustellen, in denen die Umsatzsteuer gesondert (in der oben genannten Rechnung 342,00 €) ausgewiesen wird.

Welche Vorgänge im Wirtschaftsleben sind zu versteuern?

- Alle Lieferungen gegen Entgelt (= gegen Bezahlung).
- Alle sonstigen Leistungen (Dienstleistungen), wie z. B. Reparaturen gegen Entgelt.

Wie hoch ist der Steuersatz?

- Der allgemeine (normale) Steuersatz beträgt zurzeit 19%.
- Der ermäßigte Steuersatz beträgt 7%.

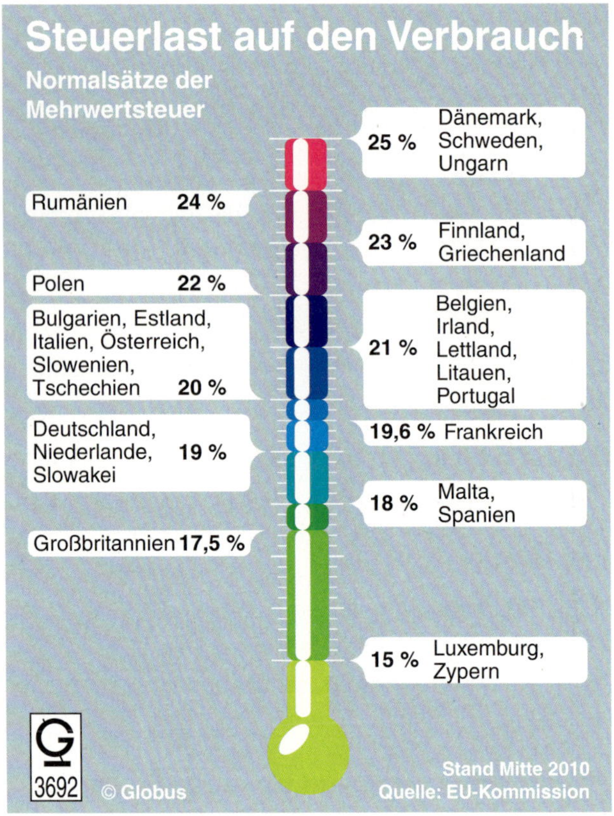

Beispiele

Allgemeiner Steuersatz (19%)	Ermäßigter Steuersatz (7%)
Alle Lieferungen und Leistungen eines Unternehmens	Wichtige Lebensmittel (Grundnahrungsmittel) und Ausgaben für Kultur und Bildung
z. B. – Verkäufe aller Art – Reparaturleistungen aller Art – Leistungen der Steuerberater und Rechtsanwälte – Beförderung von Personen und Gütern	z. B. Fleisch, Fisch, Milcherzeugnisse, Brot, Gemüse, Obst, Zucker, Tee; z. B. Bücher, Zeitschriften, Zeitungen, Eintritt für Museen, Theater und Schwimmbäder, Rundfunkgebühren und Beherbergungsleistungen

178

1. Warum ist die Umsatzsteuer eine Verbrauchssteuer?
2. Von welchem Betrag wird die Umsatzsteuer berechnet (Besteuerungsgrundlage)?
3. Welche Steuersätze kennt das UStG?
4. Fischprodukte, wie z. B. Bratheringe oder Fischfilet, werden nur mit 7% Umsatzsteuer belastet, dagegen aber Kaviar, Hummer und Austern mit 19%. Wie kannst du dir den Unterschied erklären? Ist das gerechtfertigt?
5. Warum wohl verlangt der Gesetzgeber für Bücher nur den ermäßigten Steuersatz?

6.2.2 Vorsteuer – Umsatzsteuer – Zahllast

Das waren nun zwar viele Informationen auf einmal, doch eines ist Markus, unserem jungen Mitarbeiter im Rechnungswesen der Fa. Hans Glück, noch nicht so recht klar geworden.

Da liegen ihm die beiden Rechnungen – eine Eingangs- und eine Ausgangsrechnung – vor und in beiden wird Umsatzsteuer berechnet.

An den Lieferanten Hinterdobler muss die Fa. Glück 190,00 € Umsatzsteuer bezahlen, vom Kunden Wurm erhält sie 342,00 € Umsatzsteuer.

Ja, so fragt er sich, wie soll das Finanzamt diese Steuer bekommen?

Zunächst gilt Folgendes:

Die Umsatzsteuer, die ein Kunde nach dem Erhalt von **Eingangsrechnungen** zusammen mit dem Warenwert zu zahlen hat, nennt man **Vorsteuer** (190,00 €).

Als eigentliche **Umsatzsteuer** wird dagegen die Steuer bezeichnet, die ein Lieferer dem Kunden in **Ausgangsrechnungen** gemeinsam mit dem Warenwert in Rechnung stellt (342,00 €).

Welchen Betrag erhält das Finanzamt?

Verdeutliche dir das System „Vorsteuer – Umsatzsteuer" an folgenden Beispielen:

1. Vorgang (1. Stufe)

Das Säge- und Hobelwerk Hinterdobler verkauft Fichtenholzplatten im Warenwert von 1.000,00 € an die Schreinerei Glück.

Warenwert der Platten	1.000,00 €
+ 19% **Umsatzsteuer**	190,00 €
Rechnungsbetrag (Bruttowarenwert)	1.190,00 €

Das Finanzamt erhält vom Säge- und Hobelwerk Hinterdobler 190,00 € Umsatzsteuer.

2. Vorgang (2. Stufe)

Die Schreinerei Glück verkauft die aus diesem Holz hergestellten PC-Tische an ein Büroeinrichtungshaus (Bürocenter Wurm) für 1.800,00 € netto.

Warenwert PC-Tische	1.800,00 €
+ 19% **Umsatzsteuer**	342,00 €
Rechnungsbetrag (Bruttowarenwert)	2.142,00 €

Glück rechnet mit dem Finanzamt ab:	
Dem Kunden (Bürocenter Wurm) in Rechnung gestellte UST:	342,00 €
abzüglich der ihm vom Lieferer (Hinterdobler) in Rechnung gestellten Vorsteuer:	190,00 €
Zahlung	152,00 €

Die 152,00 € entsprechen 19% des in der Schreinerei Glück erwirtschafteten Mehrwerts von 800,00 €.

3. Vorgang (3. Stufe)

Das Bürocenter Wurm verkauft die PC-Tische angenommen für 3.000,00 € netto an seine Kunden.

Warenwert PC-Tische	3.000,00 €
+ 19% **Umsatzsteuer**	**570,00** €
Endverbraucherpreis	3.570,00 €

Das Bürocenter Wurm rechnet mit dem Finanzamt ab:	
Dem Kunden in Rechnung gestellte UST:	570,00 €
abzüglich der ihm vom Lieferer (Glück) in Rechnung gestellten Vorsteuer:	342,00 €
Zahlung	228,00 €

Dies entspricht wiederum 19% des im Bürocenter entstandenen Mehrwerts von 1.200,00 €.

Ergebnis:

1. Die gesamte Werterhöhung (Mehrwert) der Ware vom Rohstofflieferanten bis zum Verkauf beläuft sich auf 3.000,00 €. An Umsatzsteuer oder Mehrwertsteuer fallen somit 570,00 € (= 19%) an.

2. Das Finanzamt hat dreimal Umsatzsteuer erhalten:

von der Fa. Hinterdobler (= Rohstofflieferer)	von der Fa. Glück (= Hersteller)	von der Fa. Wurm (= Händler)
190,00 €	152,00 €	228,00 €

→ **insgesamt 570,00 €** ←

3. Die gesamte Umsatzsteuerbelastung von 570,00 € ist in den Endverbraucherpreisen von 3.570,00 € enthalten. Damit tragen die Endverbraucher die gesamte Umsatzsteuer.

Produktions-/ Handelsstufe	Umsatz (Ausgangs-rechnungen)	Umsatzsteuer	Vorleistungen (Eingangs-rechnungen)	Vorsteuer	Zahlung an das Finanz-amt (Zahllast)	Mehrwert
Rohstoff-lieferer	1.000,00 €	190,00 €	–	–	190,00 €	1.000,00 €
Schreinerei	1.800,00 €	342,00 €	1.000,00 €	190,00 €	152,00 €	800,00 €
Bürocenter	3.000,00 €	570,00 €	1.800,00 €	342,00 €	228,00 €	1.200,00 €

Der Endverbraucher bezahlt: 570,00 € 3.000,00 €

netto 3.000,00 €
+ 19% USt. 570,00 €

brutto 3.570,00 € und trägt damit die Umsatzsteuer 3.570,00 €

4. Endverbraucher sind nicht berechtigt, Vorsteuer abzuziehen.

Was bedeutet Zahllast?

Unternehmer Hans Glück zahlt lediglich 152,00 € an das Finanzamt. Dieser Betrag ergibt sich als Differenz zwischen Vorsteuer in der Eingangsrechnung (= 190,00 €) und Umsatzsteuer in der Ausgangsrechnung (= 342,00 €).

Bei der Ermittlung der Umsatzsteuerschuld geht der Unternehmer wie folgt vor:

Summe der erhaltenen Umsatzsteuer (aus den Ausgangsrechnungen)
– Summe der gezahlten Vorsteuer (aus den Eingangsrechnungen)
= Umsatzsteuerschuld oder Zahllast

1. Ermittle die Umsatzsteuer und den Bruttoverkaufspreis, wenn der Nettoverkaufspreis über 4.500,00 € lautet (USt. 19%). 179
2. Unternehmer Kurz hat seinen Kunden insgesamt 4.260,00 € Umsatzsteuer in Rechnung gestellt. Seinen Lieferern hatte er 2.170,00 € Vorsteuer zu bezahlen. Berechne die Zahllast an das Finanzamt.
3. Von einer Ausgangsrechnung sind nur folgende Angaben bekannt:

Listenverkaufspreis	????? €
19% Umsatzsteuer	1.615,00 €
Rechnungsbetrag, brutto	????? €

Ermittle die fehlenden Größen.

Am 1. Januar 2007 wurde der allgemeine (normale) Steuersatz von 16% auf 19% erhöht. Um wie viel verteuerte sich der Bruttoverkaufspreis eines Motorrollers für den Endverbraucher, wenn der Nettopreis von 2006 auf 2007 mit 4.000,00 € unverändert blieb? 180

Welches Finanzamt ist für deinen Wohnort/Schulort zuständig? 181

182

Ergänze folgenden Text (schreibe die Begriffe in dein Heft):

1. Die beim Einkauf von Werkstoffen zu zahlende Umsatzsteuer heißt ?????; sie stellt eine ????? gegenüber dem Finanzamt dar.

2. Die Umsatzsteuer, die beim Verkauf von Fertigerzeugnissen in Rechnung gestellt wird, bezeichnet man als ?????; sie stellt eine ????? gegenüber dem Finanzamt dar.

3. Die Zahllast ist die Differenz zwischen ????? und ?????.

183

Welche Art von Rechnung liegt vor?

1. Die Fa. Hans Glück erhält von der Elektrofirma Volt eine Rechnung wegen der Reparatur einer Maschine.
2. Die Fa. Hans Glück erstellt eine Rechnung über geleistete Schreinerarbeiten.

184

Bildet Dreiergruppen. Schlüpft in die Rolle von Unternehmern/-innen. Eine(r) betreibt eine Landwirtschaft mit Getreideanbau, der/die Zweite betreibt eine Getreidemühle und der/die Dritte betreibt eine Bäckerei. Der Landwirt adressiert die Rechnung an die Getreidemühle und der Müller erstellt die Rechnung für die Bäckerei. Empfänger der Rechnung des Bäckers ist eine Supermarktkette.

Folgende Nettoverkaufspreise sind gegeben:

Landwirtschaft:	2.000,00 €
Mühle:	2.400,00 €
Bäckerei:	3.200,00 €

1. Informiert euch über den Umsatzsteuersatz.

2. Erstellt jeweils eine Ausgangsrechnung über die obigen Beträge und „schickt" sie euren Kunden.

3. Berechnet für euer Unternehmen die Zahllast an das Finanzamt.

ALLES KLAR?!?!?

1. Die Herstellung eines Gutes verursacht Aufwendungen, die so genannten **Selbstkosten.**

2. Der Verkaufspreis sollte höher sein als die Selbstkosten. Nur dann kann ein **Gewinn** erwirtschaftet werden.

3. Beim Einkauf erhält der Unternehmer Eingangsrechnungen (Original), beim Verkauf erstellt er **Ausgangsrechnungen**. Das Original erhält der Kunde, die Kopie bleibt als Beleg beim Unternehmer.

4. In Eingangs- und Ausgangsrechnungen ist die Umsatzsteuer mit dem Umsatzsteuersatz und dem Betrag in € auszuweisen.

5. In Deutschland gibt es mehr als 30 verschiedene Steuern. Unter ihnen spielt die Umsatzsteuer, die für den Staat rund ein Drittel aller Steuereinnahmen bringt, eine herausragende Rolle.

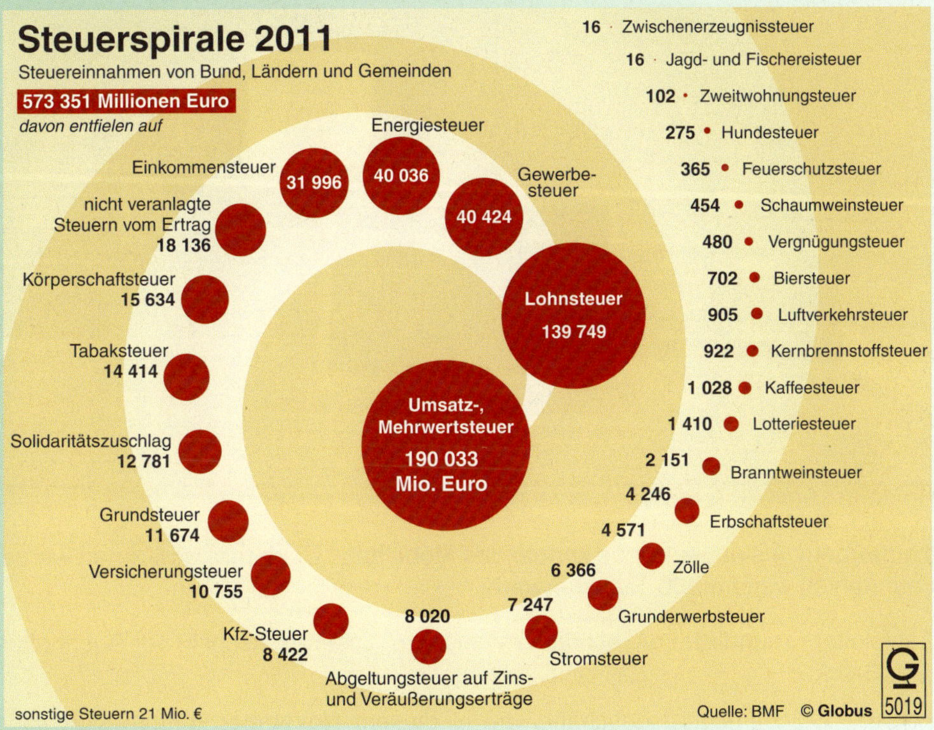

6. Rechtliche Grundlage für die Besteuerung ist das **Umsatzsteuergesetz**.

7. Die vom Unternehmer an das Finanzamt zu überweisende Umsatzsteuerschuld heißt **Zahllast** (= Unterschied zwischen erhaltener Umsatzsteuer und gezahlter Vorsteuer).

Das Abrechnungsschema lautet:

Umsatzsteuer (-schuld)
– Vorsteuer (-forderung)

= Zahllast

Die Abrechnung mit dem Finanzamt erfolgt in der Regel monatlich.

6.3 Die Umsatzerlöse für Fertigerzeugnisse

Das Weihnachtsgeschäft läuft prima. Die Firma Hans Glück hat allein im Monat November 200 Computertische zum Stückpreis von netto 200,00 € verkauft.

Und außerdem: Als neuer Kunde konnte das Möbelhaus Cinderella gewonnen werden, das auf Anhieb weitere 100 Tische erwarb.

Verkaufsleiter Freundlich im Gespräch mit Markus, unserem Azubi in der Buchhaltung der Fa. Glück:

Freundlich: Solche Monatsgeschäfte wie in diesem November können sich sehen lassen.

Markus: Da haben wir eine nette Summe verdient, 300 mal 200 ergibt satte 60.000,00 €.

Freundlich: So kannst du natürlich nicht rechnen: Umsatz ist nicht gleich Gewinn.

Markus ist zunächst ein wenig ratlos, doch nach einem weiteren Gespräch mit Herrn Freundlich wird ihm einiges klar.

Umsatz ist nicht gleich Gewinn. **Umsatz** ist die Summe aller Verkäufe zum Nettopreis in einer bestimmten Zeit, z. B. in einem Monat.

Für Umsatz kann man auch Absatz oder Umsatzerlös sagen.
Auf unser Beispiel bezogen hat Hans Glück zusammen mit seinen Mitarbeitern im November insgesamt 60.000,00 € Umsatzerlöse oder einen Monatsumsatz von 60.000,00 € erzielt. Aber:
Diese Zahl von 60.000,00 € sagt zunächst noch nichts aus, ob sich das Verkaufen gelohnt hat. Zur Herstellung der PC-Tische mussten ja u. a. Werkstoffe wie Holz, Strom,

aber auch fleißige Mitarbeiter eingesetzt werden, die Löhne und Gehälter beziehen. Mit anderen Worten: Die Produktion hat eine Reihe von Aufwendungen verursacht. Und diese Aufwendungen müssen den Verkaufserlösen gegenübergestellt werden.

Einkäufe und Produktion verursachen **Aufwendungen** (= betrieblicher Werteverzehr)	Verkäufe führen zu **Umsatzerlösen** bzw. zu **Erträgen** (= betrieblicher Wertezuwachs)

Angenommen, die Aufwendungen für Werkstoffe und die Arbeit betragen für November 50.000,00 €. An Umsatzerlösen oder Erträgen hat die Firma Hans Glück bekanntlich 60.000,00 € erzielt.

Aufwendungen →	kleiner als →	Erträge
	Gewinn	
↓ 50.000,00 €	↓ 10.000,00 €	↓ 60.000,00 €

Nur wenn die Erträge über den Aufwendungen liegen, erzielt der Unternehmer einen **Gewinn**.

Und dass Unternehmen Gewinn erwirtschaften sollen, ist eine ganz selbstverständliche Sache. Bereits auf Seite 181 war davon die Rede.

Markus hat von seinem Vorgesetzten, Herrn Otto Grün, den Auftrag erhalten, die im Monat November angefallenen Verkäufe für die Buchung vorzubereiten.

Markus: Die Rechnungen sind von den Kunden noch gar nicht bezahlt.

Otto Grün: Trotzdem ist die Buchungsarbeit zu erledigen.

Markus: Wir haben doch bisher nur die Einkäufe gebucht und dafür die entsprechenden Aufwandskonten benötigt.

Otto Grün: Außerdem musstest du weitere Konten wie Verbindlichkeiten und Vorsteuer bei der Buchung der Eingangsrechnungen verwenden.

Markus: Nachdem ja bei den Ausgangsrechnungen – wie bei den Eingangsrechnungen – meistens nicht sofort bezahlt wird, haben unsere Kunden noch Schulden, nicht wahr?

Otto Grün: Ja, wir haben von unseren Kunden noch Geld zu **fordern.**

Markus: Also brauchen wir das Bestandskonto „Forderungen“. Und wohin kommt die Umsatzsteuer, die ja in den Ausgangsrechnungen extra ausgewiesen wird? Und überhaupt die entscheidende Frage: Auf welches Konto werden unsere Umsatzerlöse gebucht?

• Geschäftsfall:

Ausgangsrechnung (siehe Seite 182) für PC-Tische, Warenwert netto 1.800,00 € + 19% USt.

1. Ein Vergleich der Buchung von Eingangsrechnungen mit der von Ausgangsrechnungen hilft weiter.

Eingangsrechnung	Ausgangsrechnung
↓	↓
Zielkauf von Werkstoffen führt zu	Zielverkauf von eigenen Erzeugnissen führt zu
↓	↓
Aufwendungen	**Erträgen**
und damit zur Buchung auf einem	und damit zur Buchung auf einem
↓	↓
Aufwandskonto	**Ertragskonto**

Benötigtes Konto: **Umsatzerlöse für eigene Erzeugnisse (UEFE)**
Ertragskonto

2. Ja, da wäre noch die Frage nach der Buchung der in den Ausgangsrechnungen enthaltenen Umsatzsteuer als Verbindlichkeit gegenüber dem Finanzamt.

Benötigtes Konto: **Umsatzsteuer (UST)**
passives Bestandskonto

3. Und schließlich sind die Forderungen an den Kunden festzuhalten.

Benötigtes Konto: **Forderungen aus LL (FO)**
aktives Bestandskonto

• Buchungssatz:

Forderungen aus LL (FO) 2.142,00 €	an	**Umsatzerlöse f. eigene Erzeugnisse (UEFE)**	**1.800,00 €**
		Umsatzsteuer (UST)	**342,00 €**

• Buchung auf T-Konten:

S	Forderungen (FO)		H
UEFE, UST	2.142,00		

S	Umsatzerlöse FE (UEFE)		H
		FO	1.800,00

S	Umsatzsteuer (UST)		H
		FO	342,00

ALLES KLAR?!?!?

1. Die Menge der abgesetzten Waren multipliziert mit dem Nettoverkaufspreis ergibt den Umsatz oder die Umsatzerlöse.
2. Umsatzerlöse sind die Grundlage für die Erträge in einem Unternehmen. Ihre Buchung erfolgt auf Ertragskonten. Zu den wichtigsten Ertragskonten in einem Fertigungsbetrieb gehört das Konto „Umsatzerlöse für eigene Erzeugnisse".
3. Beachte auch, dass bei Ausgangsrechnungen immer das Konto „Umsatzsteuer" zu verwenden ist.

185

Ergänze folgenden Lückentext (schreibe in dein Heft):

Einem Verkauf von Fertigerzeugnissen liegt als Beleg immer eine ????? zugrunde. Das Original erhält der ?????, die Kopie verbleibt beim ?????. Verkäufe führen zu ????? erlösen und buchhalterisch zu ?????.

Unter Geschäftsleuten werden Verkäufe grundsätzlich als ????? geschäfte abgewickelt.

Das wichtigste Ertragskonto im Rechnungswesen einer Firma ist das Konto ?????.

186

Bilde die Buchungssätze (USt. 19%):

1. Verkauf von Fertigerzeugnissen auf Ziel, netto 8.000,00 €.
2. Ausgangsrechnung (AR) für Fertigprodukte netto 1.200,00 €.
3. Eine Hosenfabrik verkauft Jeans an eine Boutique auf Ziel, die Umsatzsteuer beträgt 399,00 €.

187

Bilde die Buchungssätze für die folgenden Geschäftsfälle der Nudelfabrik **„AHA Nudeln"**, Griesstadt. Die Firma verarbeitet u. a. folgende Werkstoffe:

Rohstoffe: Hartweizengrieß, Weichweizengrieß . . .

Hilfsstoffe: Salz, Gewürze, natürliche Farbstoffe . . .

Betriebsstoffe: Strom, Gas, Wasser, Schmierstoffe, Reinigungsmittel, Dieselöl . . .

An eigenen Produkten erzeugt die Firma u. a. Bandnudeln, Spiralnudeln, Spaghetti.

1.	Einkauf von verschiedenen Gewürzsortimenten auf Ziel, netto zuzüglich 7% USt.	2.400,00 €
2.	Es liegt die Kopie einer Ausgangsrechnung an die Fa. Feinkost „Leckermaul" vor, der Warenwert der Bandnudeln beträgt netto USt. ? %, Rechnungsbetrag	4.500,00 € ????? €
3.	Bareinzahlung auf das Bankkonto	2.000,00 €
4.	Der Kunde, siehe Fall 2, zahlt die Ausgangsrechnung durch Banküberweisung	????? €

5.	Barverkauf von Spiralnudeln, Warenwert netto 7% USt.	1.200,00 € 84,00 €
6.	Zielverkauf von Spaghetti, Warenwert netto 7% USt.	3.700,00 € 259,00 €
7.	Die Stromrechnung lautet über netto 19% USt.	1.800,00 € ????? €

6.4 Sofortrabatte an den Kunden

Die Firma Hans Glück startet eines Tages folgende Sonderverkaufsaktion:

Sonderverkauf

Anlässlich des 25-jährigen Bestehens unserer Firma erhalten unsere Kunden einen Sonderrabatt auf alle Waren von

10%

Kunde Moos aus Landshut lässt sich diese Gelegenheit nicht entgehen und zieht quasi dieses verlockende Angebot wie einen „dicken Fisch“ an Land.

Moos kauft 20 Fertigtüren.
Darüber erstellt die Fa. Hans Glück folgende Ausgangsrechnung:

Schreinerei Hans Glück

Rachelstraße 6–8 • 93059 Regensburg
Telefon: 0941 150250 • Fax: 0941 150260
E-Mail: HGlueck@hans-glueck.xyz
Internet: http://www.hans-glueck.xyz

Hans Glück • Rachelstraße 6–8 • 93059 Regensburg

Firma
H. Moos Modern Design
Adlerstraße 8
84036 Landshut

Rechnung

Rechnungsnummer:	8802
Datum:	31. August 20..
Kundennummer:	7902
Bestellung:	15. August 20..

Wir lieferten Ihnen frei Haus am 29. August 20..:

Pos.	Artikel/Bezeichnung	Menge	Einzelpreis EUR	Gesamtpreis EUR
1	Echtholz-Profiltüren „Formschön“	20	500,00	10.000,00
			Warenwert	10.000,00
			– 10% Jubiläumsrabatt	1.000,00
				9.000,00
			+ 19% Umsatzsteuer	1.710,00
			Rechnungsbetrag	10.710,00

Wir danken für Ihren Auftrag.

Zahlungsbedingungen: Zahlbar innerhalb von 30 Tagen.
Die gelieferte Ware bleibt bis zur vollständigen Bezahlung unser Eigentum.
Bankverbindung: A-Bank Regensburg • BLZ 705 950 00 • Kontonummer: 500306
Hans Glück, e. Kfm. • Amtsgericht Regensburg HRA 4999 • USt-IdNr. DE298145299 • Steuer-Nr. 9244/211/50550

Erinnere dich:

Wie beim Einkauf von Werkstoffen, so werden auch beim Verkauf von Fertigerzeugnissen Preisnachlässe in Form von

Mengen-, Treue- und Jubiläumsrabatten

gewährt.

Rabatte an den Kunden werden in der Regel in Prozenten angegeben, also z. B. „Sie erhalten auf den Listenverkaufspreis einen Rabatt von 10%."

Schau dir die Rechnung auf Seite 194 an: Du siehst, dass die Firma Glück den Rabatt unmittelbar vom Listenverkaufspreis berechnet und **sofort** abzieht (1.000,00 €).

Deshalb sprechen wir auch von einem **Sofortrabatt.**

Und noch eines merke dir:

Wie beim Einkauf von Stoffen, werden auch beim Verkauf von eigenen Erzeugnissen an Kunden gewährte Rabatte **nicht** gebucht.

- **Buchungssatz für den Zielverkauf** (siehe Ausgangsrechnung auf Seite 194):

Forderungen aus LL (FO)	**10.710,00 €**	an	**Umsatzerlöse f. eigene Erzeugnisse (UEFE)**	**9.000,00 €**
			Umsatzsteuer (UST)	**1.710,00 €**

ALLES KLAR?!?!?

1. **Sofortrabatte** an den Kunden werden gleich vom Listenverkaufspreis oder Angebotspreis abgezogen und **nicht gebucht**. Der verminderte Preis ist die Berechnungsgrundlage für die Umsatzsteuer.
2. Hauptrabattformen sind:
   - **Mengenrabatt** (bei Abnahme größerer Mengen)
   - **Treuerabatt** (z. B. aufgrund langjähriger Geschäftsbeziehungen)
   - **Sonderrabatt** (z. B. Jubiläumsrabatt, Behördenrabatt)
3. **Denk daran:**
   Nicht nur unter Geschäftsleuten werden Rabatte gewährt, auch Privatpersonen erhalten beim Einkauf gelegentlich Rabatte. Du solltest in den Kaufgesprächen immer darauf hinweisen.

Beantworte folgende Fragen:

1. Warum gewähren Unternehmer/Unternehmen überhaupt Rabatte? **188**
2. Warum erhält Kunde A für die gleiche Ware beim gleichen Unternehmen einen anderen Rabatt als Kunde B?

189

1. Bilde den Buchungssatz:
   Verkauf von Fertigerzeugnissen auf Ziel

Listenpreise, netto	2.800,00 €
abzüglich 20% Rabatt	? €
+ 19% USt.	? €

2. Bilde jeweils den Buchungssatz für folgende Rechnung:
   2.1 aus der Sicht der Firma Immergrün
   2.2 aus der Sicht der Firma Tischler

Gebrüder Immergrün GmbH
Säge- und Hobelwerk
Buchenstraße 4 • 92318 Neumarkt
E-Mail: info@immergruen.xyz
Telefon: 09181 3490 • Fax: 09181 341010

Gebr. Immergrün GmbH • Buchenstraße 4 • 92318 Neumarkt

Möbelfabrik
Horst Tischler
Rosenhofstraße 7
90478 Nürnberg

Rechnung

Seite:	1
Rechnungsnummer:	000786
Datum:	17. März 20..
Lieferdatum:	16. März 20..
Kundennummer:	7770
Bestellung:	14. März 20.. lt. Fax

Menge	Artikel	Einzelpreis (EURO)	Gesamtpreis (EURO)
3 m²	Profilbretter, A-Sortierung	1.180,00	3.540,00
5 m²	Furniere, Buche	78,00	390,00
		Warenwert	3.930,00
		– 10% Rabatt	393,00
		Nettobetrag	3.537,00
		+ 19% Umsatzsteuer	672,03
		Rechnungsbetrag	**4.209,03**

Lieferung: Frei Haus.
Zahlung: 30 Tage rein netto.

Die gelieferte Ware bleibt bis zur vollständigen Bezahlung unser Eigentum.
Bankverbindung: Oberpfalzbank Neumarkt • BLZ 713 244 00 • Kontonummer: 4799
Geschäftsführer: Vitus Immergrün/Killian Immergrün • Amtsgericht Neumarkt HRA 9103
USt-IdNr. DE157069434 • Steuer-Nr. 9235/213/66010

190

1. Bilde aufgrund nebenstehender Ausgangsrechnung den Buchungssatz für die Lieferung aus der Sicht der Firma Horst Tischler.
2. Ermittle aus 189/2.2 und 190 die Zahllast der Firma Tischler.
3. Die Zahllast wird durch Banküberweisung an das Finanzamt abgeführt. Stelle den Vorgang auf T-Konten dar.

Möbelfabrik Horst Tischler
Rosenhofstraße 7
90478 Nürnberg
Telefon: 0911 5020 • Fax: 0911 502060
E-Mail: service@moebelfabrik.xyz
Internet: http://www.moebelfabrik.xyz

Feine Möbel

Möbelfabrik Horst Tischler • Rosenhofstraße 7 • 90478 Nürnberg

Young Fashion
Möbelhaus
Steinerweg 20
81241 München

Rechnung

Rechnungsnummer:	0705/00271
Datum:	02. Mai 20..
Lieferdatum:	30. April 20..
Kundennummer:	02910
Bestellung:	03. April 20..

Wir lieferten Ihnen „Frei Haus“:

Pos.	Artikel/Bezeichnung	Menge	Einzelpreis EUR	Gesamtpreis EUR
1	Jugendschränke	20	1.500,00	30.000,00
			Warenwert, netto	30.000,00
			Umsatzsteuer 19%	5.700,00
			Rechnungsbetrag	35.700,00

Wir danken für Ihren Auftrag.

Zahlungsbedingungen: Zahlbar innerhalb von 30 Tagen, rein netto.
Die gelieferte Ware bleibt bis zur vollständigen Bezahlung unser Eigentum.
Bankverbindung: Pegnitzbank Nürnberg • BLZ 712 501 00 • Kontonummer 468231
Horst Tischler, e. Kfm. • Amtsgericht Nürnberg HRA 2815
USt-IdNr. DE61800454 • St.-Nr. 1219/443/9270

Elektrogerätefabrikant Fink bietet Waschmaschinen zum Stückpreis von 620,00 € netto an. Fink gewährt seinen Kunden 12% Rabatt. 191

1. Wie hoch ist der eigentliche Verkaufspreis (netto) für eine Waschmaschine?
2. Fink verkauft fünf Maschinen auf Ziel. Bilde den Buchungssatz (USt. 19%).

Ein Hersteller von Kunststoffgehäusen bezieht Rohstoffe zum Listeneinkaufspreis von 6.400,00 € netto. 192

1. Berechne den Einkaufspreis der Rohstoffe, wenn der Vorlieferant 10% Rabatt einräumt.
2. Wie lautet der Buchungssatz, wenn die Rohstoffe auf Ziel bezogen werden? (USt. 19%)
3. Die Eingangsrechnung (siehe 2) wird durch Banküberweisung beglichen. Bilde den Buchungssatz.

Bilde den Buchungssatz für diese Ausgangsrechnung, in der sich drei Lücken eingeschlichen haben. 193

Schreinerei Hans Glück

Rachelstraße 6–8 • 93059 Regensburg
Telefon: 0941 150250 • Fax: 0941 150260
E-Mail: HGlueck@hans-glueck.xyz
Internet: http://www.hans-glueck.xyz

Hans Glück • Rachelstraße 6–8 • 93059 Regensburg

Firma
Hans Grün
Welkenweg 9
92224 Amberg

Rechnung

Rechnungsnummer:	6522
Datum:	07. September 20..
Kundennummer:	8143
Bestellung:	15. August 20..

Wir lieferten Ihnen frei Haus am 04. September 20..:

Pos.	Artikel/Bezeichnung	Menge	Einzelpreis EUR	Gesamtpreis EUR
1	Büroschränke	8	?????	7.040,00
			Warenwert	7.040,00
			+ 19% Umsatzsteuer	?????
			Rechnungsbetrag	?????

Wir danken für Ihren Auftrag.

Zahlungsbedingungen: Zahlbar innerhalb von 30 Tagen.
Die gelieferte Ware bleibt bis zur vollständigen Bezahlung unser Eigentum.
Bankverbindung: A-Bank Regensburg • BLZ 705 950 00 • Kontonummer: 500306
Hans Glück, e. Kfm. • Amtsgericht Regensburg HRA 4999
USt-IdNr. DE298145299 • Steuer-Nr. 9244/211/50550

7 Der Unternehmenserfolg

Das ist der Unternehmer Hans Glück.

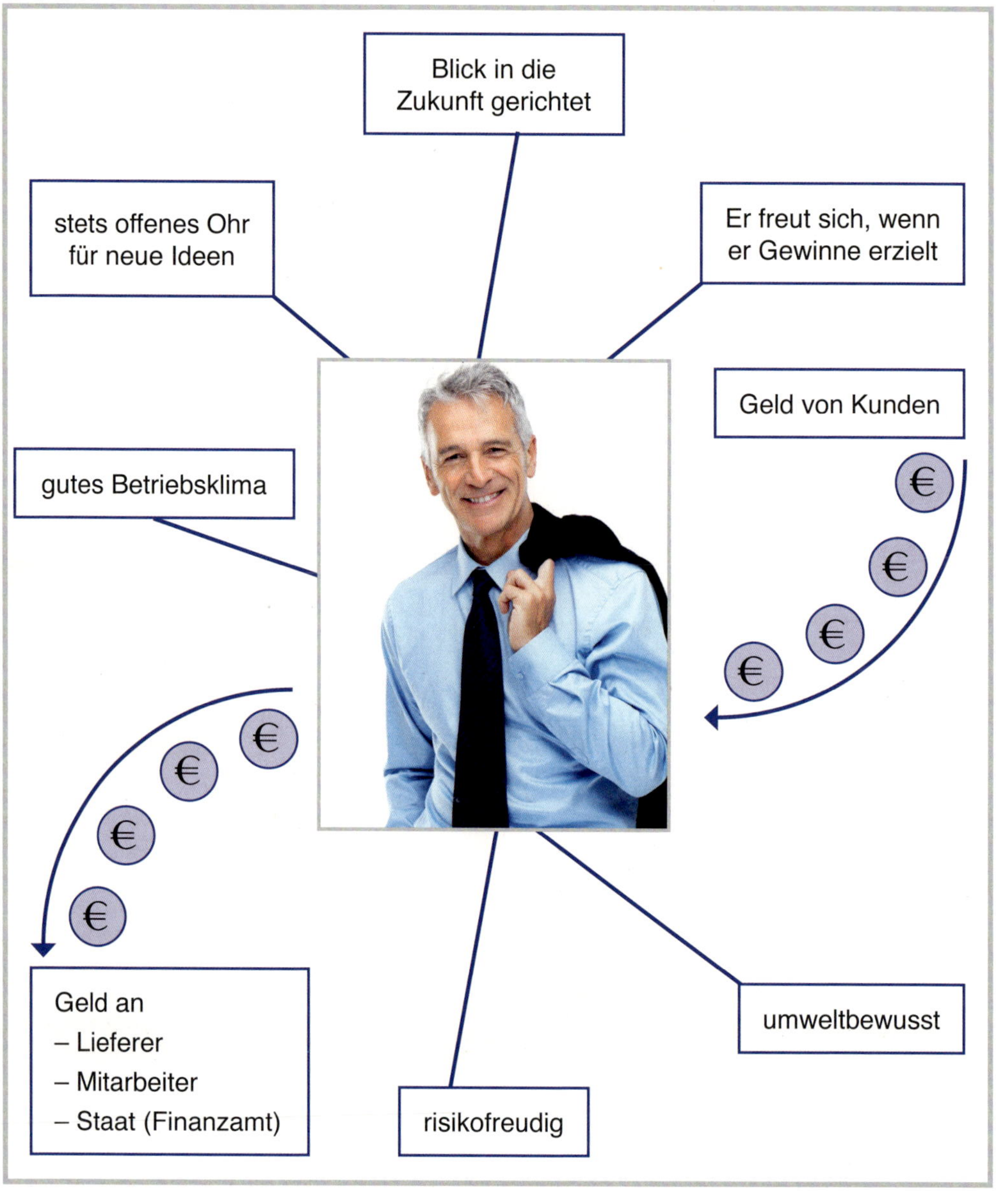

Unternehmen wirtschaften dann erfolgreich, wenn sie Gewinne erzielen. Schon beim Einkauf der Werkstoffe, also der Rohstoffe, der Fremdbauteile, der Hilfsstoffe und der Betriebsstoffe, müssen sie auf günstige Bezugspreise, aber auch auf gute Qualität achten. Der billigste Lieferer ist nicht immer der preiswerteste. Denn mit diesen Werkstoffen produziert der Unternehmer seine Fertigerzeugnisse, die nur bei guter Qualität und günstigem Preis verkauft werden können. Erst dann steht fest, ob das Unternehmen erfolgreich gewirtschaftet hat.

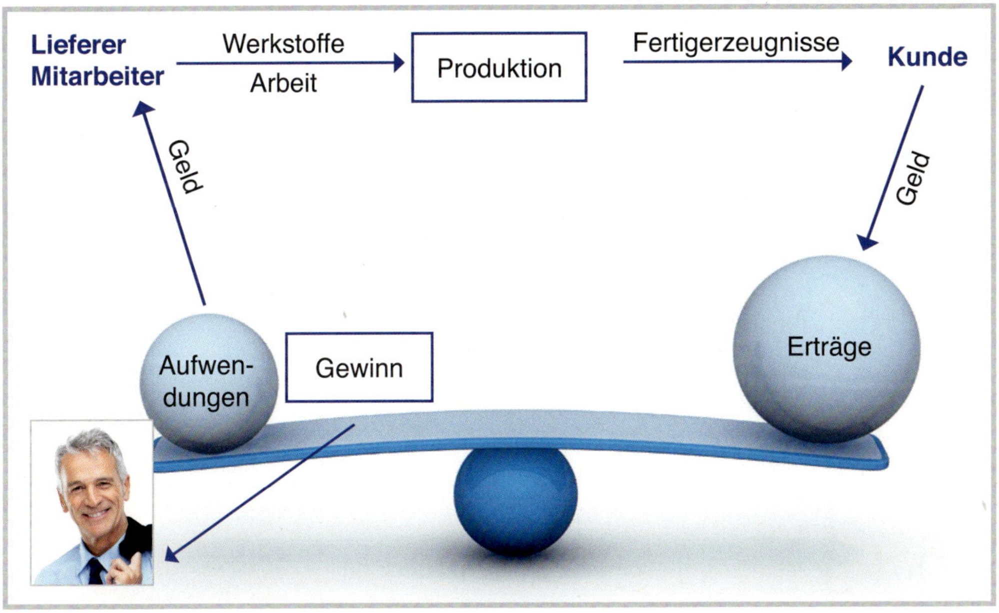

Aus dem Unternehmen Benno Blau liegen folgende Zahlen vor: 194

	Januar	Februar	März
Aufwendungen	16.100,00 €	17.314,00 €	16.910,00 €
Erträge	18.250,00 €	19.550,00 €	18.180,00 €

1. Berechne den Betriebserfolg für die einzelnen Monate.
2. Wie viel Euro beträgt der Erfolg insgesamt im ersten Quartal (Vierteljahr)?
3. Um wie viel Prozent ist der Gewinn des Monats Februar gegenüber dem Januargewinn gestiegen?
4. Im April wird ein Gewinn von 1.143,00 € erzielt. Um wie viel Prozent ist dieser Gewinn niedriger als der Märzgewinn?

1. Berechne die fehlenden Größen. 195

	Aufwendungen	Erträge	Gewinn
H. Huber	434.500,00 €	526.350,00 €	????? €
B. Bacher	????? €	1.234.400,00 €	134.840,00 €
K. Kosiol	728.400,00 €	????? €	89.270,00 €
F. Frohsinn	10.871.563,00 €	10.871.563,00 €	????? €
P. Punsch	889.463,00 €	????? €	63.782,00 €
E. Ebner	521.500,00 €	526.350,00 €	????? €

2. Betrachte die Zahlen der Unternehmen Huber und Ebner.
   2.1 Was fällt dir bei den Erträgen auf?
   2.2 Um wie viel € war das Unternehmen H. Huber erfolgreicher?
   2.3 Was könnte im Unternehmen Ebner falsch gelaufen sein?
   Nenne mindestens zwei mögliche Ursachen.
3. Das Unternehmen M. Miese erwirtschaftete im letzten Geschäftsjahr Erträge in Höhe von 721.500,00 € und musste Aufwendungen in Höhe von 731.700,00 € tragen.
   3.1 Berechne die Differenz.
   3.2 Mit welchem Begriff wird diese Differenz wohl zu benennen sein?

196

Entnimm den folgenden Konten, ob das Unternehmen erfolgreich produziert hat. Begründe deine Entscheidung mit Zahlen.

S	AWR		H
VE	4.500,00		
VE	10.670,00		

S	BZKR		H
KA	130,00		

S	AWF		H
VE	5.700,00		

S	AWH		H
VE	600,00		

S	AWB		H
VE	300,00		

S	UEFE		H
		FO	24.620,00

197

Bereits im ersten Geschäftsjahr kann sich Unternehmer Hans Glück über einen beachtlichen Erfolg freuen. Er hat Möbel für insgesamt 155.250,00 € angefertigt und verkauft. Die Aufwendungen für die Produktion dieser Möbel betrugen 124.900,00 €.

1. Berechne den erwirtschafteten Gewinn.
2. Stelle die Aufwendungen, die Erlöse und den Gewinn grafisch dar.
   Verwende dazu ein geeignetes Präsentationsprogramm.

198

In Marktheidenfeld wird ein Möbel-Mitnahmemarkt der Kette *„Heim und Design“* eröffnet. Die Aufträge für die am gleichen Ort ansässige Schreinerei Herbert Holz gehen deshalb stark zurück. Am Jahresende ergeben sich aus der Buchführung von Herbert Holz folgende Zahlen: Erlöse aus dem Verkauf von Fertigerzeugnissen 116.900,00 €, die Aufwendungen betrugen insgesamt 114.100,00 €.

1. Berechne den Erfolg in € und gib an, ob ein Gewinn oder Verlust vorliegt.
2. Wie viel Prozent der Erlöse beträgt der Erfolg?

Hier siehst du das Säulendiagramm zum Jahresergebnis der Schreinerei Hans Glück am Ende des 3. Geschäftsjahres. Nimm die Einteilung der Betragsachse (senkrecht) vor und ordne die folgenden drei Informationen der jeweiligen Säule zu. 199

1. Summe der Aufwendungen: 120.000,00 €

2. Summe der Erträge: 145.000,00 €

3. Unternehmenserfolg: Gewinn oder Verlust ? €

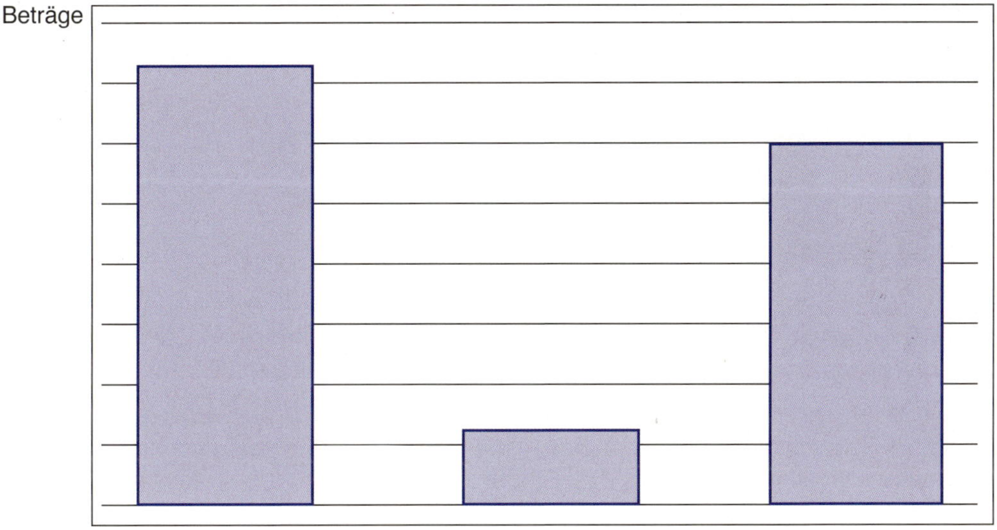

ALLES KLAR?!?!?

Unternehmen sind dann erfolgreich, wenn sie Gewinne erwirtschaften.

Jeder Einzelunternehmer – gleichgültig ob er Eigentümer eines Fertigungs- oder Dienstleistungsunternehmens ist – hat die Chance durch sinnvolle wirtschaftliche Entscheidungen seine Gewinnsituation zu verbessern.

Aber er trägt auch bei all seinen Entscheidungen das alleinige Risiko. Eine Gewinngarantie gibt es nicht. Auch Verluste sind möglich.

8 Grundlagen der Buchführung – Wiederholungsübungen

Ein hohes Haus benötigt ein gutes Fundament. Beim Wissen ist es ebenso: Großes Wissen benötigt gute Grundlagen.

Du hast in diesem Schuljahr grundlegende Informationen über die Buchführung eines Unternehmens erhalten und dabei eine Menge gelernt. Erinnere dich:

1. Unternehmen müssen nach den Vorschriften des **Handelsgesetzbuches** (HGB) jedes Geschäftsjahr eine Bestandsaufnahme ihres Vermögens und ihrer Schulden machen (Inventur machen), das Ergebnis in eine Liste, das **Inventar**, eintragen und daraus eine **Bilanz** erstellen.

   Eine Bilanz hat folgende Struktur:

Aktiva	**Bilanz zum ...**	**Passiva**
Anlagevermögen Umlaufvermögen		Eigenkapital Fremdkapital

2. Zur übersichtlichen Erfassung der Geschäftsfälle, die täglich in einem Unternehmen anfallen, wird die jeweilige **Bilanz** zu Beginn eines Geschäftsjahres in Bestandskonten **aufgelöst.**

3. Es gibt **aktive** und **passive Bestandskonten**

Soll	Aktivkonto	Haben
Anfangsbestand Mehrungen		Minderungen

Soll	Passivkonto	Haben
Minderungen		Anfangsbestand Mehrungen

4. Außerdem hast du Erfolgskonten kennen gelernt. Es gibt **Aufwandskonten** und **Ertragskonten.**

Soll	Aufwandskonto	Haben
Aufwendungen		

Soll	Ertragskonto	Haben
		Erträge

5. **Aufwendungen** werden vor allem durch den **Einkauf von Werkstoffen** (Rohstoffe, Fremdbauteile, Hilfsstoffe, Betriebsstoffe) verursacht.
6. **Bezugskosten** beim Einkauf erhöhen die Aufwendungen; sie werden auf **gesonderte Konten** (Bezugskosten Rohstoffe, Bezugskosten Fremdbauteile, Bezugskosten Hilfsstoffe, Bezugskosten Betriebsstoffe) gebucht.
7. **Erträge** erhält das Unternehmen durch den **Verkauf von Fertigerzeugnissen.**
8. Ein Unternehmen ist dann erfolgreich, wenn die Aufwendungen geringer sind als die Erträge.
9. Beim Einkauf **(Eingangsrechnungen)** und beim Verkauf **(Ausgangsrechnungen)** ist die **Umsatzsteuer** zu berücksichtigen.
10. Belege sind die Grundlage für die Formulierung von Geschäftsfällen und Buchungssätzen und für die Buchungen in die Konten. Einer der wichtigsten Grundsätze ordnungsmäßiger Buchführung heißt: **„Keine Buchung ohne Beleg".** Weitere Grundsätze ordnungsmäßiger Buchführung findest du im Handelsgesetzbuch.

Überprüfe folgende Aussagen auf ihre Richtigkeit. Verbessere die falschen Aussagen.

1. Übersteigt die Summe der Aufwendungen die Summe der Erträge, so ergibt sich ein Gewinn. **200**
2. Ein Unternehmer hat das Ziel, möglichst viel Gewinn zu erwirtschaften.
3. Mengenrabatte erhöhen beim Einkauf und vermindern beim Verkauf den Rechnungsbetrag.
4. Das Konto Bezugskosten Rohstoffe und das Konto Umsatzerlöse Fertigerzeugnisse zählen zu den Ertragskonten.
5. Bei Aktivkonten werden Bestandsmehrungen auf der Sollseite gebucht.
6. Beim Einkauf großer Mengen gewährt der Lieferer Skonto.
7. Die Zahl der Dienstleistungsunternehmen wird in Zukunft immer mehr ansteigen.
8. Beim Verkauf von Fertigerzeugnissen fällt Vorsteuer an.
9. Fracht, Verpackung und Vorsteuer gehören zu den Bezugskosten.
10. Die Umsatzsteuerzahllast ist eine Schuld an das Finanzamt.
11. Beim Aktivtausch erhöht sich immer die Bilanzsumme.
12. Kontoauszüge der Banken sind im Unternehmen interne Belege.
13. Fremdbauteile gehören nicht zu den Werkstoffen.
14. Informationen zur Ordnungsmäßigkeit der Buchführung findet man im Händlergesetzbuch.
15. Das unternehmerische Risiko in einem Einzelunternehmen trägt ganz allein der Unternehmer.

201 Bilde für die folgenden Geschäftsfälle die Buchungssätze und gib als Zusatzinformation bei jedem Buchungssatz an, ob dieser Geschäftsfall

a) eine Bestandsveränderung,

b) Aufwendungen,

c) Erträge

verursacht.

1.	Barabhebung vom Bankkonto	5.600,00 €
2.	Zielkauf von Rohstoffen, netto, USt. 19%	4.000,00 €
3.	Banküberweisung an den Lieferer	2.760,80 €
4.	Banküberweisung des Kunden	4.760,00 €
5.	Ausgangsrechnung über Fertigerzeugnisse, netto, USt. 19%	8.000,00 €
6.	Barzahlung der Fracht beim Bezug der Hilfsstoffe, netto, USt. 19%	200,00 €
7.	Eingangsrechnung über Fremdbauteile, netto, USt. 19%	5.000,00 €

202 Das Schuljahr geht zu Ende. Max ist schlau und denkt voraus. Bevor er sein Schulbuch abgibt, hat er auf *grüne* Karteikarten wichtige Begriffe, die er später wieder benötigen wird, notiert und die Karten nummeriert. Auf *hellblauen* Karteikarten hat er diese Begriffe erklärt.

1. Besorge dir ebenfalls Karteikarten in zwei Farben und beschrifte wie Max die Karteikarten.
2. Hilf Max bitte beim Sortieren. Ordne jeder grünen Karte die dazu gehörige hellblaue Karte zu.
3. Bildet in der Klasse Teams. Jedes Team erhält als Aufgabe, zu diesen 68 Karten ein Spiel zu entwerfen (z. B. Memory, Quartett). Achtet vor allem darauf, dass ihr klare und eindeutige Spielregeln findet. Lasst euer Spiel von den anderen Teams testen. Verbessert bei Bedarf euer Spiel.

1. Umsatz

So heißt die linke Seite einer Bilanz.

Öffentliches, beim Amtsgericht geführtes Verzeichnis, in dem die Kaufleute unter ihren Firmennamen erfasst sind.

2. Gewinn

3. Aktiva

Gesamter Wertzuwachs eines Unternehmens innerhalb eines Abrechnungszeitraumes.

Ergebnis unternehmerischer Tätigkeit; Gegenteil von Verlust.

4. Erträge

5. Handelsregister

Das ist der Name, unter dem ein Kaufmann seine Geschäfte betreibt und auch unterschreibt.

Gesamtwert der von einem Unternehmen innerhalb eines bestimmten Zeitraumes (z. B. 1 Jahr) verkauften Fertigerzeugnisse.

6. Firma

7. Passiva

So heißt die rechte Seite einer Bilanz.

So heißt die linke Seite eines Kontos.

8. Soll

9. Fertigung

Die rechte Seite eines Kontos.

Ein anderes Wort für Absatz.

10. Inventar

11. Bilanz

Diese Rechnungen erhält der Unternehmer als Beleg von seinen Lieferern.

Rechenschema des Kaufmanns beim Einkauf. Es beginnt mit dem Listeneinkaufspreis.

12. Haben

13. Verkauf

In ihr wird auf der Aktivseite das Anlage- und Umlaufvermögen und auf der Passivseite das Eigen- und Fremdkapital dargestellt.

Verzeichnis der Vermögensgegenstände und der Schulden eines Unternehmens.

14. Eingangsrechnungen

15. Bezugskalkulation

Dies ist das Kapital, das dem Unternehmen von seinem Eigentümer zur Verfügung gestellt wird.

Ein anderes Wort für Produktion.

16. Eigenkapital

17. Umlaufvermögen

Preisnachlass, der bei Bezahlung innerhalb einer bestimmten, vorher vereinbarten Frist gewährt wird. Er beträgt meistens 2–3%.

Sind die (in Geld bewerteten) bei der Produktion verbrauchten Güter.

18. Skonto

19. Einstandspreis

Das ist derjenige Teil des Vermögens, das langfristig im Unternehmen verbleibt.

Dies ist derjenige Teil des Vermögens, das im Unterschied zum Anlagevermögen nur für kurze Zeit im Unternehmen verbleibt.

20. Ausgangsrechnung

21. Aufwendungen

Sie werden in den Rechnungen ausgewiesen, aber nicht gebucht.

Kosten, die beim Einkauf zusätzlich zum Preis anfallen können.

22. Bezugskosten

23. Anlagevermögen

So werden die auf der Passivseite einer Bilanz ausgewiesenen Schulden eines Unternehmens genannt.

Rechnung an den Kunden beim Verkauf von Fertigerzeugnissen.

24. Fremdkapital

25. Sofortrabatte

Dieser Preis wird bei der Bezugskalkulation ermittelt.

26. Hilfsstoffe

Umsatzsteuer, die in der Eingangsrechnung ausgewiesen und als eine Forderung an das Finanzamt auf ein eigenes Konto zu buchen ist.

Steuer, die den Letztverbrauch (Konsum) von Gütern und Dienstleistungen besteuert.

27. Erfolg

28. Grundsätze ordnungsmäßiger Buchführung

Rechnung des Lieferers.

Werkstoffe, die nicht in das Produkt eingehen, aber für den Produktionsprozess notwendig sind.

29. Umsatzsteuer

30. Vorsteuer

Derjenige Unternehmensbereich, der für den Absatz der Fertigerzeugnisse zuständig ist.

Nebenbestandteile des zu fertigenden Produkts.

31. Vertrieb

32. Eingangsrechnung

Zugekaufte Teile für die im Unternehmen hergestellten Produkte.

Darunter wird das Ergebnis der Tätigkeit eines Unternehmers innerhalb eines bestimmten Zeitraumes, z. B. Jahres, verstanden.

33. Betriebsstoffe

34. Fremdbauteile

Sie regeln Form und Inhalt der Buchführung.

Herr Glück hat eine neue Mitarbeiterin für das Büro eingestellt und richtet für sie einen neuen Arbeitsplatz ein. 203

1. Er kauft einen neuen Schreibtisch. Der Rechnungsbetrag lautet über 850,00 € + 19% USt., das sind 161,50 €, brutto also über 1.011,50 €. Das Zahlungsziel beträgt 30 Tage.

   1.1 Welche Bilanzpositionen ändern sich durch diesen Geschäftsfall?

   1.2 Bilde den Buchungssatz für diese Eingangsrechnung.

   1.3 Bilde den Buchungssatz für die Banküberweisung der 1.011,50 € nach 30 Tagen.

2. Zum bereits vorhandenen PC muss noch ein Drucker angeschafft werden. Herr Glück fragt per E-Mail bei verschiedenen Anbietern an und erhält ein Angebot aus Frankreich und ein weiteres Angebot aus Österreich. Kalkuliere die beiden Angebote und begründe rechnerisch, für welches Angebot sich Herr Glück entscheiden wird.

Argent Printer

4, rue de Royal, 33000 Bordeaux
Tél.: (00 33) 5 56 72 32 80
Fax: (00 33) 5 56 67 43 55
E-Mail: service@argentprinter.xyz
http://www.argentprinter.xyz

Fa. Hans Glück
Schreinerei
Rachelstraße 6–8
93059 Regensburg

Bordeaux, 12. Juli 20..

LASERDRUCKER

Sehr geehrter Herr Glück,

vielen Dank für Ihre Anfrage vom 26. Juni 20.. Wir bieten Ihnen einen Laserdrucker, Typ FTL 246, für 560 Euro an. Als langjähriger Kunde erhalten Sie einen Treuerabatt von 3%. Zahlungsziel: 30 Tage, bei Zahlung innerhalb von 8 Tagen 2% Skonto. Für Fracht und Verpackung berechnen wir 15 Euro.

Wir freuen uns auf Ihren Auftrag.

Mit freundlichen Grüßen

Jean Bistro

Prater PCs

Fachvertrieb für EDV-Bedarf
Habsburger Straße 4 • A-1070 Wien
Tel.: (00 43) 222 2105 • Fax: (00 43) 222 2104
E-Mail: service@prater.xyz
http://www.prater.xyz

Fa. Hans Glück
Schreinerei
Rachelstraße 6–8
93059 Regensburg

Wien, 10. Juli 20..

Angebot Laser-Drucker

Sehr geehrter Herr Glück,

wir bieten Ihnen den Laser-Drucker FTL 246 für 630 Euro an.

Anlässlich unseres 10-jährigen Jubiläums gewähren wir Ihnen einen einmaligen Jubiläumsrabatt von 10%. Bei Zahlung innerhalb von 10 Tagen erhalten Sie außerdem noch 2% Skonto.

Die Lieferung erfolgt frei Haus.

Mit freundlichen Grüßen

Hans Wiener

Hans Wiener

3. Die neue Mitarbeiterin ist vor allem für die Erstellung von Ausgangsrechnungen an Kunden zuständig. Folgende Durchschrift einer Ausgangsrechnung gibt sie an die Buchhaltung weiter. Bilde den Buchungssatz zu diesem Beleg.

Schreinerei Hans Glück

Rachelstraße 6–8 • 93059 Regensburg
Telefon: 0941 150250 • Fax: 0941 150260
E-Mail: HGlueck@hans-glueck.xyz
Internet: http://www.hans-glueck.xyz

Hans Glück • Rachelstraße 6–8 • 93059 Regensburg

Firma
Hubert Huber
Haydnstraße 2
83026 Rosenheim

Rechnung

Rechnungsnummer:	7152
Datum:	04. August 20..
Kundennummer:	1450
Bestellung:	28. Juli 20..

Wir lieferten Ihnen frei Haus am 01. August 20..:

Pos.	Artikel/Bezeichnung	Menge	Einzelpreis EUR	Gesamtpreis EUR
1	Schreibtische	2	800,00	1.600,00
			Warenwert	1.600,00
			+ 19% Umsatzsteuer	304,00
			Rechnungsbetrag	1.904,00

Wir danken für Ihren Auftrag.

Zahlungsbedingungen: Zahlbar innerhalb von 30 Tagen.
Die gelieferte Ware bleibt bis zur vollständigen Bezahlung unser Eigentum.
Bankverbindung: A-Bank Regensburg • BLZ 705 950 00 • Kontonummer: 500306
Hans Glück, e. Kfm. • Amtsgericht Regensburg HRA 4999 • USt-IdNr. DE298145299 • Steuer-Nr. 9244/211/50550

4. Wie lange muss dieser Beleg, nachdem er gebucht worden ist, aufbewahrt werden?

204

Zu Beginn eines Geschäftsjahres liegt folgende Bilanz vor:

Aktiva	Bilanz zum 01. 01. 20..		Passiva
Anlagevermögen		**Eigenkapital**	120.000,00 €
Maschinen und Anlagen	80.000,00 €	**Fremdkapital**	
Umlaufvermögen		Langfr. Bankverbindlichkeiten	52.000,00 €
Forderungen a. LL	40.000,00 €	Verbindlichkeiten a. LL	28.000,00 €
Bankguthaben	79.000,00 €		
Kassenbestand	1.000,00 €		
	200.000,00 €		200.000,00 €

1. Löse die Bilanz in Konten auf. (Eröffne die Bestandskonten.)
2. Du benötigst noch weitere Konten.
   2.1 **Bestandskonten:** Vorsteuer, Umsatzsteuer
   2.2 **Erfolgskonten:** Aufwendungen für Rohstoffe, Aufwendungen für Fremdbauteile, Bezugskosten Rohstoffe, Aufwendungen für Hilfsstoffe, Aufwendungen für Betriebsstoffe, Bezugskosten Betriebsstoffe, Umsatzerlöse für eigene Erzeugnisse

3. Bilde für folgende Geschäftsfälle die Buchungssätze (kontiere). Verwende bei der Berechnung der Vorsteuer und Umsatzsteuer (19%) nicht den Taschenrechner, sondern ermittle die Steuer- und Rechnungsbeträge „im Kopf“.

3.1	Banküberweisung an einen Rohstofflieferer	2.800,00 €
3.2	Eingangsrechnung über Fremdbauteile, netto	5.000,00 €
3.3	Ausgangsrechnung über Fertigerzeugnisse, netto	9.000,00 €
3.4	Zielkauf von Rohstoffen, netto zuzüglich in Rechnung gestellte Fracht	5.910,00 € 90,00 €
3.5	Eingangsrechnung über Betriebsstoffe, netto zuzüglich in Rechnung gestellte Verpackung (Kanister), netto	2.140,00 € 60,00 €
3.6	Banklastschrift: Tilgung einer langfristigen Bankverbindlichkeit	17.000,00 €
3.7	Bankgutschrift: Überweisung eines Kunden	3.700,00 €
3.8	Zielverkauf von Fertigerzeugnissen, netto	800,00 €
3.9	Eingangsrechnung über Hilfsstoffe, netto	1.500,00 €

4. Buche in die Konten.

205

Günter Heubel ist ein bekannter Bootsbauer in Landshut an der Isar. Vor allem die Kanus und Kajakboote seiner Firma ISAR BOOTSBAU sind sehr gefragt. Versetze dich in die Situation eines Mitarbeiters dieser Firma und erledige folgende Arbeitsaufträge:

1. Eröffne zu Beginn des Geschäftsjahres aufgrund der Bilanz die Bestandskonten.

Aktiva	Bilanz zum 01. 01. 20..		Passiva
Anlagevermögen		**Eigenkapital**	257.000,00 €
Maschinen und Anlagen	200.000,00 €	**Fremdkapital**	
Fuhrpark	60.000,00 €	Verbindlichkeiten a. LL	43.000,00 €
Büroausstattung	5.000,00 €		
Umlaufvermögen			
Forderungen a. LL	16.000,00 €		
Bankguthaben	14.000,00 €		
Kassenbestand	5.000,00 €		
	300.000,00 €		300.000,00 €

2. Du benötigst noch weitere Konten:

   Vorsteuer, Umsatzsteuer, Aufwendungen für Rohstoffe, Bezugskosten Rohstoffe, Aufwendungen für Hilfsstoffe, Umsatzerlöse für eigene Erzeugnisse.

3. Bilde für die fünf Belege die Buchungssätze.

4. Buche in die Konten.

Beleg 1:

ÖKOPLAST Kunststoffgranulate GmbH

Schneewittchenstraße 7 • 95447 Bayreuth
Telefon: 0921 2018-0 • Telefax: 0921 2018-10
E-Mail: info@oekoplast.xyz

Ökoplast Kunststoffgranulate GmbH • Schneewittchenstr. 7 • 95447 Bayreuth

Firma
Isar Bootsbau
G. Heubel
Isarstraße 73
84036 Landshut

Rechnung

Rechnungsnummer:	24867
Datum:	14. März 20..
Lieferdatum:	14. März 20..
Kundennummer:	44444
Bestellung:	08. März 20..

Wir danken für Ihren Auftrag und liefern gemäß unseren „Allgemeinen Lieferungs- und Zahlungsbedingungen“:

Menge	Bezeichnung	Einzelpreis	Gesamtpreis
400 kg	Kunststoffgranulat (Artikel-Nr. KG 2030)	49,50 Euro	19.800,00 Euro
			19.800,00 Euro
		+ Frachtkosten	200,00 Euro
			20.000,00 Euro
		+ Umsatzsteuer 19%	3.800,00 Euro
		Rechnungsbetrag	**23.800,00 Euro**

Zahlbar innerhalb von 30 Tagen ohne jeden Abzug.
Die Ware bleibt bis zur vollständigen Bezahlung unser Eigentum (§ 455 BGB).
Bankverbindung: Ökobank Bayreuth • BLZ 712 400 00 • Kontonummer: 3471
Geschäftsführerin: Petra Plaste • Registergericht Bayreuth HRB 1934 • USt-IdNr. DE821146001 • St.-Nr. 9208/157/01234

Beleg 2:

Isar Bootsbau
G. Heubel e. K.

Isarstraße 73
84036 Landshut
Telefon: 0871 2560 • Fax: 0871 2575
E-Mail: info@isar-bootsbau.xyz
Internet: http://www.isar-bootsbau.xyz

Isar Bootsbau • Isarstraße 73 • 84036 Landshut

Herrn
Tobias Schreiner
Haydnstraße 26
93059 Regensburg

RECHNUNG

Rechnungsnummer:	03459
Datum:	31. Juli 20..
Kundennummer:	007
Bestellung:	04. Februar 20..

Wir lieferten Ihnen „frei Starnberger See" am 29. Juli 20..:

Pos.	Artikel/Bezeichnung	Menge	Einzelpreis (EURO)	Gesamtpreis (EURO)
1	Segelboot	1	40.000,00	40.000,00
		Warenwert		40.000,00
		abzüglich Sonderrabatt 5%		2.000,00
				38.000,00
		+ Umsatzsteuer 19%		7.220,00
		Rechnungsbetrag		**45.220,00**

Wir danken für Ihren Auftrag.

Zahlungsbedingungen: Zahlbar innerhalb von 30 Tagen netto.
Bankverbindung: Isar Bank Landshut • BLZ 715 151 50 • Kontonummer: 31074
Amtsgericht Landshut HRA 2456 • USt-IdNr. DE713342123 • St.-Nr. 9132/270/11222

Beleg 3:

LENBACHFARBEN

Fachgroßhandel

Allersberger Straße 300 • 90461 Nürnberg
Telefon: 0911 221462 • Fax: 0911 224208
Internet: http://www.lenbach-farben.xyz
E-Mail: info@lenbach-farben.xyz

FARBEUNDKOMPETENZ
FARBENLACKESPRITZTECHNIK

LUDWIG LENBACH e. Kfm. • Allersberger Straße 300 • 90461 Nürnberg

Firma
Isar Bootsbau
G. Heubel
Isarstraße 73
84036 Landshut

RECHNUNG

Rechnungsnummer:	2579
Datum:	02. Oktober 20..
Lieferdatum:	02. Oktober 20..
Kundennummer:	05310
Bestellung:	30. September 20.. (E-Mail)

ARTIKEL	MENGE	EINZELPREIS	GESAMTPREIS
Bootsfarbe, weiß Nr. 725	100 kg	4,00 Euro	400,00 Euro
		Netto	400,00 Euro
		+ 19% Umsatzsteuer	76,00 Euro
		Rechnungsbetrag	**476,00 Euro**

Zahlungsziel: 30 Tage, ohne Abzüge.

Bankverbindung: Handelsbank Nürnberg • BLZ 750 500 40 • Kontonummer: 342223
Ludwig Lenbach, e. Kfm. • Amtsgericht Nürnberg HRA 1625
USt-IdNr. DE406034614 • St.-Nr. 9238/260/37037

Lenbach Farben finden Sie auch in
Augsburg, München, Passau, Regenstauf und Würzburg.

Beleg 4:

Isar Bootsbau
G. Heubel e. K.

Isarstraße 73
84036 Landshut
Telefon: 0871 2560 • Fax: 0871 2575
E-Mail: info@isar-bootsbau.xyz
Internet: http://www.isar-bootsbau.xyz

Isar Bootsbau • Isarstraße 73 • 84036 Landshut

Fa.
Sporthaus Ettl
Landwehrstraße 210
83512 Wasserburg/Inn

RECHNUNG

Rechnungsnummer: 04578
Datum: 12. Oktober 20..
Kundennummer: 147
Bestellung: 08. Oktober 20.. (Telefon)

Wir lieferten Ihnen „Frei Haus" am 11. Oktober 20..:

Pos.	Artikel/Bezeichnung	Menge	Einzelpreis (EURO)	Gesamtpreis (EURO)
1	Kajakboote, Typ „Alaska"	2	450,00	900,00
2	Kanuboote, Typ „Seewolf"	3	700,00	2.100,00
				3.000,00
		+ Umsatzsteuer 19%		570,00
		Rechnungsbetrag		**3.570,00**

Wir danken für Ihren Auftrag.

Zahlungsbedingungen: Zahlbar innerhalb von 30 Tagen netto.
Bankverbindung: Isar Bank Landshut • BLZ 715 151 50 • Kontonummer: 31074
Amtsgericht Landshut HRA 2456 • USt-IdNr. DE713342123 • St.-Nr. 9132/270/11222

Beleg 5:

Kontoauszug Kontonummer: 31 074 Auszug: 38 **ISAR BANK Landshut**

IBAN DE72715151500000031074 Datum: 03. 11. 20.. Blatt: 01

BIC IBKLDEFF

Vorgang/Buchungsinformation	Buchung	Wertstellung	Umsatz in Euro
Überweisung an A. Bunt Rechnung vom 14. 09. 20..	02. 11.	02. 11.	476,00 –

ISAR BANK Landshut · D-84036 Landshut

Günter Heubel
Isar Bootsbau
Isarstraße 73
84036 Landshut

Zahlungseingänge	EUR	0,00 +
Zahlungsausgänge	EUR	476,00 –
Alter Kontostand	EUR	4.867,00 +
Neuer Kontostand	EUR	4.391,00 +

Postanschrift:	Direkt-Service:	Tel.: 0180 552010	Telefax:	0941 516947		
ISAR BANK Landshut	Telefon-Banking:	Tel.: 0180 552060	E-Mail:	info@isar-bank.xyz		Bankleitzahl
84036 Landshut	Erreichbarkeit:	7x24 Stunden	Internet:	http://www.isar-bank.xyz		715 151 50

Du hast es geschafft! Mit der Lösung dieser Wiederholungsübungen hast du bewiesen, dass Betriebswirtschaftslehre/Rechnungswesen für dich kein „unbeschriebenes Blatt“, sondern ein Fach ist, das du schon mit einigen „Wissensfarbtupfern“ versehen hast.

Mit der Konzentrationsübung auf der nächsten Seite kannst du nun das Schuljahr beenden.

206

Verwirrend? Keine Angst!
Beginne beim Pfeil und setze Zug um Zug die Buchstaben aneinander und schon kennst du einen wichtigen Grundsatz ordnungsmäßiger Buchführung.

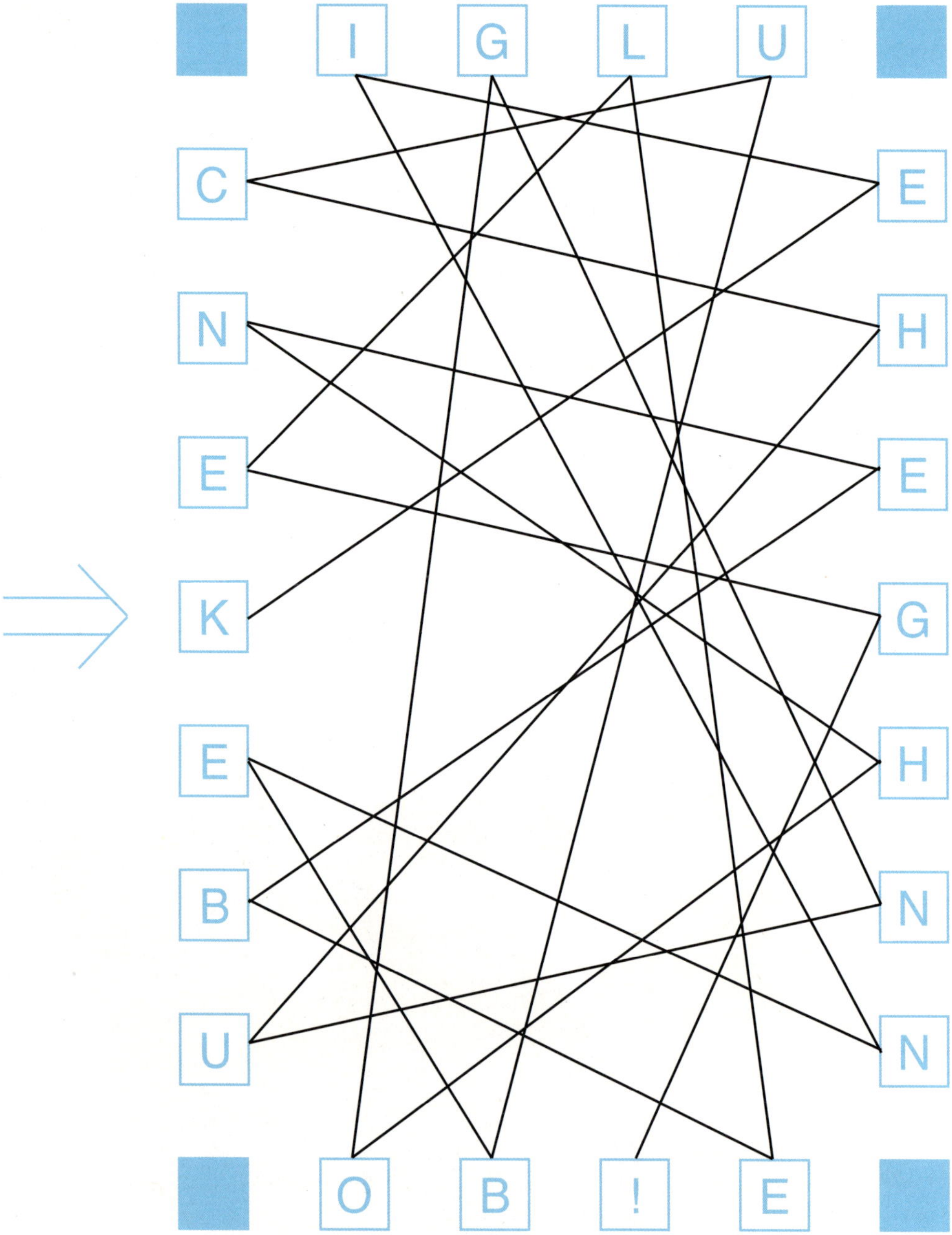

Auszug aus dem Handelsgesetzbuch (HGB)

§ 238 Buchführungspflicht

(1) Jeder Kaufmann ist verpflichtet, Bücher zu führen und in diesen seine Handelsgeschäfte und die Lage seines Vermögens nach den Grundsätzen ordnungsmäßiger Buchführung ersichtlich zu machen. Die Buchführung muss so beschaffen sein, dass sie einem sachverständigen Dritten innerhalb angemessener Zeit einen Überblick über die Geschäftsvorfälle und über die Lage des Unternehmens vermitteln kann. Die Geschäftsvorfälle müssen sich in ihrer Entstehung und Abwicklung verfolgen lassen.

(2) Der Kaufmann ist verpflichtet, eine mit der Urschrift übereinstimmende Wiedergabe der abgesandten Handelsbriefe (Kopie, Abdruck, Abschrift oder sonstige Wiedergabe des Wortlauts auf einem Schrift-, Bild- oder anderen Datenträger) zurückzubehalten.

§ 239 Führung der Handelsbücher

(1) Bei der Führung der Handelsbücher und bei den sonst erforderlichen Aufzeichnungen hat sich der Kaufmann einer lebenden Sprache zu bedienen. Werden Abkürzungen, Ziffern, Buchstaben oder Symbole verwendet, muss im Einzelfall deren Bedeutung eindeutig festliegen.

(2) Die Eintragungen in Büchern und die sonst erforderlichen Aufzeichnungen müssen vollständig, richtig, zeitgerecht und geordnet vorgenommen werden.

(3) Eine Eintragung oder eine Aufzeichnung darf nicht in einer Weise verändert werden, dass der ursprüngliche Inhalt nicht mehr feststellbar ist. Auch solche Veränderungen dürfen nicht vorgenommen werden, deren Beschaffenheit es ungewiss lässt, ob sie ursprünglich oder erst später gemacht worden sind.

(4) Die Handelsbücher und die sonst erforderlichen Aufzeichnungen können auch in der geordneten Ablage von Belegen bestehen oder auf Datenträgern geführt werden, soweit diese Formen der Buchführung einschließlich des dabei angewandten Verfahrens den Grundsätzen ordnungsmäßiger Buchführung entsprechen. Bei der Führung der Handelsbücher und der sonst erforderlichen Aufzeichnungen auf Datenträgern muss insbesondere sichergestellt sein, dass die Daten während der Dauer der Aufbewahrungsfrist verfügbar sind und jederzeit innerhalb angemessener Frist lesbar gemacht werden können. Absätze 1 bis 3 gelten sinngemäß.

§ 240 Inventar

(1) Jeder Kaufmann hat zu Beginn seines Handelsgewerbes seine Grundstücke, seine Forderungen und Schulden, den Betrag seines baren Geldes sowie seine sonstigen Vermögensgegenstände genau zu verzeichnen und dabei den Wert der einzelnen Vermögensgegenstände und Schulden anzugeben.

(2) Er hat demnächst für den Schluss eines jeden Geschäftsjahres ein solches Inventar aufzustellen. Die Dauer des Geschäftsjahres darf zwölf Monate nicht überschreiten. Die Aufstellung des Inventars ist innerhalb der einem ordnungsmäßigen Geschäftsgang entsprechenden Zeit zu bewirken.

§ 242 Pflicht zur Aufstellung

(1) Der Kaufmann hat zu Beginn seines Handelsgewerbes und für den Schluss eines jeden Geschäftsjahrs einen das Verhältnis seines Vermögens und seiner Schulden darstellenden Abschluss (Eröffnungsbilanz, Bilanz) aufzustellen. Auf die Eröffnungsbilanz sind die für den Jahresabschluss geltenden Vorschriften entsprechend anzuwenden, soweit sie sich auf die Bilanz beziehen.

(2) Er hat für den Schluss eines jeden Geschäftsjahrs eine Gegenüberstellung der Aufwendungen und Erträge des Geschäftsjahrs (Gewinn- und Verlustrechnung) aufzustellen.

(3) Die Bilanz und die Gewinn- und Verlustrechnung bilden den Jahresabschluss.

§ 243 Aufstellungsgrundsatz

(1) Der Jahresabschluss ist nach den Grundsätzen ordnungsmäßiger Buchführung aufzustellen.

(2) Er muss klar und übersichtlich sein.

(3) Der Jahresabschluss ist innerhalb der einem ordnungsmäßigen Geschäftsgang entsprechenden Zeit aufzustellen.

§ 244 Sprache, Währungseinheit

Der Jahresabschluss ist in deutscher Sprache und in Euro aufzustellen.

§ 245 Unterzeichnung

Der Jahresabschluss ist vom Kaufmann unter Angabe des Datums zu unterzeichnen. Sind mehrere persönlich haftende Gesellschafter vorhanden, so haben sie alle zu unterzeichnen.

§ 247 Inhalt der Bilanz

(1) In der Bilanz sind das Anlage- und das Umlaufvermögen, das Eigenkapital, die Schulden sowie die Rechnungsabgrenzungsposten gesondert auszuweisen und hinreichend aufzugliedern.

(2) Beim Anlagevermögen sind nur die Gegenstände auszuweisen, die bestimmt sind, dauernd dem Geschäftsbetrieb zu dienen.

§ 257 Aufbewahrung von Unterlagen, Aufbewahrungsfristen

(1) Jeder Kaufmann ist verpflichtet, die folgenden Unterlagen geordnet aufzubewahren:

1. Handelsbücher, Inventare, Eröffnungsbilanzen, Jahresabschlüsse, Lageberichte, Konzernabschlüsse, Konzernlageberichte sowie die zu ihrem Verständnis erforderlichen Arbeitsanweisungen und sonstigen Organisationsunterlagen,

2. die empfangenen Handelsbriefe,

3. Wiedergaben der abgesandten Handelsbriefe,

4. Belege für Buchungen in den von ihm nach § 238 Abs. 1 zu führenden Büchern (Buchungsbelege).

(2) Handelsbriefe sind nur Schriftstücke, die ein Handelsgeschäft betreffen.

(3) Mit Ausnahme der Eröffnungsbilanzen, Jahresabschlüsse und der Konzernabschlüsse können die in Absatz 1 aufgeführten Unterlagen auch als Wiedergabe auf einem Bildträger oder auf anderen Datenträgern aufbewahrt werden, wenn dies den Grundsätzen ordnungsmäßiger Buchführung entspricht und sichergestellt ist, dass die Wiedergabe oder die Daten

1. mit den empfangenen Handelsbriefen und den Buchungsbelegen bildlich und mit den anderen Unterlagen inhaltlich übereinstimmen, wenn sie lesbar gemacht werden,

2. während der Dauer der Aufbewahrungsfrist verfügbar sind und jederzeit innerhalb angemessener Frist lesbar gemacht werden können.

(4) Die in Absatz 1 Nr. 1 aufgeführten Unterlagen sind zehn Jahre aufzubewahren.

(5) Die Aufbewahrungsfrist beginnt mit dem Schluss des Kalenderjahrs, in dem die letzte Eintragung in das Handelsbuch gemacht, das Inventar aufgestellt, die Eröffnungsbilanz oder der Jahresabschluss festgestellt, der Konzernabschluss aufgestellt, der Handelsbrief empfangen oder abgesandt worden oder der Buchungsbeleg entstanden ist.

§ 261 Vorlegung von Unterlagen auf Bild- oder Datenträgern

Wer aufzubewahrende Unterlagen nur in der Form einer Wiedergabe auf einem Bildträger oder auf anderen Datenträgern vorlegen kann, ist verpflichtet, auf seine Kosten diejenigen Hilfsmittel zur Verfügung zu stellen, die erforderlich sind, um die Unterlagen lesbar zu machen; soweit erforderlich, hat er die Unterlagen auf seine Kosten auszudrucken oder ohne Hilfsmittel lesbare Reproduktionen beizubringen.

§ 266 Gliederung der Bilanz

(1) Die Bilanz ist in Kontoform aufzustellen. Dabei haben große und mittelgroße Kapitalgesellschaften (§ 267 Abs. 3, 2) auf der Aktivseite die in Absatz 2 und auf der Passivseite die in Absatz 3 bezeichneten Posten gesondert und in der vorgeschriebenen Reihenfolge auszuweisen. Kleine Kapitalgesellschaften (§ 267 Abs. 1) brauchen nur eine verkürzte Bilanz aufzustellen, in die nur die in den Absätzen 2 und 3 mit Buchstaben und römischen Zahlen bezeichneten Posten gesondert und in der vorgeschriebenen Reihenfolge aufgenommen werden.

(2) ...

(3) ...

Erläuterungen von Fachbegriffen

A

Ab Werk: Der Käufer eines Produkts trägt die Kosten für die Lieferung ab dem Werk (Sitz) des Herstellers.

Aktiengesellschaft: Kapitalgesellschaft mit eigener Rechtspersönlichkeit (juristische Person). Das Eigenkapital wird durch die Aktionäre eingebracht. Rechtsgrundlage ist das Aktiengesetz.

Aktiva: Vermögenswerte, die auf der linken Seite der Bilanz stehen. Dabei wird zwischen Anlagevermögen und Umlaufvermögen unterschieden.

Anlagevermögen: Alle Gegenstände und Einrichtungen, die langfristig im Betrieb genutzt werden (z. B. Grundstücke, Gebäude, Maschinen, Fahrzeuge, Betriebs- und Geschäftsausstattung).

Aufwand: Der Verbrauch von Gütern und Dienstleistungen im Rahmen des Produktionsprozesses (z. B. Verbrauch von Werkstoffen).

Ausgangsrechnung: Rechnung an den Kunden beim Verkauf von Fertigerzeugnissen.

B

Bareinkaufspreis: Preis, der nach Abzug von Skonto zu zahlen ist.

Beleg: Rechnungen, Kontoauszüge und Quittungen usw. Belege sind die Voraussetzung für eine ordnungsmäßige Buchführung und dienen als Nachweis für alle Handelsgeschäfte. Für die Buchführung gilt der Grundsatz: „Keine Buchung ohne Beleg!".

Bestandskonten: Bestandskonten erfassen die Vermögensgegenstände in Aktivkonten und die Vermögensquellen (Eigen-/Fremdkapital) in Passivkonten. Aktivkonten erfassen Zugänge auf der Sollseite, Abgänge werden auf der Habenseite gebucht. Bei den Passivkonten verhält es sich umgekehrt. Zugänge bucht man auf der Habenseite, Abgänge dagegen auf der Sollseite.

Betriebsmittel: Alle Arbeitsmittel, die im Zusammenwirken mit Werkstoffen und menschlicher Arbeitsleistung zur Produktion erforderlich sind, jedoch nicht in das Produkt mit eingehen, wie z. B. Maschinen und Anlagen, Werkzeuge, aber auch Rechte, wie z. B. Patente und Lizenzen.

Betriebsstoffe: Diese Werkstoffe dienen dem Antrieb und der Pflege der Maschinen (z. B. Strom, Wasser, Schmierstoffe, Öl). Betriebsstoffe werden kein Bestandteil des Fertigprodukts.

Bezugskosten: Kosten, die beim Einkauf von Werkstoffen zuzüglich zum eigentlichen Warenpreis entstehen (z. B. Fracht- und Verpackungskosten, Transportversicherung, Zölle usw.).

Bilanz: Gegenüberstellung der Vermögenswerte (Anlage- und Umlaufvermögen) und der Vermögensquellen (Eigen- und Fremdkapital) in Kontenform. Nach dem HGB hat jeder Kaufmann zum Beginn seines Gewerbes und zum Ende eines jeden Geschäftsjahres eine Bilanz aufzustellen.

Brutto: Der Begriff „brutto“ kommt aus dem Italienischen und bedeutet „insgesamt“ bzw. „einschließlich“. Er wird für mehrere Sachverhalte verwendet:

1. Bruttolohn/-gehalt:	Betrag, von dem noch keine Abzüge (z. B. Steuern) vorgenommen worden sind.
2. Bruttogewicht:	Gewicht eines Gutes einschließlich des Verpackungsgewichts.
3. Bruttopreis:	Geldbetrag einschließlich der Umsatzsteuer.

Buchführung: Jeder Kaufmann ist zur Buchführung verpflichtet. Hierbei muss er die Grundsätze ordnungsmäßiger Buchführung (GoB) beachten. Alle wichtigen Unterlagen sind 10 Jahre aufzubewahren. Die Buchführung dient dem Unternehmen als Informationsgrundlage über die eigene Vermögenssituation und gegenüber dem Finanzamt als Beweismittel.

Buchungssatz: Anweisung, auf welchen Konten und auf welcher Kontenseite ein Geschäftsfall zu buchen ist. Durch das Wort „an“ werden Soll- und Habenbuchung voneinander getrennt. Der Betrag aller Sollbuchungen und aller Habenbuchungen muss gleich sein.

D

Dienstleistungen: Hier werden keine Produkte hergestellt, sondern Leistungen wie Werbung, Reparatur, Beratung usw. angeboten. Der Dienstleistungsbereich gewinnt zunehmend an Bedeutung.

Doppik: Andere Bezeichnung für „Doppelte Buchführung“. Bei jeder Buchung sind mindestens zwei Konten betroffen. Die Beträge werden doppelt gebucht, einmal im Soll und einmal im Haben.

E

Eigenkapital: Es zeigt das Reinvermögen, d. h. den Teil des Anlage- und Umlaufvermögens, der mit eigenen Mitteln finanziert ist.

Eingangsrechnung: Rechnung vom Lieferer beim Einkauf von Werkstoffen und weiteren Gegenständen auf Ziel.

Einstandspreis: Der Preis für Werkstoffe, der nach Abzug von Rabatt und Skonto und unter Berücksichtigung von Bezugskosten ermittelt wird.

Listeneinkaufspreis
– Liefererrabatt
= Zieleinkaufspreis
– Liefererskonto
= Bareinkaufspreis
+ Bezugkosten
= Einstandspreis

Einzelunternehmung: Dem Inhaber gehört das Unternehmen allein. Er trägt das Risiko und haftet mit seinem gesamten Vermögen.

Ertrag: Wertzuwachs im Unternehmen, z. B. durch die Herstellung und den Verkauf von Fertigerzeugnissen.

F

Fertigungsunternehmen: Betriebe, die unter Einsatz von Werkstoffen Güter erzeugen (z. B. Automobilwerk, Schreinerei).

Firma: Name des Unternehmens, unter dem es seine Geschäfte betreibt. Rechtsgrundlage ist das HGB.

Forderungen: Wird beim Verkauf von Gütern und/oder nach erbrachten Dienstleistungen dem Kunden ein Zahlungsziel (z. B. 30 Tage) gewährt, so entsteht für den Verkäufer (Lieferer) eine Forderung an seinen Kunden, die solange bestehen bleibt, bis die Zahlung erfolgt ist.

Frei Haus: Der Verkäufer eines Produkts übernimmt die Kosten des Transports bis zum Sitz (Niederlassung) des Käufers.

Fremdbauteil: Teile, die von einem Zulieferer fertig bezogen und in das eigene Produkt eingebaut werden (z. B. Griffe bei Türen). Dieser Werkstoff bildet wie Rohstoffe einen Hauptbestandteil des Fertigerzeugnisses.

Fremdkapital: Im Betrieb eingesetzte finanzielle Mittel, die kurzfristig (innerhalb eines Jahres) oder langfristig (nach mehr als einem Jahr) zurückzuzahlen sind.

G

Gesellschaftsunternehmen: Unternehmensgründung durch zwei oder mehrere Gesellschafter. Rechte, Pflichten und Haftung der Gesellschafter sind abhängig von der gewählten Rechtsform. Man unterscheidet Personengesellschaften von Kapitalgesellschaften.

Geschäftsfall: Betriebliche Vorgänge, die zu Veränderungen in der Bilanz führen und auf Konten erfasst werden.

Geschäftsgrafik: Grafiken stellen Unternehmenszahlen bildlich dar. Beispiele hierfür sind Säulen-, Balken-, Torten- und Liniendiagramme.

Gewinn: Die Erwirtschaftung eines Gewinns ist eines der wichtigsten Unternehmensziele. Der Gewinn errechnet sich aus dem Unterschiedsbetrag von Erträgen und Aufwendungen.

Übersteigt die Summe der Erträge die Summe der Aufwendungen ergibt sich ein Reingewinn (Jahresüberschuss).

GoB: Leitsätze für eine ordnungsmäßige Buchführung (z. B. „Keine Buchung ohne Beleg!", lebende Sprache, Aufbewahrungsfristen). Sie gelten für alle Kaufleute.

H

Haben: Bezeichnung für die rechte Seite eines Kontos.

Handelsregister: Öffentliches, von den jeweils regional zuständigen Amtsgerichten geführtes Verzeichnis aller Kaufleute und Handelsgesellschaften. Es bietet Informationen, wie z. B. Firma, Sitz, Gegenstand des Unternehmens, Rechtsform.

Haushaltsplan: Erfassung aller Einnahmen und Ausgaben in einem bestimmten Zeitraum (Woche, Monat, Jahr).

HGB: Abkürzung für Handelsgesetzbuch. Es enthält alle wichtigen Rechtsbestimmungen für den Kaufmann.

Hilfsstoffe: Werkstoffe, die als Nebenbestandteil in ein Produkt eingehen (z. B. Leim, Nägel, Lacke).

I

Inventar: Ausführliches Verzeichnis des Vermögens und der Schulden. Es wird jedes Jahr neu erstellt und in drei Teile gegliedert: *Vermögen, Schulden und Reinvermögen.*

Inventur: Erfassung aller Vermögensgegenstände und Schulden durch Zählen, Wiegen, Messen und Bewertung. Jeder Kaufmann muss bei Unternehmensgründung und am Ende eines Geschäftsjahres eine Inventur durchführen.

L

Listeneinkaufspreis: Preis, der vom Hersteller oder Händler in einer Preisliste verlangt wird.

Liquidität (Flüssigkeit): Sie zeigt, wie schnell sich Vermögenswerte in Geld umwandeln lassen. Bargeld ist z. B. „flüssiger" als Forderungen.

M

Mehrwertsteuer: Siehe „Umsatzsteuer"

N

Netto: Gegenteil von **„Brutto"**

1. Nettolohn/-gehalt: Verbleibender Betrag nach den Abzügen (z. B. Steuern).
2. Nettogewicht: Gewicht eines Gutes nach Abzug des Verpackungsgewichts.
3. Nettopreis: Geldbetrag ohne Umsatzsteuer.

P

Passiva: Vermögensquellen (Mittel zur Finanzierung der Vermögenswerte), die auf der rechten Seite der Bilanz stehen. Dabei wird zwischen Eigenkapital und Fremdkapital (kurzfristig und langfristig) unterschieden.

R

Rabatt: Preisnachlass des Lieferers auf den Rechnungsbetrag, wenn der Kunde bar oder innerhalb einer vom Lieferer vorgegebenen Frist, z. B. „innerhalb von 10 Tagen", bezahlt.

Rechtsform: Rechtliche Organisationsform eines Unternehmens.

Rohstoffe: Werkstoffe, die den Hauptbestandteil eines Produkts bilden (z. B. Holz für Möbel, Leder für Schuhe, Baumwollstoffe für Kleidung).

S

Saldo: Der Saldo ist die Differenz zwischen den Summen auf der jeweiligen Soll- und Habenseite eines Kontos.

Skonto: Preisnachlass, den ein Unternehmen gewährt, wenn eine Rechnung innerhalb einer bestimmten Frist bezahlt wird; z. B. „Zahlbar innerhalb von 10 Tagen mit 3%

Skonto, innerhalb von 30 Tagen ohne jeden Abzug". Wird die Rechnung innerhalb von 10 Tagen beglichen, kann der Skonto abgezogen werden.

Soll: Bezeichnung für die linke Seite eines Kontos.

Standort: Der Produktionssitz eines Unternehmens. Er ist von vielen Faktoren abhängig: Rohstoffe, Arbeitskräfte, Kunden, Verkehrslage, Freizeiteinrichtungen usw.

Steuern: Steuern sind Geldleistungen, die aufgrund von Gesetzen erhoben werden. Sie sind die wichtigste Einnahmequelle des Staates.

T

Tabellenkalkulation: Softwareprogramm zur Erstellung von Tabellen und Grafiken.

U

Umlaufvermögen: Gegenstände, die kurzfristig im Unternehmen verbleiben; z. B. Vorräte, Forderungen aus Lieferungen und Leistungen, Kassenbestand.

Umsatzerlöse: Beim Verkauf (Umsatz) von Fertigerzeugnissen erzielt das Unternehmen Einnahmen (Erlöse). Diese Erlöse werden im Konto Umsatzerlöse für eigene Erzeugnisse auf der Habenseite gebucht.

Umsatzsteuer: Die Umsatzsteuer (häufig auch Mehrwertsteuer genannt) fällt beim Verkauf von vielen Gütern und Dienstleistungen an. Sie ist eine Verbrauchssteuer, d. h. der Endverbraucher muss sie bezahlen. Der Umsatzsteuersatz beträgt für die meisten Erzeugnisse 19%, für Grundnahrungsmittel und Druckerzeugnisse 7%.

Umsatzsteuerzahllast: Sie errechnet sich als Differenz von Umsatzsteuer und Vorsteuer.

V

Verbindlichkeiten: Wird beim Kauf von Gütern und/oder nach erworbenen Dienstleistungen vom Lieferer ein Zahlungsziel (z. B. 30 Tage) gewährt, so entsteht für den Käufer (Kunde) eine Verpflichtung, die solange bestehen bleibt, bis die Zahlung erfolgt ist.

Vorkontierung: Erfassen eines Geschäftsfalles in einem Vorkontierungsblatt oder mittels eines Vorkontierungsstempels.

Vorsteuer: Umsatzsteuer, die beim Einkauf von Gütern und Dienstleistungen vom Unternehmen an den jeweiligen Lieferer zu entrichten ist.

W

Werkstoffe: Sie zählen neben Arbeitskräften, Betriebsmitteln und Wissen zu den betrieblichen Produktionsfaktoren. Werkstoffe werden bei der Herstellung verbraucht.

Wissen (Produktionsfaktor): Menschliches „Know-how" (Informationen, Daten, Arbeitstechniken etc.), das zur Herstellung von Gütern und Leistungen erforderlich ist.

Z

Zahlungsziel: Auf Eingangs- und Ausgangsrechnungen wird eine bestimmte Frist für die Zahlung gewährt (z. B. „Ziel 30 Tage ohne Abzug").

Zieleinkaufspreis: Preis, der nach Abzug des Rabatts vom Listenpreis zu zahlen ist.

Stichwortverzeichnis

Verzeichnis der Konten und Kontenabkürzungen

Verzeichnis der Konten

AKTIVKONTEN		PASSIVKONTEN	
Unbebaute Grundstücke	UGR	Eigenkapital	EK
Bebaute Grundstücke	BGR	kurzfristige Bankverbindlichkeiten (bis zu einem Jahr)	KBKV
Betriebs- und Verwaltungsgebäude	BVG	langfristige Bankverbindlichkeiten	LBKV
Maschinen und Anlagen	MA	Verbindlichkeiten aus Lieferungen und Leistungen	VE
Fuhrpark	FP	Umsatzsteuer	UST
Büromaschinen	BM		
Büroausstattung	BA		
Forderungen aus Lieferungen und Leistungen	FO		
Vorsteuer	VORST		
Bankguthaben	BK		
Kassenbestand	KA		

und Kontenabkürzungen

AUFWANDSKONTEN		ERTRAGSKONTEN	
Aufwendungen für Rohstoffe	AWR	Umsatzerlöse für eigene Erzeugnisse (Fertigerzeugnisse)	UEFE
Bezugskosten für Rohstoffe	BZKR		
Aufwendungen für Fremdbauteile	AWF		
Bezugskosten für Fremdbauteile	BZKF		
Aufwendungen für Hilfsstoffe	AWH		
Bezugskosten für Hilfsstoffe	BZKH		
Aufwendungen für Betriebsstoffe	AWB		
Bezugskosten für Betriebsstoffe	BZKB		